KB210139

Christianity: A Beginner's Guide

그리스도교와 만나다

그리스도교 신앙의 주요 흐름들

CHRISTIANITY: A BEGINNER'S GUIDE

그리스도교와 만나다

그리스도교 신앙의 주요 흐름들

키스 워드 지음 차건 옮김

비아

| 차례 |

1. 서론   / 9

2. 창조   / 19

   첫 번째 관점: 6일간의 창조   / 21

   두 번째 관점: 무시간적 창조   / 23

   세 번째 관점: 지속적인 창조   / 30

3. 악의 문제   / 37

   첫 번째 관점: 존재의 결핍   / 44

   두 번째 관점: 물질의 자율성   / 45

   세 번째 관점: 자유의 오용   / 46

4. 영혼에 관하여   / 51

   첫 번째 관점: 영육이원론   / 54

   두 번째 관점: 정신-육체 단일체   / 57

   세 번째 관점: 몸의 형상으로서 영혼   / 61

5. 죄와 '타락'   / 65

   첫 번째 관점: 원죄는 유전된다   / 73

두 번째 관점: 원죄는 소외다 / 75

세 번째 관점: 원죄란 진화 과정에서
필연적으로 거쳐야 할 단계다 / 76

6. 하느님의 성육신, 예수 / 81

첫 번째 관점: 상징적 그리스도론 / 86

두 번째 관점: 신-인 그리스도론 / 90

세 번째 관점: 영 그리스도론 / 95

7. 속죄 / 101

첫 번째 관점: 승리로서의 속죄 / 102

두 번째 관점: 희생제물로서의 속죄 / 105

세 번째 관점: 치유로서의 속죄 / 107

8. 계시와 세계의 종교들 / 113

첫 번째 관점: 오직 그리스도교인만이 구원을 받는다 / 127

두 번째 관점: 모든 사람이 구원을 받지만,
이는 오직 그리스도를 통해서 이루어진다 / 129

세 번째 관점: 모든 사람은 자기 고유의 신앙으로
구원받을 수 있다 / 132

9. 삼위일체 / 135

첫 번째 관점: 사회적 삼위일체 / 139

두 번째 관점: 하느님의 세 존재 방식 / 143

세 번째 관점: 삼중 하느님의 역사 / 148

10. 교회 / 161

첫 번째 관점: 성사 공동체로서의 교회 / 164

두 번째 관점: 성도의 교제로서의 교회 / 168

세 번째 관점: 소명의 공동체로서의 교회 / 174

11. 성서 / 181

첫 번째 관점: 성서는 신앙의 무오한 규범이다 / 183

두 번째 관점: 성서는 계시를 증언한다 / 186

세 번째 관점: 성서는 계시 경험을 기록한 책이다 / 189

12. 예수의 가르침 / 193

첫 번째 관점: 영웅적인 도덕 규칙 / 197

두 번째 관점: 완벽을 위한 조언 / 200

세 번째 관점: 이상을 추구하는 가르침 / 203

13. 그리스도교와 윤리 / 213

첫 번째 관점: 윤리의 토대로서의 성서 / 215

두 번째 관점: 윤리의 토대로서의 자연법 / 222

세 번째 관점: 윤리의 근거로서 인격주의 / 230

14. 그리스도교와 문화 / 241

    첫 번째 관점: 신앙에 봉사하는 예술과 과학 / 244

    두 번째 관점: 신앙으로부터 분리된 예술과 과학 / 250

    세 번째 관점: 신앙에 대한 대안으로서 예술과 과학 / 257

15. 기도 / 265

    첫 번째 관점: 전례 / 266

    두 번째 관점: 개인 기도 / 272

    세 번째 관점: 관상 / 276

16. 영원한 생명 / 283

    첫 번째 관점: 문자적인 해석 / 284

    두 번째 관점: 은유적 해석 / 287

    세 번째 관점: 비문자적인 현실주의 관점 / 291

일러두기

· 역자 주석의 경우 *표시를 해 두었습니다.

· 성서 표기와 인용은 원칙적으로 『공동번역개정판』(1999)을 따르되 원문과 지나치게 차이가 날 경우에는 대한성서공회 판 『새번역』(2001)을 따랐으며 한국어 성서가 모두 원문과 차이가 날 경우에는 옮긴이가 임의로 옮겼음을 밝힙니다.

· 단행본 서적은 『 』표기를, 논문이나 글은 「 」 음악 작품이나 미술 작품은 《 》표기를 사용했습니다.

01

서론

　그리스도교를 소개하는 책은 수없이 많다. 그래서 나는 그 책들에 더하여 나름대로 어떻게 독창적인 기여를 남길 수 있을지 고민했다. 한편으로는 실제로 있는 것을 타당하게 묘사하고 싶었지만 그렇다고 그저 사실을 요약하는 것으로 끝내고 싶지는 않았다. 나는 내가 그리스도교를 어떻게 이해하는지를 보여주고 싶었지만, 그렇다고 사람들이 이 이야기를 나만의 신학적 견해로 받아들이기를 바라지는 않았다. 그래서 나는 그리스도교 신앙과 실천의 몇 가지 주요 요소를 선별하고, 각각에 대하여 주요 그리스도교 공동체들이 광범위하게 지지하는 핵심 해석들을 세 가지 유형으로 개괄하기로 했다. 이러한 방식을 통해 독자는 그리스도교 세계가 얼마나 다양한지를 알게 될 뿐 아니라 이 다양한 관점들을 모두 그리스도교 신앙으로 볼 수 있게 해주는 연결고리를 이해할 수 있을 것이다. 이 모든 것을 통해 독자들이 오늘날 그리스도교 세계에 퍼져 있는 신념들을 적절하게 이해할 수 있기를 바란다.

당연하지만 각각의 요소에 대해 세 가지 해석만 있지는 않다. 셋으로 나누는 것은 해석의 유형들을 묶는 방식 중 하나일 뿐이며, 누구든 서로 다른 해석들의 상이한 부분을 자기 나름대로 결합할 수 있다. 독자들이 이 책의 본문만 보고 나의 신앙을 정확히 짐작하기란 불가능에 가깝겠지만, 내가 대체로 무엇에 공감하는지 정도는 분명하게 드러나기를 바란다.

나는 이 주제들을 다루며 사견을 배제하고자 최선을 다했다. 그럼에도 이 책은 그리스도교 신앙에 관한 '내부자의 관점'을 대변한다. 나는 그리스도교 공동체에 헌신하는 구성원이기에 이를 완벽히 감추기란 불가능하다. 하지만 독자들이 그리스도교 신앙에 담긴 진리를 받아들이게 하는 것이 이 책의 목적은 아니다. 이 책의 의도는 그러한 설득에 있지 않다. 나는 사람들이 믿어야 하는 바를 지정해 주려고 하지 않았다. 다만 독자들이 이 책에서 소개한 다양한 관점을 통해 자신의 견해를 더 광범위한 문맥 속에서 볼 수 있게 되기를, 자신이 미처 생각지 못했던 대안들이 있음을 깨닫게 되기를 바랄 뿐이다.

그리스도교는 20억 명이나 되는 신자를 가진, 전 세계에서 가장 큰 종교이다. 로마 제국 시절 유대교 분파로 시작했지만, 이 종교는 4세기 즈음 제국의 공식 종교가 되었다. 후에 그리스도교는 로마 제국이 그랬듯 분열되어서, 콘스탄티노플을 중심으로 하는 동방 비잔틴 교회들과 로마를 중심으로 하는 서방 라틴 교회로 나뉘었다. 16세기에는 스페인 사람들을 통해 라틴 아메리카로 흘러 들어갔으며, 이후 몇 세기 동안은 대영제국을 통해 아시아와 아프리카 대륙 곳곳으로 퍼졌다. 오늘날 전 세계 모든 나라에는 그리스도교인들이 살고 있다. 대부분의 유럽 국가들은 '공식적으로' 그리스도교 국가다. 북미와 남미, 러시아, 호주, 중앙 및 남부 아프리카에서도 그리스도교는 가장 많은 사람이 믿는 종교다. 아프리카 북부에서 아라비아반도까지, 그리고 인도에서부터 중국, 동남아시아, 일본에 이르는 지역에서만 그리스도교가 지배적인 지위를 확립하지 못했다. 이러한 곳에서 그리스도교인들은 다양한 방식과 수준으로 친교를 나누거나 서로를 향해 의심의 눈초리를 던지며 이슬람교, 힌두교, 불교, 그 외에도 다른 인도 종교나 아시아 종교 신자들과 공존하고 있다.

모든 종교가 그러하듯 그리스도교는 경제, 문화가 발전한 국가들에서는 상당히 세속화된 형태로 있다. 공산주의 치하의 러시아와 중국은 공식적으로 그리스도교(를 포함한 주요 종교)를 탄압하기도 했다. 그러므로 그리스도교는 그것이 속한 문화마다 다른 모습으로 나타날 수밖에 없다. 로마 가톨릭 교회는 단연코 가장 큰 그리스도교 공동체이며, 신자는 10억 명이 넘는다. 로마 바티칸에 있는 중앙집권적인 조직의 지배를 받기는 하지만 실천에 있어서는 매우 다양한 모습을 보인다. 전통을 중시하는 로마 가톨릭 신자들은 교회가 위계질서가 분명하고 정치적으로 보수적이기를 바라며, 정교하게 규정된 교리에 기반한 신앙을 가지고 교황의 권위 아래 철저히 복종하고자 한다. 그런가 하면 매우 진보적인 로마 가톨릭 신자들도 있다. 이들은 라틴 아메리카에서 벌어지는 정치적, 경제적 착취에서의 해방을 위해 싸우는 이들과 연대하며, 바티칸이 그들과 아득히 떨어져 있으며 전혀 다른 문화 속에 있다고 여긴다. 세속 세계에 만연한 이른바 합리주의나 인본주의를 신앙의 적들로 간주하고 배척하는 로마 가톨릭 신자가 있는가 하면, 어떤 로마 가톨릭 신자들은 유럽의 계몽주의가 진부한 사유의 형식들에서 신앙을 해방했다고 보고 이를 포용하려 한다. 따라서 바티칸의 공식 입장이 무엇인지를 확인하는 것이 가능하다 하더라도, 세계 곳곳에 있는 로마 가톨릭 신자들이 실제로 어떠한 신념을 가지고 사는지를 정확하게 개괄하기란 여간 어려운 일이 아니다.

세계 그리스도교 백과사전World Christian Encyclopedia에 따르면, 세계를 통틀어 개신교 신자는 약 3억 7천 3백만 명이다. 그들은 매우 다양한 교단(장로교, 감리교, 침례교 등)에 속해 있지만, 대다수 개신교 신자는 교회 조직이 비위계적이며 중앙집권적이지 않아야 한다고 여기며, 특정 제도 교회의 구성원이 되는 것보다 예수 그리스도에 대한 개인적인 신앙을 가지는 것이 훨씬 중요한 문제임을 강조한다. 21세기에 이러한 교단 중 많은 수는 더 큰 규모의 연합체를 결성하곤 한다. 성공회, 감리교, 장로교 교회들의 연합을 통해 1947년도에 형성된 남인도 교회가 그 대표 사례라고 할 수 있다. 그러나 어떤 개신교인들은 단호하게 그리스도의 제자들로 이뤄진 독립적인 회중(집단)을 구성할 권리를 주장하면서 다른 교회들과 우호적인 관계를 유지한다. 개신교인들은 세계를 향한 선교에 매우 적극적인 편이며, 아프리카와 라틴 아메리카에서 교세가 빠르게 커지고 있다. 대다수 개신교회는 1948년 설립된 세계교회협의회wcc라는 협의 기구에 가입되어 있다.

전 세계적으로 동방 정교회 교인은 1억 7천만 명 정도 된다. 그들의 역사적 기원은 동방(비잔틴) 로마 제국으로 거슬러 가며, 그들은 초기 그리스도교 확장 과정에서 나타났던 그리스 신학에 대한 충성을 늘 유지해왔다. 동방 정교회는 국가 교회들로 이루어져 있으며, 각각의 주교들의 지도를 따르되 콘스탄티노플 총대주교에게 충성을 서약하고 있다. 동방 정교회는 로마 가톨릭과 같은 방식으로 로마 교황의 권위를 인정하지는 않으나 대체로 그 자리에 대한 공경은 가지고 있다. 정교회 그리스도교인들은 독특한 형태의 예배를 드리며 많은 경우 매우 오랜 역사를 지니고 있다. 또한 그들은 수도원 생활을 깊이 존경한다. 정교회 교회들은 주로 그리스의 영향을 받은 동부 유럽 국가들과 러시아에서 찾아볼 수 있으며, 신비 신학과 전례liturgy의 아름다움에 대한 강조를 통해 그 밖의 국가에서도 어느 정도 교세 확장을 이루었다.

그 외에도 국가별로 주교가 치리하는 교회들이 연합체를 이룬 세계 성공회 공동체, 정교회에 속하지 않은 '동방의 교회'Church of the East, 그리고 이러한 분류에 꼭 들어맞지 않는 토착 교회들이 있다. 그리스도교 세계는 광범위하고 다원적이며 끊임없이 변화하고 있다. 그러므로 현재 존재하는 교단들도 최종 형태라고 볼 수 없다. 전 세계 어디서나 인터넷으로 소통할 수 있으며 손쉽게 여행을 할 수 있게 된 상호의존적인 세계에서, 그 어떤 교회도 자신만의 지역 문화에 고립되어 존재할 수 없다. 모든 교회가 새로운 천 년을 맞이하며 마주하게 된 중요한 과제가 하나 있다면, 이는 다음 두 질문에 대답하는 것이다. 그리스도교는 어떻게 세계의 다양한 문화를 수용하고 변화시킬 것인가? 그리고 그리스도교는 이러한 문화들과 관계를 맺으며 어떻게 변화되어야 하는가?

역사적으로 그리스도교가 유럽의 확장 및 식민 지배와 관련이 있다는 점을 부정할 수는 없지만, 그렇다고 그리스도교가 그저 유럽 혹은 서구의 것이라는 주장이 옳다고 할 수도 없다. 그렇다면 아프리카와 라틴 아메리카의 문화가, 이전에 고대 그리스와 르네상스 유럽의 문화가 그랬던 것처럼 그리스도교인들의 인식을 변화시킬 방법은 무엇일까? 오랫동안 그리스도교의 영향을 견뎌 온 아랍, 인도, 중국, 일본과 동남아시아의 문화들에 대하여, 그리스도교가 긍정적이고 상호 수용적인 방식으로 관계할 방법은 무엇일까?

그리스도교는 오늘날 철저히 세계 종교가 되었지만, 여전히 어느 정도는 과거 유럽이 남긴 것들의 영향 아래 있다. 그러나 그리스도교 신앙은 유럽에서 가장 지지부진하고 개발도상국에서 가장 생동하는 것처럼 보인다. 그렇다면 그리스도교는 비-서구 세계에서 그 미래를 발견하고, 오랜 전통들을 보완할 새로운 통찰을 얻게 될 것이다. 전 세계가 완전히 그리스도교화되지는 않겠지만, 그리스도교인들은 그들이 어디에 있든 간에 사회적 행위를 세계적인 차원으로 이끌고 갈 수 있을 것이다. 그리스도교인들에게는 정의와 평화의 공동체를 일구기 위해, 그리고 억압받는 자들을 돌보기 위해 헌신하는 주요 국제 단체의 구성원이 될 수 있다. 인류의 번영, 정의로운 세상의 구현을 위해 자신들의 영향력을 사용할 수도 있다. 이러한 과제를 더욱 효율적으로 수행하기 위해 교회들은 서로에 대한 불신을 극복하고, 사랑 안에서 하느님이 창조한 세계를 섬기는 법을 배워야 한다. 또한 교회들은 자신들과는 다른 신앙을 갖고 있지만, 사회 정의에 헌신하는 타종교인들과 긍정적이고 유익한 방식으로 관계할 줄도 알아야 한다. 타종교인들은 하느님의 본성과 목적들을 이해하는데 일정한 통찰을 제공할 수 있기 때문이다.

오늘날 그리스도교가 맞닥뜨린 한 가지 도전은 다른 모든 그리스도교인, 다른 세계관을 가진 모든 이와 건설적인 대화를 하며 진정으로 범지구적이면서도 제국주의적이지는 않은 신앙으로 나아가는 것이다. 또 하나의 도전은 16세기 이후로 세계를 변혁시켜온 과학 혁명에 대하여 새롭게 방향을 정립하는 것이다. 사람들이 다 그렇듯 그리스도교인들도 현대 과학이 이룬 진보에 대하여 다양한 입장을 취하고 있다. 어떤 이는 의료계가 일군 놀라운 발전을 두 팔 벌려 환영하며, 어떤 이는 파괴적인 군사기술의 발전과 유전자 조작 기술을 두려워하기도 한다. 경제와 기술에서 나타난 변화는 여성을 경제적 의존과 육아라는 의무에서 해방시켰다. 그러므로 명백히 남성 지배적이었던 지금까지의 역사에 비추어 진정으로 인류의 평등을 이루려면 어떻게 해야 하는지를 새로이 물어야 한다. 또한 과학이 새로이 발견해낸 지구 생태계의 연약함과 만물의 상호의존성은, 어떻게 생명체들을 위한 서식지로서의 지구를 지켜낼 것인가에 대한 신선한 윤리적 사유를 요구하고 있다.

전통적인 신앙들은 이러한 질문들을 지금과 같은 형태로 마주할 필요가 없었다. 그럼에도 불구하고 그리스도교는 다른 종교들과 마찬가지로 정의, 친구와 적 모두에 대한 화해와 연민, 하느님의 창조물이자 하느님이 인류에게 준 선물인 지구를 돌보는 일과 같은 대의에 헌신해왔다. 이토록 빠르게 변화하는 세상에서 교회들은 변혁을 거부해서는 안 된다. 그들은 현대 과학이 극도로 광범위하게 확장해놓은 우주적인 관점과 인간의 능력이 지구 자체를 뒤바꿔놓을 수 있다는 새로운 생각을 고려하면서 하느님의 창조세계에 대한 새로운 이상을 구상해야만 한다. 그리스도교 전통은 이러한 과제를 도와줄 수 있는 이천 년 동안의 성찰과 기도의 역사를 갖고 있다. 그러나 동시에 그리스도교는 지구를 변혁시켜 다양한 인간 공동체들이 사랑이라는 영에 이끌려 서로 도와가며 풍성하게 성숙해가는 공간으로 가꾸는 참된 소명에 있어서는 아직 초보라고 해야 할지도 모른다.

지금껏 한 이야기는 현대 세계에서 그리스도교가 직면하고 있는 주요 난제들에 대한 개인적인 관점일지도 모른다. 그러나 나는 현실을 있는 그대로 보고, 그리스도교 교회들을 공정하게 대하려 애쓰는 가운데 이 같은 관점을 제시했다. 다양한 교회들은 믿음과 실천에 있어 서로 너무 동떨어져 있기에 아예 다른 종교 집단처럼 보이기도 한다. 그럼에도 그들을 묶어 주는 본질적인 믿음들이 존재한다. 그중 하나는 엄청나게 지혜롭고 능력 있는 존재가 우주를 창조했다는 근본적인 믿음이다. 그렇게 볼 때 우주는 목적을 갖고 있으며 그저 우연의 산물일 수 없다. 이 목적은 나자렛 예수의 삶과 가르침을 통해서 이 세상에 알려졌으며, 그의 삶과 가르침을 따르는 사람들이 이를 실현할 수 있다고 모든 그리스도교인은 믿는다.

이러한 근본적인 믿음 외에 믿음과 실천의 형태는 매우 다양하며, 어떤 부분들은 서로 상충하기까지 한다. 이어질 내용에서 나는 그리스도교 주요 흐름들의 핵심 주장을 개괄하려 한다.

02

창조

모든 그리스도교인은 하느님이 온 우주를 창조했다고 믿는다. 이는 아마도 그리스도교의 모든 신념 중 가장 중요한 신념일 것이다. 나머지 모든 신념은 '사람들이 창조주 하느님의 본성을 어떻게 이해하는가'에 달려있기 때문이다. 창조라는 주제를 놓고도 다양한 관점이 있긴 하지만, 모든 그리스도교인은 우주는 스스로 존재하지 않으며 진정 스스로 존재하는, 우주를 넘어서는 존재가 이를 창조했다고 믿는다. 오늘날 대다수 과학자는 우주가 100억~200억 년 정도의 나이를 가지고 있고, 한때 사실상 무한한 밀도와 질량을 가진 태고의 작은 점에서 수백만 은하계와 행성을 가지고 있는 현재 형태로 확장했다고 본다. 대부분의 과학 이론은 우주가 계속해서 확장하며 냉각되기를 지속하다가 결국에는 열을 모두 소모하고 냉각된 정지점에

도달할 것이라고, 아니면 원래의 모습으로 붕괴될지도 모른다고 생각한다. 그렇게 되면 만물은 격렬히 타오르는 우주방사선에 갇혀 종말에 이를 것이다. 그 끝이 어떠하든 확실한 것은 이 물리적인 우주가 먼 훗날 언젠가는 오늘날과 같은 형태로 존재하기를 멈추리라는 것이다. 달리 말하면 우주는 시작과 끝을 가지고 있으며, 양 지점에서 딱히 어떠한 일이 발생하지는 않는다. 흥미로운 일은 시작과 끝 사이 중간 기간에 일어난다.

대다수 과학자가 동의하는 또 다른 지점은 우주가 혼돈 상태가 아니라는 것이다. 오히려 우주는 수학적으로 보았을 때, 우아하고 아름다운, 상당히 단순한 원리들에 따라 작동하고 있다. 우주는 극도로 복잡하나 수학적으로 명쾌하게 설명되는 체계다. 게다가 물리 법칙들의 작용을 통해서 우주는 자신의 본성에 대해서 이해할 수 있는 존재들을 산출해냈다. 인류를 통해(그리고 우리에게 알려지지 않은, 수많은 행성에 살고 있을지 모를 다양한 형태의 지적 존재들을 통해) 우주는 자신을 의식하게 되었다. 상상할 수 없을 만큼 많은 원자와 분자가 정신없이 얽힌 복합체는 자신의 본성을 이해하고 경탄하는 놀라운 능력을 갖추게 되었으며, 심지어는 그 본성을 바꿀 수도 있게 되었다.

그러므로 우주는 앎, 복잡성, 자유와 창조성이 없는, 기본적으로 단순한 상태에서 성장하고 있는 셈이다. 우주는 적어도 우리에게는 가장 복잡한 물리적 상태라고 알려진 인간의 뇌를 통해 의식적인 존재가 되었으며, 창의적이고 자유로우며, 이해하고, 소통하고, 사랑하고, 창조할 수 있는 존재들을 산출하고 있다. 우주는 아마도 냉각된

부동 상태로 회귀하면서 죽음에 이를 것이다. 그렇게 되면 시간 자체가 무의미해지는데, 이는 시간을 측정할 수 있게 하는 변화가 더는 없기 때문이다. 아마도 이게 전부일 것이다. 놀랍고, 경외감을 일으키는 이야기지만 더는 설명이 없는 이야기. 그러나 대다수 사람은 이 이야기가 다른 무언가를 암시한다고 느낀다. 우주가 그토록 아름다우며, 복잡하고, 가치를 이해하고 의식할 가능성이 있다는 사실은 우주가 가치를 드러내게끔 우주를 창조한 주인이 있음을 가리키고 있는지도 모른다.

하나의 우주적인 정신은 우주를 실제로 만들어낼 수 있으며, 이 우주는 존재하지 않았을 모든 가치를 실현할 수 있는 장이다. 창조주는 그러한 가치들을 나눌 수 있는 존재이며 자신과 함께 그 가치들을 나눌 인격적인 행위자를 창조할 의도를 가졌을 것이다. 그렇게 본다면 이 거대한 우주는 엄청나게 지혜롭고 능력 있는 정신이 뚜렷한 목적을 갖고 만들었다고 할 수 있다. 이 정신이 바로 창조주다. 그는 아름다움과 가치를 드러내기 위하여 우주를 창조했으며 우주가 존재하도록 한다. 이러한 관점에서 보자면, 과학의 서사는 그리스도교의 창조 신앙과 잘 어울린다고 볼 수 있다.

첫 번째 관점: 6일간의 창조

과학의 서사가 장엄하고도 설득력 있는 이야기를 들려주고 있음에도 불구하고, 일부 그리스도교인은 성서를 문자적인 방식으로 해석하면서 창세기 1장을 근거로 창조주가 6일 만에 인간을 창조하였다는 관점을 지지한다. 이러한 관점에 따르면 하느님은 가장 먼저 빛, 그리고 대기, 생명을 낳고 품는 터라 할 수 있는 지구, 태양, 달과 별, 새와 물고기, 그리고 마지막으로 동물들과 인간들을 창조하였다. 이러한 문자적인 해석은 현대 과학과 많은 부분에서 충돌을 일으킨다. 이는 창조의 순서를 다르게 기록한(이를테면 인간이 동물보다 먼저 생겼다고 말하는) 창세기 2장과도 상충한다. 그리고 이러한 관점은 지구라는 행성을 우주의 중심에 두고 별(항성)들은 지구보다 부차적인 것으로 치부한다. 이는 오늘날 계속해서 주장하기에는 어려운 관점이다. 그렇기는 하지만 일부 주장을 미묘하게 바꿈으로써(이를테면 이 설명을 지구의 관점에서 본 사건들의 서사들로 제한한다거나 1장에 나온 하루를 더 긴 시간으로 재해석한다거나) 이러한 견해를 계속 옹호할 수도 있으며, 이 주장의 함의는 제대로 평가할 필요가 있다. 이 관점의 핵심은 우주의 창조주가 존재하며 이 창조주가 점진적인 시간의 과정(6'일')을 통해서 우주를 산출했다는 것이다. 이 과정은 창조주와 의식적인 관계를 맺을 수 있는 존재들이 나타남으로 정점을 이루며, 이 존재들은 지구와 거기에 사는 다른 생명체들을 돌보고 가꾸는 일을 맡는다. 비록 이러한 문자적 해석은 대부분의 과학 설명들과 충돌하지만, 핵심 주장은 창조주가 존재하며 일정한 목적을 갖고 우주를 창조했다는 것, 그리고 인간이 거기서 중요한 역할을 맡고 있다는 것이다. 내가 생각하기에 바로 이것이 성서에 나오는 창조 이야기의 가장 중요한 영적 교훈이다. 성서 이야기들을 문자적으로 해석할지 말지는 주로 자연 과학이 제시하는 증거들을 어떻게 해석하냐에 따라 달라진다.

두 번째 관점: 무시간적 창조

대다수 그리스도교인은 현대 과학이 우주의 역사를 정확히 알려 준다는 데 동의한다. 그들은 창세기의 두 창조 이야기를 문자적으로 해석하지 않으며, 만물이 하느님에게 의존하고 있다는 영적 가르침이 담긴 시적인 이야기로 본다. 저명한 그리스도교 신학자들은 언제나 창조 이야기들은 우주가 시작되었을 때 일어난 사건에 대한 문자적 설명이 아님을 강조했다. 그들은 창세기 이야기들이 실제로 전달하고자 하는 바는 인간, 그리고 그들이 살고 있는 온 우주가 하느님과 관계를 맺고 있다는 것이라고 말했다.

히포의 아우구스티누스Augustine of Hippo는 5세기 초 북부 아프리카에 있는 한 지방에서 저술한 위대한 저작『신국론』De civitate Dei에서 이를 분명하게 설명한다. 그는 하느님이 진정으로 온 우주의 창조주라면 그분은 시공간에 존재하는 모든 것의 창조자일 뿐 아니라 시간과 공간 자체의 창조주여야 함을 지적했다. 하지만 여기서 아우구스티누스는 다음과 같은 질문을 제기한다. "하느님이 시간을 창조했다면, 시간을 창조하기 전에 그분은 무엇을 하고 계셨단 말인가?" 여기서 문제점은 하느님이 시간 자체를 창조했다면 시간 전에는 아무것도 존재할 수 없었기에 하느님도 뭔가를 할 수 없었을 거라는 것이다.

이는 그냥 말장난처럼 들릴지도 모른다. 마치 우리가 이따금 하느님이 우주가 있기 전에는 존재할 수 없었다거나, 그분이 뭔가를 하기 전에는 그것에 대해서 사유할 수 없다는 주장에 속아 믿게 되는 것처럼 말이다. 하지만 아우구스티누스가 분명히 보여주듯, 이 난제에는 심오한 통찰이 담겨 있다. 아우구스티누스에 따르면 이 문제는 하느님이 아예 시간 '속에' 존재하지 않음을 보여준다. 시간의 창조자인 하느님은 시간의 제한을 넘어서 존재한다. 하느님은 '영원히' 존재한다. 달리 말하면 하느님은 우리가 시간이라고 이해하는 것 속에 존재하지 않는다는 것이다. 이러한 무시간적 영원으로부터 하느님은 시공간적인 우주 전체를 창조했다.

그러므로 아우구스티누스는 우리가 창조에 대해서 좀 더 고차원적인 방식으로 사고할 것을 종용한다. 애초에 하느님이 홀로 계시면서 무엇을 할지 고민하셨던 것이 아니라는 말이다. 그렇게 생각한다면 하느님이 어느 특정 시점에 우주를 창조하기로 하셨고, 그러니 창조란 곧 우주의 시작이라고 보아야 할 것이다. 이것이 창조에 대한 문자적 해석이 우리에게 말하고 있는 바이다. 여기서 우리가 이해하고자 애써야 할 것은 영원과 시간의 관계, 영원하신 하느님과 시간과 공간에 종속된 우주의 관계이다. 우리는 시간 전체가 하느님의 영원성으로부터, 하나의 지적이며 목적 있는 활동을 통해 발생한다고 말할 수 있다. 창조는 우주의 시작이 아니다. 창조란 우주 전체가 그 시작에서 끝까지, 그 사이 모든 순간 동안 하나의 지적이고 영원하며 스스로 존재하는 존재, 곧 하느님에 의존하고 있다는 것이다.

어쩌면 창세기 이야기들이 시간 순서로 기록된 형식이라는 점이 저 사실을 숨기고 우리로 하여금 창조란 하느님이 우주를 작동하게 하신 후에 쉬는 것이라고 생각하게 할지도 모른다. 하지만 우리는 시간 속 모든 순간이 영원하신 하느님, 곧 (시간 '전'에 있다거나 시간 '후'에 있는 것이 아니라) 모든 시간 '너머에' 있는 분에게 의존하고 있음을 기억해야 한다. 일단 이것을 깨닫고 나면, 우리는 우주의 존재가 시작되고 나서 처음 며칠간에 정확히 무슨 일이 발생했는지를 살피는 것이 중요한 문제가 아님을 깨달을 것이다. 우주에 시작(태초)이 아예 없었다고 해도 아무 문제가 없다. 과학자들은 '대폭발'Big Bang의 순간에 우주가 시작되었다고 생각한다. 그러나 그리스도교의 창조 교리는 우주에 시작이 있었는지 없었는지에 관심이 없다. 창조 교리가 말하고자 하는 것은 시간에 시작점이 있든 혹은 항상 존재했든 간에, 그것이 존재하기 위해 영원한 존재, 즉 시간의 제한을 넘어선 존재에 의존할 수밖에 없다는 것이다. 그러한 존재가 하느님이다. 하느님이 영원하다는 것을 깨달을 때 우리는 하느님에 대하여 매우 중요한 사실을 이해하게 된다.

우리가 깨닫게 되는 중요한 것 중 하나는 하느님이 우리의 상상을 넘어선 존재라는 것이다. 우리는 시간 '속에' 존재하는 것만을 상상할 수 있다. 그러므로 하느님을 상상하려 할 때, 우리는 자연히 그분이 시간 안에서 사유하고, 결정하고, 활동하는 것처럼 상상한다. 성서도 하느님에 대해서 이런 식으로 이야기할 때가 많다. 심지어 하느님은 동산을 거닐기도 하며(창세 3:8) 이따금 생각을 바꾸기도 한다.* 이러한 이야기들이 완전히 틀렸다는 말이 아니다. 다만 우리가 창조 교리

---

* "날이 저물어 선들바람이 불 때 야훼 하느님께서 동산을 거니시는 소리를 듣고 아담과 그의 아내는 야훼 하느님 눈에 뜨이지 않게 동산 나무 사이에 숨었다." (창세 3:8)

를 제대로 이해한다면, 그러한 이야기들은 하느님을 생각하도록 돕는 심상일 뿐이지 실제 하느님이 진정 어떠한 존재인지를 알려주는 설명이 아님을 깨닫게 된다. 그런 심상들은 하느님께서 인간에게 자신을 드러내신 모습으로, 우리가 하느님과 합당한 방식으로 관계 맺도록 도울 수 있다. 그러나 하느님이 성서에서 묘사한 심상 그대로인 분이라고 생각할 때, 그 그림들이 얼마나 유용한지와는 관계없이 하느님에 관한 모든 것은 심각하게 어그러지게 된다. 영원한 하느님은 우리의 상상력을 전적으로 초월한 존재이며, 우리가 생각할 수 있는 그 모든 것보다 무한하게 크고 신비로운 분이다.

이는 성서가 하느님의 형상을 만들지 못하게 한 이유(출애 20:4)와 유대교 성전의 가장 내밀한 장소인 '지성소'에 하느님을 상징하는 상이 없는 이유를 부분적으로 설명해준다.* 하느님은 우리의 사유를 넘어서 계신 분이기에 우리는 그분을 우리가 보고 지각할 수 있는 사물로 축소해서는 안 된다. 그러므로 그리스도교의 창조 교리에서 정말로 중요한 점은 하느님과 우주 사이의 철저한 구별을 강조한다는 점이다. 우주에는 시작과 끝이 있다. 우주는 변하기도 하고 발전하기도 한다. 우주는, 우리가 이해하는 바로는 지금과 전혀 다른 형태로 존재할 수도 있었다. 그러나 우주가 자신과 전혀 다른 실재, 즉 하느님이라는 영원한 실재에 의존하지 않았다면 존재조차 할 수 없을 것이다. 하느님은 우리가 결코 온전히 이해할 수 없는 방식으로 스스로

---

* "너희는 위로 하늘에 있는 것이나 아래로 땅 위에 있는 것이나, 땅 아래 물속에 있는 어떤 것이든지 그 모양을 본떠 새긴 우상을 섬기지 못한다." (출애 20:4)

존재한다. 즉 그분은 자신이 존재하기 위해 다른 무언가에 의존하지 않는다. 중세 철학자 보에티우스Boethius가 고백했듯 하느님은 "존재의 무한한 바다"the unlimited ocean of being이다.

그러므로 하느님을 유한한 존재 혹은 인간과 같은 방식으로 인격을 가진 존재로 생각하는 것은 적절치 않다. 하느님은 존재의 궁극적인 자존적 신비이며, 우주가 존재하는 이유는 다만 하느님이 하나의 지적이고 의도적인 활동으로 이를 창조했으며 지탱하기 때문이다. 하느님에 대한 모든 심상은, 심지어 성서에 있는 것들도 단지 우리가 하느님을 상상하도록 도울 뿐이다. 하느님은 우리가 상상할 수 있는 모든 것과 철저히 다른 분이기 때문이다. 이 지점에서 어떤 그리스도교인들은 다소 불편함을 느낄지도 모른다. 우리는 따지고 보면 예수라는 인물을 통해 하느님의 참된 모습을 알 수 있지 않은가? 그리스도교에서는 예수가 하느님이라고 말하지 않는가? 그러니 하느님은 분명, 적어도 예수라는 형태 안에서는, 상상할 수 있는 존재여야만 하지 않겠는가?

이에 관해서는 6장에서 성육신 교리를 다루면서, 예수 안에서 어떻게 하느님이 알려지는지를 다루며 좀 더 이야기하도록 하겠다. 그러나 일단은 머릿속에 다음과 같은 그림을 떠올리는 것이 도움이 될 것이다. 온 우주가 그 시작에서 종말까지, 대폭발에서 대동결까지, 영원한 하느님의 하나의 활동을 통해 산출되었다고 생각해 보자. 이는 기본적으로 아우구스티누스가 창조에 대해서 사유한 방식이다. 우주에 있는 모든 것은 유한하며, 그렇기에 무한한 하느님을 유한한 우주에 우겨넣을 수는 없다. 그렇다면 하느님은 항상 우주보다 무한히 클 것이며 우주와는 철저히 다른 존재일 것이다. 그러나 그와 동시에 우주는 어떤 면에서 하느님이 어떤 분이신지를 드러낼 것이며, 이는 마치 그림이 화가의 개성을 드러내는 것과 같다. 어떠한 그림은 다른 그림보다 화가의 개성을 더 잘 보여준다. 그러므로 우주의 어떤 특정 부분들은 하느님을 다른 부분들보다 좀 더 잘 나타낸다고 할 수 있다. 그렇다면 그 특정 부분이 유한한 존재가 이해하기에 적합한 방식으로, 매우 특별히 분명하고도 적절한 방식으로 하느님의 본성을 드러낼 수 있을지도 모른다. 그리스도교인들은 예수라는 인물이 바로 그런 특별하고도 적합한 방식으로 하느님의 본성을 표현한다고 고백한다.

그렇다면 어떤 그리스도교인은 예수가 하느님의 본성을 잘 표현한 그림이라고 말하고 싶을지도 모른다. 그러나 이는 예수가 인간이 이해할 수 있는 가장 좋은 그림이라는 뜻이다. 즉 그 그림은 하느님이 어떤 분인지에 대한 그림이지만, 시간 속에 나타난 하느님을 그렸다는 한에서 그러하다. 영원한 하느님이 시간 안에서 자신을 드러낼 수 있다는 그리스도교의 주장은 화가가 하나의 특정 그림을 통해서 자신을 표현할 수 있는 것과 같다. 그러나 화가가 그의 그림과 동일시될 수 없는 것처럼 하느님도 항상 시간을 완전히 넘어서서 존재하신다.

물론 화가의 비유가 그리스도교인들이 예수에 관해서 설명하는 방식과 완전히 일치하지는 않는다. 예수는 단지 그림이 아니라 하나의 살아있고 활동하는 인물이기 때문이다. 그는 시간을 넘어서서 존재하는 영원한 하느님이 시간 속에서 나타난 참된 상이다. 아마도 이렇게 결론 지을 수 있을 것이다. 곧 그리스도교인들은 영원한 하느님을 드러내는 유한한 상이 존재할 수 있으며 예수가 하느님에 대한 완전한 상이라고 말할 것이다. 그러나 우리는 시간 속에 나타난 표현인 상을 영원한 실재와 혼동해서는 안 된다. 그렇게 하는 것은 영원한 하느님을 시간적인 것으로 축소하는 것과 마찬가지이다. 시간 속에 나타나신 하느님에 대한 참된 표현이 존재할 수 있으며 이것을 참된 상이라고 할 수 있다. 하지만 여전히 상은 상이지, 하느님의 전체 실재가 아니다.

그러므로 모든 상, 심지어 예수라는 상도, 영원한 하느님의 상으로만 여겨야 하며 하느님을 유한한 사물로 축소해서는 안 된다. 우상의 본질은 하느님을 유한한 것으로 환원하는 것이다. 그러나 유한한 것을 하느님을 드러내는 상, 하느님을 볼 수 있도록 돕는 매개, 하느님의 목적을 위한 수단으로 보는 것은 전혀 우상 숭배가 아니다. 실제로 그리스도교인들은 당신이 영원한 하느님과 관계하는 데 도움을 받기 위해서 그러한 유한한 상들을 확보해야 한다고 말할 것이다. 우리가 영원한 것을 그보다 저급한 것으로 환원하지 않는 한, 우리는 하느님이 시간 속에서 나타나는 방식으로 존재한 예수의 인격을 통해 영원한 하느님을 예배할 수 있다.

그러므로 창조 교리는 하느님을 시간으로부터 전적으로 배제하지 않는다. 다만 창조 교리가 우리에게 일러주는 것은 하느님이 시간을 무한히 넘어서서 존재하며, 시간 속에 참으로 나타날 수 있다 해도 그러하다는 것이다. 하느님은 시간을 넘어서 존재하기에 미래는 하느님에게 현재 또는 과거와 같은 방식으로 현존한다. 우리는 인생을 일련의 순간들을 차례차례 통과하는 것으로 경험한다. 그러나 하느님에게는 창조된 존재의 전체가 하나의 무시간적인 영원한 '현재' 안에 존재한다. 우리에게 미래인 것을 하느님은 영원한 현재로 본다. 그러므로 하느님은 창조라는 한 번의 영원한 활동 안에서 우주 전체에서 일어날 사건을 명하고 계신 셈이다. 이것이 바로 아우구스티누스가 '예정'predestination이라는 용어를 통해서 근본적으로 말하려 했던 바다. 이는 마치 하느님이 우리의 인생 전체를 단번에 창조하시는 것에 비유할 수 있다. 그렇게 하실 때 하느님은 우리의 삶의 매 순간에 무슨 일이 일어날지를 정확히 이해하시고 명령하신다. 미래는 결코 하느님의 통제에서 벗어나지 않는다. 만사가, 만물이 하느님의 손안에 있다.

세 번째 관점: 지속적인 창조

앞서 소개한 두 번째 관점에는 커다란 대가가 있다. 이 관점에 따르면 하느님은 영원의 방식으로 결정 내리지 않은 것은 어떠한 새로운 것도 행할 수 없다는 결론에 이르게 된다. 어떠한 의미에서 인간은 하느님이 영원의 차원에서 결정하신 것 말고는 아무것도 할 수 없다. 또한, 하느님은 영원하며 변하지 않는 판결 때문에 이미 결정되지 않은 방식, 새롭고도 창조적인 방식으로 인간의 행위에 반응할 수 없게 된다. 그러므로 일부 그리스도교인들은 (고전적 창조론이 주장하듯) 하느님이 계속해서 창조하고 계신다는 생각을 지지하면서, 하느님이 매 순간 이전에 결정하지 않는 방식으로 자유로이 창조하신다고 주장한다. 예를 들어 하느님은 모세가 그분을 섬기도록 부른 다음 어떻게 모세가 반응하는지를 기다려볼 수 있다. 모세가 어떻게 반응하느냐에 따라 하느님은 그에 맞는 방식으로 미래를 빚어나가실 수 있다. 여기서 창조는 하느님과 피조물인 인간이 나누는 일종의 대화다. 그러한 상호작용을 통해 미래에 발생할 모든 일은 피조물이 내리는 결정에 부분적으로 달려있다. 결과적으로는 하느님이 모든 것을 통제하시지만 말이다.

이 창조에 대한 세 번째 관점은 시간이라는 현실에 훨씬 더 역점을 두며, 하느님까지도 열린 미래를 가지고, 새로운 결정을 내리며 인간과 다른 피조물들의 행동에 반응하며 변한다고 말하는 점에서 그분을 시간적인 존재로 만든다. 두 번째 관점을 가진 그리스도교인들은 세 번째 관점이 하느님을 시간이라는 한계에 종속시킨다는 점에서 불만을 표할 수도 있다. 하느님이 시간 속에 존재한다면 미래를 완벽히 통제하는 게 불가능하기에 시간의 창조자라고 불릴 수 없다. 이제 시간은 하느님으로부터 독립되어 존재하는 것처럼 보인다.

그러나 세 번째 관점을 지지하는 이들도 하느님이 시간이라는 한계를 넘어서 존재한다는 점에는 동의한다. 그러나 그들은 그러한 영원한 존재의 방식이 인간의 이해를 넘어선 것이기에 우리는 그러한 하느님의 내적 삶에 접근할 길이 없다는 점을 강조할 것이다. 물론 시간은 마치 독립적인 실재인 것처럼 하느님을 제한할 수 없다. 앞서 이야기했듯 두 번째 관점을 지지하는 이들도 영원한 하느님이 시간 속에서 참으로 현현하며 신적 본성을 드러낼 수 있다는 점에는 동의한다(이것이 바로 성육신이 말하는 바가 아니겠는가). 그렇다면 하느님이 그분의 무한한 실재를 표현하는 방식으로서, 시간 속으로 들어와 시간적 존재가 되기를 택할 수 있다고 하지 못할 이유가 뭐란 말인가?

많은 현대 신학자(예를 들어서, 스위스 개혁주의 신학자인 칼 바르트Karl Barth*)는 하느님에게 시간적으로 존재할 자유가 있다고 주장한다. 시간을 넘어 존재하시면서도, 하느님은 당신의 자유로운 의지에 따라 시간적으로 자신을 드러낼 수 있다. 그리고 하느님이 진정한 의미에서 시간적이라면, 그는 유한한 인간과 실제적인 관계를 맺을 수 있다. 그분은 인간들이 고유한 결정을 자유롭게 내리도록 내버려 둘 수 있으며, 그러한 결정들에 반응할 수 있다. 또한, 하느님은 인간들이 악을 피하고 덕을 선택할 수 있도록 돕고자 그들과 협력할 수도 있다.

---

* 칼 바르트(1886~1968)는 스위스의 개신교 신학자로 폴 틸리히와 더불어 20세기 대표적인 조직신학자로 꼽힌다. 베른, 베를린, 튀빙겐, 마르부르크대학교 등에서 신학을 공부하고 이후 스위스 개혁교회 목사로 활동하다『로마서』Der Römerbrief의 출간을 계기로 이른바 '신정통주의'를 대표하는 신학자가 되었으며 나치 정권에 대항하는 고백교회의 주역으로 참여해 널리 알려진 바르멘 선언을 작성했다. 괴팅엔, 뮌스터, 본 대학교 등에서 신학을 가르쳤으나 나치 정권에 의해 교수직을 박탈당하고 스위스로 돌아가 1962년 은퇴할 때까지 바젤 대학교에서 신학을 가르쳤다. 저작으로 총 13권의『교회교의학』Kirchliche Dogmatik,『로마서』Der Römerbrief,『교의학 개요』Dogmatik im Grundriß,『이해를 추구하는 믿음』Fides Quaerens Intellectum 등이 있다. 한국에는『교회교의학』(대한기독교서회),『로마서』(복 있는 사람),『칼 바르트의 교의학 개요』(복 있는 사람),『개신교 신학 입문』(복 있는 사람) 등이 소개된 바 있다.

이러한 관점을 택한다면, 하느님이 한 번의 영원한 행위로, 시작부터 끝까지 모든 순간이 예정된 전체 우주를 창조했다고 보지 않을 것이다. 오히려 하느님이 일련의 활동을 차례대로 함으로써 우주를 창조하고 있다고 생각할 것이다. 이제 하느님은 아브라함을 창조하실 수 있으며 그를 불러 우르를 떠나서 새로이 살 곳을 찾으라고 명하실 수 있다. 그리고 그분은 우주의 다음 순간을 창조하시기 전에 아브라함의 응답을 참작하실 수 있다. 아브라함이 우르를 떠나기를 거절했다면 이 땅을 향한 하느님의 계획은 다른 모습을 갖게 되었을 것이다. 그러나 아브라함은 순종하였으며 하느님은 그와 그의 자손들과 맺으신 언약을 이루셨다.

이 관점에서는 이 땅을 위한 하느님의 계획이 이루어지는 데 인간의 자유와 결정이 매우 중대한 역할을 하게 된다. 어떠한 사람들은 이로 인해 하느님의 계획이 위기에 처할 수 있을 뿐 아니라 하느님 자신이 창조한 우주에서 그분이 사실상 무력한 존재가 된다는 점을 두려워한다. 그러나 세 번째 관점을 지지하는 이들은 대개 하느님이 여전히 당신이 원하는 대로 할 수 있는 능력을, 특별히 그의 목적이 결국에는 이뤄지도록 보장할 능력을 가지고 계신다고 주장한다. 그러나 하느님은 그 능력을 스스로 억제하시어 사람들이 자유로우며 책임 있게 살도록 하신다. 하느님은 철저히 인간에게 (제한된) 자유를 주신다. 인간들은 상당한 정도로 하느님의 계획들을 훼방하며 갈등, 고통, 불화를 초래할 수 있다. 그러나 결국 하느님은 창조를 위한 당신의 목적을 달성하실 것이다.

이는 하느님이 앞으로 일어날, 예를 들면 이 행성에서 일어날 역사상 모든 일을 정확히 예측할 수 없음을 의미한다. 하느님은 아브라함이 특정한 방식으로 결정하도록 만들지 않았으며 아브라함이 무엇을 선택할지를 미리 알지도 못한다. 그러나 하느님은 진정으로 인간을 구원으로 이끌 계획, 즉 인간이 하느님을 온전히 알고 사랑하도록 하실 계획을 분명히 가지고 계신다. 그렇기에 하느님은 이 목적이 어떠한 방식으로든 실현되도록 하실 것이다. 한 계획의 실패는 다음 계획으로 이어지며, 하느님께서는 이들 중 하나가 성공할 때까지 새로운 계획들을 세우길 멈추지 않을 것이다. 그 과정에서 얼마나 많은 실패가 있든 간에, 결과적으로 총체적인 계획은 성공할 것이다. 하느님에겐 그렇게 하실 수 있는 인내와 지혜, 능력이 있기 때문이다.

이는 창조에 대해서 훨씬 더 상호적인 관점이라고 할 수 있다. 이 관점은 하느님을 유한한 인간과 협력하는 분으로 보며 인간에게 창조에 대한 거룩한 계획을 실현할 책임을 부여한다. 이로 인해 세 번째 관점에서는 예정론을 받아들이기 어렵게 된다. 세 번째 관점에서 하느님은 역사에서 일어날 모든 일을 한 번의 명령을 통해서 예정하지 않으신다. 그러나 우리는 여전히 하느님께서 많은 이가 구원을 경험하도록 예정한다고 말할 수 있다. 비록 하느님조차 누가 정확히 구원에 이를지 미리 아실 수 없겠지만 말이다(칼 바르트와 같은 신학자들은 하느님이 모든 인간을 구원으로 예정할 가능성을 제시한다. 그렇다면 당연하게도 그분은 그들이 누군지 알고 계실 것이다).

창조세계와 맺는 하느님의 상호작용은, 하느님이 상호작용할 수 있는 책임 있는 도덕적 주체가 우주에 존재할 때라야 완전한 효력을 가질 수 있다. 이러한 관점은 우주의 물리적 구조에 대한 우리의 이해에 어느 정도 함의를 지닌다. 인간이 등장하기 수십억 년 전부터 물리적 우주가 존재했다면, 우리는 하느님이 우주를 인격적인 존재들을 위해 살기 적합한 곳으로 예비하셨다고 생각할 수 있을 것이다. 예를 들어 하느님은 우주의 근본 법칙들 속에 융통성과 '무작위성'의 요소들을 넣어두심으로써 피조물들이 적당한 때에 자유를 누리며 존재할 수 있도록 예비하셨다. 이제 우주는 결정론적인 우주가 아니라 확률적 가능성을 가진 우주로 드러난다. 그럼에도 우주는 여전히 하느님의 지혜와 아름다움을 드러내는 우아하고 지적인 아름다움의 장소로 남을 것이다. 이러한 우주는 하느님과 함께 미래의 공동-창조자들이 될 운명을 가진 인격들의 출현을 향해서 나아간다.

이러한 관점에서, 하느님은 계속해서 우주를 창조하고 계시며, 그 속에서 우주의 이성적인 피조물들의 자유로운 결정들을 고려하면서 그들과 함께 일하며 열린 결말을 빚어가고 계신다. 그러나 궁극적으로 하느님은 여전히 그 과정을 통제하고 계신다. 하느님은 한편으로는 당신에게 대항하는 요소들을 제거하시며, 다른 한편으로는 유한한 존재들이 그분의 창의적인 지혜와 사랑에 자유로이 응답하는 통로로 자라도록 빚어 가신다. 그러므로 우주는 하느님의 창조적이며 협력적인 모험의 장이다. 그 하느님은 (적어도 그분 존재의 중요한 하나의 양상에서는) 시간 속에 존재하며, 그것 자체가 진정한 창조성의 조건이라 할 수 있겠다.

03

악의 문제

　창조를 믿는다는 것은 곧 무한히 지혜롭고 능력 있는 하느님이 우주를 창조하셨으며, 이를 통해서 지금의 우주에서만 존재할 수 있는 구체적인 가치들을 실현하심을 믿는다는 것이다. 하지만 어떤 사람들이 보기에 지금의 우주는 가치 있는 우주를 창조하기를 바라는 우주적 지성의 창조물이라고 보기에는 다사다난하고 잔혹하다. 무작위성과 고통이라는 문제는 모든 유신론자에게 중요한 난제다. 하지만 바로 이 지점에서 현대 과학의 발견들이 그리스도교인들의 성찰을 도울 수 있다.

　현대 과학은 우주가 놀라울 정도로 아름다움과 합리성을 가지고 있으며, 겉보기에 혼돈뿐인 사건들도 이 원리에서 벗어나지 않음을 보여준다. 얼핏 무작위처럼 보이는 현상도 사실 원자보다 더 작은 차원에서 보았을 때는 정교하게 얽힌 힘들의 산출물로 드러난다. 이른 바 '카오스 이론'chaos theory은 어떠한 규칙도 없는 것처럼 보이는 사건들도 더 깊은 차원에서는 우아하며 질서정연한 힘들이 맞물려서 만들어낸 결과임을 보여준다. 이러한 점에서 우주는 적어도 미학적인 관점에서는 실제로 아름다우며 선하다고도 말할 수 있다.

많은 현대 과학자는 우주에 매우 높은 수준의 필연성이 있다고 지적한다. 우주는 서로 우연히 관계된 사건들의 집합이 아니다. 중력, 전자기력처럼 자연에 존재하는 기본 힘fundamental forces은 의식을 지닌 생명체가 살 수 있는 우주를 산출하기 위해서 정확히 지금과 같아야만 한다. 그러한 생명체들이 진화하며 창발적인 우주의 일부가 되기 위해서는 자연의 법칙들이 꼭 지금과 같은 방식으로 작동해야만 한다. 그러한 우주에 협동과 창발이 꼭 필요한 것이라면, 갈등과 파멸 또한 필연적이다. 한쪽은 다른 한쪽이 없이는 존재할 수 없다. 하느님은 그러한 갈등으로부터 발생하는 고통을 허용하지 않고서는 이러한 우주를 창조할 수 없었다. 그럼에도 누군가는 이 우주의 창조주가 (그런 존재가 있다면) 고통과 아픔에는 별로 관심이 없는 것 같다고 생각할지도 모른다.

이토록 광대한 우주의 창조주는 분명 인간과 같은 수준의 지성이 아니다. 그리스도교 신학자들은 비록 하느님이 인간 예수라는 형태를 통해서 시간 속에 나타날 수 있다고 할지라도 창조주 하느님을 인간 '같은' 존재라고 생각하는 것은 명백한 오류라고 주장한다. 그러나 하느님이 무한한 지혜와 능력을 갖춘 의식적인 존재라고 말한다면,

심지어 유한한 지성이 극히 일부만을 경험하고 누리는 가치들을 그분이 누릴 수 있다고 생각한다면 이는 틀리지 않을 것이다. 하느님은 의식, 지혜, 능력과 더없는 행복의 실재이기에, 우리가 사는 우주의 전체 이야기는 하느님의 창조 활동 전체를 놓고 보면 아주 작고 일시적인 순간에 불과할지도 모른다. 하지만 이 놀라운 창조주를 정말로 '선하다'고 부를 수 있을까? 물론 그리스도교인들은 창조주가 선하다고 믿으며(여기서 선함이란 자신이 만든 만물에 자신을 드러내는 일부를 담은, 지혜롭고 능력이 있으며 복된 그 존재가 선하다는 뜻이다), 그러한 하느님이 '존재하는 것이 바람직하다'고 여긴다. 분명 이것은 '선'이라는 단어가 가지고 있는 의미 중 하나다. 어떤 것이 그 자체로 바람직하다고 할 때 그것은 선하다고 할 수 있다. 지혜롭고, 능력 있고, 아름답고, 복된 하느님은 분명 그 자체로서 가치 있는 존재이며 이는 지극히 바람직하다. 적어도 이러한 점에서 창조주를 선하다고 말하는 것이 마땅하다.

그렇다면 어떻게 선한(바람직한) 하느님, 우주의 선함을 누리기를 원하는 하느님이 창조하신 우주에 고통과 악이 존재할 수 있다는 말인가? 이 질문에 답하기 전에 우리는 거의 저항할 수 없는 또 다른 질문에 대답해야만 한다. 즉, 그러한 하느님이 우주의 원인이라면 그러한 하느님의 원인은 무엇인가? 하느님이라는 관념이 생겨난 이유 중 일부는 물리적인 우주가 스스로 존재하는 것으로 보이지 않는다는 것에 있다. 우주는 생겨났다가 소멸해가는 것으로 보이며 그 자체로는 필연성을 가지고 있지 않은 것 같다. 우주를 이루고 있는 요소들은 철저히 상호의존적이며 어떠한 요소도 궁극적으로 고정된 지점이라고 할 수 없다. 그러나 하느님은 생겨나거나 소멸하지 않는 실재이며, 자신 외에 어떤 것에도 의존하지 않으며, 그의 존재 중 어떤 것도 다른 것에서 유래하지 않는다. 하느님은 필연적으로 존재한다. 하느님의 존재를 대체할 수 있는 것은 아무것도 없는데, 이는 하느님이 존재 자체의 원리이며 그러한 원리 없이는 어떠한 것도 존재할 수 없기 때문이다.

이는 매우 추상적인 관념처럼 보일지도 모른다. 하지만 이러한 생각은 그리스도교인들이 세계를 경험하는 방식에 유의미한 차이를 낳는다. 하느님에 대한 신앙이 갖는 성격을 이해하는 데 필요한 것은 일종의 영적 감수성, 곧 유한한 것 안에서, 이를 통해서 알려진 무한을 감지하는 능력, (설령 불완전하거나 문제투성이인 경우가 많다고 해도) 유한한 것들을 무한한 존재를 드러내는 상으로 감지하는 능력이기 때문이다. 이것은 우주의 '제1 원인'을 향해 나아가는 추상적인 철학적 주장이 아니다. 이러한 영적 감수성을 19세기 초 프로이센의 신학자 프리드리히 슐라이어마허Friedrich Schleiermacher*는 '무한에 대한 느낌과 맛봄'이라고 불렀으며, 이를 통해 인간은 우리가 알고 있는 유한한 우주의 모든 부분의 기저를 이루는, 안정적이고 변하지 않으며 무한

---

* 프리드리히 슐라이어마허(1768~1834)는 독일의 개신교 신학자, 철학자로 현대 신학과 해석학의 선구자로 평가받는다. 베를린대학교 설립에 관여했으며 이곳에서 신학을 가르쳤다. 저작으로 『그리스도교 신앙』Der Christliche Glaube, 『종교론』Über die Religion 등이 있다. 한국에는 『기독교신앙』(한길사), 『종교론』(대한기독교서회) 등이 소개되었다.

하게 실제적인 존재를 파악하게 된다.

그러므로 하느님은 물리적 형체를 취하지 않으며 결코 이 우주의 시간과 공간 속에 있지 않다. 또한, 하느님은 우주를 시작하게 한 후 무대 뒤로 퇴장하는 존재도 아니다. 하느님은 오히려 우주를 그 시작부터 끝까지 매 순간 지탱하고 있는 무한한 의식이며 아마도 다른 수많은 우주도 그렇게 유지하고 있을 것이다. 그러한 하느님은 인간의 상상을 훌쩍 넘어서 존재한다. 인간은 들판에 널린 돌 하나와 맞닥뜨리듯 우연히 하느님과 만나진 않는다. 우리는 하느님을 매우 특별한 방식으로 스스로 존재하는 이, 그 어떠한 것보다도 정신적이고 의식적인 존재, 우주를 그 자체의 선함, 아름다움, 완벽을 위하여 존재하게 하는 이라고 생각한다.

우리는 우주를 장인의 솜씨로 만들어진, 태초부터 내재하던 주제들을 점차 전개하는, 광대한 예술작품으로 볼 수도 있다. 하느님을 믿는 자가 가질 수 있는 가장 보람된 경험 중 하나는 창조주의 작품들이 지닌 아름다움을 통해 그의 정신과 교감하는 것이라 할 수 있을 것이다. 기도는 바로 그러한 교제의 감각을 키우는 방법이다. 따지고 보면 가장 고차원적인 기도는 하느님께 무언가를 요구하거나 우리가 체험한 많은 선하고 아름다운 것들로 인해 하느님께 감사를 드리는 것이 아니다. 가장 숭고한 기도는 예배이며 예배란 가장 가치 있는 존재를 그 자체로 깊이 관조contemplation하는 것이다.

우리는 아름다운 석양을 보며 경탄하곤 한다. 아름다운 석양에서 자신의 창조성의 일부를 드러내는 정신, 석양을 통해 자신이 어떤 존재인지를 보여주는 정신에 경탄하는 법을 익히는 것은 그림자의 세계에서 빛의 세계로 나가는 것과 같다. 석양의 빛을 통해 우리는 그림자를 비추는 실재의 참된 본성을 본다. 플라톤은 이를 말하고자 했으며, 그렇기에 그리스도교는 매우 이른 시기부터 플라톤 사상을 자신의 주요 원천으로 삼았다.

플라톤은 하느님을 창조주라기보다는 건축가 또는 설계자라고 생각했다. 위대한 그리스도교 신학자 아우구스티누스는 플라톤의 설계자 개념과 형상계(하느님이 설계한 것들이 지닌 규칙과 흐름) 개념, 절반만 참된 시공간 세계 개념을 취해 형상을 하느님의 정신에 두고, 시간과 공간을 별도로 존재하는 것이 아니라 하느님이 창조한 것으로 봄으로써 이 모든 것을 종합했다. 시공간을 유한한 것으로 보며, 따라서 생성되고 소멸할 수 있는 것으로 보는 현대 물리학은 이러한 종합을 지지한다. 오직 창조주만이 파괴될 수 없으며, 그것이야말로 우주의 질서와 안정성을 보증한다.

우리는 이제 창조세계에서 발견되는 고통의 문제와 씨름할 한 가지 방법을 알 수 있게 되었다. 하느님은 그저 우연히 지금처럼 된 존재가 아니다. 하느님은 지금과 사뭇 다를 수도 있거나 언제고 본성을 바꿀 수 있는 존재가 아니다. 하느님은 스스로 존재하며, 변화하지 않는다. 하느님은 시간과 공간을 초월하며, 존재하는 만물의 유일무이한 원천이자 존재 자체의 원리다. 그렇다면 하느님이 왜 지금보다 더 낫지 않냐고 물을 수 없다. 하느님은 지금 계신 것보다 더 낫거나 더 나쁘게 존재할 수 없다. 하느님의 존재가 모든 가능한 다른 존재의 불변하는 토대기 때문이다.

앞서 하느님은 선하시며 지극히 바람직한 존재라고, 자신과 그분을 알맞게 인식하는 모든 자에게 지극히 바람직한 분이라는 점에서 하느님이 선하다고 제안하였다. 하느님은 또한 존재하지 않았을 뻔한 매우 선한 것들을 실현하기 위하여 우주를 창조하시기에 선하다. 또한, 하느님은 그리스도교의 계시가 주장하듯 모든 창조된 인간이 영원한 행복의 기회를 얻길 바라신다는 점에서 선하다. 이 모든 점에서 하느님은 선하다. 설령 그분이 창조한 우주가 그분마저 막을 수 없는 악과 고통을 필연적으로 포함한다고 할지라도 말이다. 우리는 하느님의 내면을 알 수는 없으므로, 왜 하느님이 고통과 악을 막지 못하는지 알지 못한다. 그러나 우리가 보건대 하느님이 그 본질적 신성에 있어 지금과 다르게 존재할 수 없다면, 하느님은 창조된 우주가 이루는 선한 것들의 그림자로서 생겨나는 특정 악을 막을 수 없을 것이다.

중세의 신학자들은 이러한 생각을 '악은 선의 결핍'이라는 말로 표현했다. 이 말은 악이 존재하지 않는다는 뜻이 아니다. 이는 악이 선의 부재이며, 선의 필연적인 부작용으로 선에 기생하는 것임을 뜻한다. 가벼운 예를 들어보자면, 바이올린을 아름답게 연주하게 되는 값진 경험을 하기 위해서는 필연적으로 어렵고 지루하며, 때로는 고통스러운 연습이 필요하다. 탁월한 경지에 이르는 것과 같은 선에는 당연하게도 고통스럽고 피하고 싶은 사건들이 따른다. 이런 식으로 우리는 어떻게 선하신 하느님이 창조한 우주에 악이 있을 수 있는지를 알 수 있다.

그러나 여전히 문제는 남는다. 그렇다고 하기에 이 우주에는 악이 너무나도 많은 게 아닌가? 어느 정도의 악은 있을 수밖에 없음을 인정하고 나면 생기는 심각한 문제는, 악이 얼마나 많아야 지나치다고 판단할 것인가 하는 것이다. 확실히, 그리스도교인들은 선하신 하느님이 지금처럼 우주를 창조하셨기 때문에 악이 지나치게 많다고 믿지는 않는다. 그러나 아우슈비츠, 베트남, 레닌그라드, 플랑드르 같은 곳에서 나타난 엄청난 고통과 극악무도함은 가장 확고하게 믿는 이의 신앙도 종종 흔들리게 만든다.

첫 번째 관점: 존재의 결핍

그리스도교인들은 이러한 의심들에 대해서 세 종류의 답변을 내놓았다. 그중 하나가 13세기 신학자 토마스 아퀴나스Thomas Aquinas의 견해와 관련되어 있다. 그는 창조주가 인간의 도덕적 평가 가능성을 훨씬 초월하여 존재한다고 이야기했다. 창조주의 의지는 절대적이기에, 어떠한 피조물도 무언가가 왜 그렇게 있는지를 이해할 수는 없다. 하느님은 여전히 지극히 바람직한 분이며 하느님이 창조하신 이유에 대한 답을 확보하지 못한다 해도 마땅히 하느님을 예배해야 한다. 하느님은 악에서 선을 창출하시겠지만, 그 악은 하느님 자신의 궁극적인 존재에 어찌 됐든 뿌리박고 있는데, 긍정적인 것으로서가 아니라 창조의 때 있었던 무의 그림자 같은 것으로서 그러하다. 악은 그저 필연적으로 뒤따르는 것이기에, '그것이 없었더라면' 하는 바

람은 소용이 없다. 이 전통은 그럼에도 고통은 할 수만 있다면 없애
야 한다고 분명하고도 확고하게 주장하며, 결코 그것을 선으로 간주
하지도 않는다. 이러한 관점을 강하게 진술해보면 다음과 같다. 하느
님은 기쁨과 슬픔, 빛과 어둠을 창조하시지만(이사 45:7), 선이 승리하
기를, 또한 선의 승리를 위해 우리가 당신의 긍정적인 의지와 연합하
여 악과 싸우기를 바라신다.*

두 번째 관점: 물질의 자율성

또 다른 대답은 하느님이 물질의 본성에 의해서 제한을 받는다는
것이다. 플라톤의 생각처럼 물질은 (비록 이를 완벽히 통제할 수는 없어도)
하느님이 선을 향하여 빚어나가는 재료로 존재한다. 어떠한 학자들
은 창세기 1장 2절이 '거대한 심연', 즉 태고의 혼돈을 전제하고 있다
고 생각한다. 그 혼돈으로부터 하느님은 하늘과 땅을 만들어내신다.
20세기 철학자 A. N. 화이트헤드A. N. Whitehead의 사상을 따르는 과정신
학자들은 모든 창조된 것들이 어느 정도까지는 자율성을 가져야 하
며, 그렇기에 하느님도 피조물을 완벽하게 통제할 수 없다고 주장한
다. 유한한 우주에는 하느님마저 간단히 제거할 수 없는 혼돈과 자유
의 요소들이 존재한다는 것이다. 하느님은 가장 강력한 존재이지만,
그렇다고 해도 존재하는 모든 유한한 것의 의지들을 하느님이 간단
히 통제할 수 있는 것은 아니다. 하느님은 완벽하게 통제하시기보다

---

* "나는 빛도 만들고 어둠도 창조하며, 평안도 주고 재앙도 일으킨다. 나 주가 이
모든 일을 한다." (이사 45:7)

는 설득하거나 영향을 끼치길 바라신다. 이러한 관점은 앞의 관점처럼 하느님이 모든 악을 제거하는 것이 형이상학적으로 불가능하다고 주장한다. 그럼에도 이 관점은 심지어 하느님도 침범하거나 지시할 수 없는 특정한 자기-결정적 자유를 모든 유한한 주체들이 가진다고 주장한다는 점에서 앞의 관점과는 다르다.

세 번째 관점: 자유의 오용

아우구스티누스가 지지한다고 할 수 있는 세 번째 관점은, 존 힉 John Hick*과 같은 20세기 신학자들에 의해서 완전한 형태를 갖추게 되었다. 그것은 최악의 고통 대부분이 하느님을 거절하고 자기중심주의를 취하는 자유로운 선택의 결과로 온다고 말한다. 이러한 관점으로 보자면 우주에는 필요와 불가피성으로 인한 것보다 훨씬 더 많은 악이 존재한다. 어디선가 무언가가 잘못되었으며 교정이 필요하다. 하느님은 피조물들을 전적으로 통제할 수 있으나 그렇게 했을 경우 피조물들은 책임감과 자유를 가진 인격체들로 존재할 수 없게 되었

---

* 존 힉(1922~2012)은 영국 출신 종교철학자이자 신학자다. 에든버러 대학교에서 철학을 공부했으며 옥스퍼드 대학교 오리엘 칼리지와 에든버러 대학교에서 박사 학위를 받았다. 클레어몬트 대학교, 버밍엄 대학교, 코넬 대학교, 프린스턴 신학교 등에서 신학과 종교철학을 가르쳤다. 1986~87년 기포드 강연을 맡았으며 1991년 그라베마이어 상을 받았다. 오랜 기간 개신교 신자로 지내다 2009년 퀘이커 교인이 된 뒤 2012년 세상을 떠났다. 20세기 종교철학, 종교신학 분야에서 커다란 영향력을 행사한 철학자, 신학자로 평가받는다. 주요 저서로 『신앙과 앎』Faith and Knowledge, 『악과 사랑의 하느님』Evil and the God of Love, 『종교철학』Faith and Knowledge, 『종교들에 관한 그리스도교 신학』A Christian Theology of Religions 등이 있으며 한국어로 『종교철학』(동문선), 『신과 인간 그리고 악의 종교철학적 이해』(열린책들), 『성육신의 새로운 이해』(이화여자대학교출판문화원) 등이 소개된 바 있다.

을 것이다. 하느님은 적어도 어떠한 피조물들에는 자유의 가능성을 주셨지만, 그렇다고 그들이 실제로 악을 택하기를 바라지는 않았다. 그러므로 하느님은 그러한 자유가 성장해 나갈 수 있는 우주를 창조해야만 했다. 그러한 우주는 전적으로 결정된 우주이거나 철저하게 완벽한 우주일 순 없었다. 그래야만 창조된 인격체들이 스스로 그들의 세계를 완전을 향해 나아가도록 할(혹은 완전과 멀어지도록 할) 가능성을 얻을 수 있기 때문이다.

어떠한 그리스도교인들은 하느님께서 영적인 존재들인 천사들을 창조했으며 그들 중 몇몇이 하느님보다 자신을 높이려 했다고 믿는다. 그들의 대표인 사탄의 지휘에 따라서 이러한 '타락한 천사들'은 창조세계의 일부를 다스리며, 그렇기에 이 우주가 가지는 파괴적인 측면 중 많은 부분에 책임이 있다. 그러나 어떤 그리스도교인들은 사탄을 상징으로 본다. 즉, 사탄은 형성되는 인격의 본성에 자리 잡아 인간이 악에 대한 지속적인 유혹에 시달리게 만드는 자기중심주의와 교만의 경향을 대표하는 은유다(5장을 보라).

두 번째 견해와 마찬가지로 이러한 대답은 하느님의 뜻에 불순종할 수 있는 근본적인 자유의 현실과 중요성을 강조한다. 아마도 그러한 자유는 존재자들 사이에서 자유롭게 자신을 스스로 내어주는 사랑의 관계가 가능하기 위해서는 필수적일 것이다. 자유는 우주에서 참된 도덕적 공동체가 존재할 수 있는 조건이다. 그러나 세 번째 관점은 여전히 하느님의 궁극적인 주권을 존중하며, 하느님의 계획이 결국에는 성공을 거두고 말리라고 주장한다. 하느님은 언제까지나

설득만 하고 있어야 하는 운명에 처한, 성공을 보장하지 못하는 존재가 아니다. 자유가 주어지는 것은 이를 통해 도덕적인 공동체가 탄생하게 하기 위함이다. 하느님은 그러한 공동체를 완성하실 수 있으며, 종국에는 이 공동체의 일원이 되기를 거부하는 자들을 제거할 수도 있다.

이 세 관점은 모두 우주에 악과 고통의 존재가 선한 창조주의 존재와 양립할 수 있다는 걸 보여주기 위한 시도이다. 또한, 세 관점을 통해 우리는 '왜 가장 강력한 존재일지라도 모든 고통을 제거할 수 없는가'라는 질문에 대한 어느 정도의 단서를 얻는다. 어떤 점에서는 존재 자체의 본성이 가지는 필연적 성격들 때문에 지금의 모습으로 창조된 우주에서 악을 제거할 수는 없다. 그러나 이 중 어떠한 관점도 하느님의 뜻을 완전히 이해할 수 있다거나 악이 존재하는 이유를 완전히 설명할 수 있다고 주장하지 않는다. 결국에는 성서 속 욥과 마찬가지로 모든 신앙인은 만물의 근원이자 귀환점인 신성한 존재의 완전한 신비 앞에서 무릎을 꿇게 될 것이다(욥기 42:1~6).* 그러나 하느

---

* "욥이 주님께 대답하였다. 주님께서는 못하시는 일이 없으시다는 것을, 이제 저는 알았습니다. 주님의 계획은 어김없이 이루어진다는 것도, 저는 깨달았습니다. 잘 알지도 못하면서, 감히 주님의 뜻을 흐려 놓으려 한 자가 바로 저입니다. 깨닫지도 못하면서, 함부로 말을 하였습니다. 제가 알기에는, 너무나 신기한 일들이었습니다. 주님께서 말씀하셨습니다. "들어라. 내가 말하겠다. 내가 물을 터이니, 내게 대답하여라" 하셨습니다. 주님이 어떤 분이시라는 것을, 지금까지는 제가 귀로만 들었습니다. 그러나 이제는 제가 제 눈으로 주님을 뵙습니다. 그러므로 저는 제 주장을 거두어들이고, 티끌과 잿더미 위에 앉아서 회개합니다." (욥기 42:1~6)

님이 피조물이 알고 사랑할 수 있는 지극히 바람직한 분임을 믿는 것은 합리적 차원에서 가능한 일이다. 또한, 하느님의 갈망인 악에 대한 선의 궁극적인 승리가 실현되리라고 믿는 것도 가능한 일이다. 그리스도교인들은 현존하는 고통을 없앨 수 있다면 마땅히 그렇게 해야 한다고 주장한다. 그리스도교인들은 인간이 하느님이 선물한 자유를 오용하며 내린, 세대를 걸쳐 누적된 부도덕한 결정들 때문에 이 땅 위에서 매우 많은 고통을 경험할 수밖에 없다는 점도 인정한다. 적어도 인간 세계에서는 하느님의 목적들이 성취되는 것을 방해하는 자들이 있을 것이다. 그 방해자들은 바로 하느님이 이 우주에 대하여 품은 의도들을 실현하는 데 협력하라고 창조한 인간들이다. 그리스도교는 세상이 돌아가는 방식에 무언가 문제가 있다는 인식에서 시작하며, 이러한 타락에 대한 책임이 많은 부분 인간에게 있다고 말한다.

04

영혼에 관하여

인류는 무수한 은하계와 별들로 이루어진 거대한 우주의 중심이 아니다. 우리는 보통 크기의 은하계 가장자리에 있는 작고 푸른 행성에서 살고 있다. 하지만 인간의 뇌는 지금까지 우리가 경험해 본 것 중 가장 복잡한 단일체라고 할 수 있으며, 인간에게는 자신이 속해 있는 우주의 구조를 이해할 수 있는 놀라운 능력이 있다. 무신론자들은 인간의 의식을 원자 차원에서 무수히 많이 일어나는 무작위적 사건이 벌어지는 과정에서 나오는 부산물 정도로 볼지도 모른다. 그러나 그토록 우주적인 규모의 전체 과정이 의식적인, 합리적인 그리고 도덕적인 주체들의 탄생을 위하여 의도된 것으로 보는 견해 또한 만만치 않게 설득력 있다. 우주는 밀도와 질량이 무한한 한 점, 의식이 존재하지 않는 단순체에서 시작해 존재하게 되었는데, 이는 혼란스럽고 구조가 없는 뒤죽박죽이 아니라 마치 무언가를 본뜬 것처럼 구성되며 우아하게 질서를 갖춘, 그리고 점점 복잡한 구조를 찾게 되는 일련의 놀라운 과정을 통해 형성된 것이다. 중력, 전자기력, 핵력 같은 기본 힘이 반응하고 통합되어, 수소와 헬륨 같은 비교적 영구적인 원소들이 생겨났다. 수소와 헬륨 원소는 폭발하는 별들의 중심에서 핵반응을 일으키며 탄소와 같이 더욱 복잡한 원자들을 만들어냈는데, 이 탄소는 생명체를 구성하는 자가증식을 할 수 있는 큰 분자들을 형성시킬 수 있었다. 그리고 이 분자들은 더욱 복잡하고 통합된 구조로, 즉 유기체로 발전했다. 유기체들은 번식할 수 있었으며, 자극에 훨씬 더 잘 반응할 수 있는 생명체의 형태들을 낳기 위하여 돌연변이로 변형되기도 했다. 이 생명체들은 중추신경계를 가지고 있어서 환경에 적응할 수 있는 능력을 갖추고 있었다. 더 복잡해지고 환경에 특화되고 적응하게 되면서 어떤 생명체들은 뇌를 갖게 되었고, 호모 사피엔스 사피엔스가 매우 특별한 신피질neocortex를 갖기에 이르렀다. 이처럼 복잡성과 질서가 증가하는 길고도 점진적인 과정의 끝에, 유기체는 인식 능력을 갖추게 되었으며, 자신의 존재에 대해서 추론하고 사변도 늘어놓을 수 있었으며, 도덕적인 선택도 할 수 있게 되었다. 심지어 그들은 자신의 서식지인 이 행성을 바꾸고 통제하기 시작했다.

내 생각에는 이러한 거대한 흐름을 도덕적이고 합리적인 의식을 산출하기 위하여 처음부터 의도된 목적론적 과정으로 보지 않기란 거의 불가능하다. 물론 그러한 의식은 우주의 다른 많은 곳에 존재할 수 있으며, 다양한 물리적인 형태로 존재할 수 있다. 하지만 우리가 아는 한, 이 행성에는 오직 인간만이 그러한 방식으로 존재한다. 아무리 인간이 아닌 동물들이 인간과 비슷하다고 주장할지라도 다음과 같은 사실을 부정할 순 없을 것이다. 곧 인간이 아닌 동물들은 논쟁을 통해 도덕적이고 사회적인 문제들에 관해서 결정을 내리지 않는다. 그들은 우주의 구조에 대한 정확한 지식을 얻고 나서 그것을 후대에 전승하지도 않는다. 그들은 청각과 시각 정보로 이루어진 구조화된 형태(음악과 예술)를 창조하지도 않으며 다음 세대가 누릴 수 있도록 이를 물리적인 방식으로 기록하지도 않는다. 인간은 다른 생명체들과 마찬가지로 매우 원시적인 세포 단위의 유기체에서 진화했을 것이다. 하지만 그들은 추상적이고 개념적으로 사고할 수 있다는 점에서, 창조적으로 상상할 수 있다는 점에서, 그리고 도덕적으로 책임 있는 존재라는 점에서 지구상에서는 유일무이한 존재라 할 수 있다.

그리스도교는 인간의 독특성을 인간이 '하느님의 형상'(창세 1:26)에 따라 창조되었다는 말로 표현한다. 인간은 흙(먼지dust)으로 만들어졌다(오늘날 우리는 인간이 말 그대로 우주 먼지stardust로 만들어졌음을 안다). 인간은 물질적 우주의 일부다. 그러나 이해력, 창조성, 자유를 통해, 인간은 지금도 계속되고 있는 우주의 모든 과정을 맡고 계시며 정해진 방향으로 이끌고 계시는 창조주의 본성을 특별한 방식으로 드러낸다.

인간이 하느님의 형상으로 창조되었다는 믿음은 우리가 하느님처럼 생겼다는 뜻이 아니다. 이는 인간이 가진 이해하고, 창조하고, 자유 안에서 행할 수 있는 독특한 능력이, 지고의 지혜이자 창조성이며 자유이신 하느님의 본성을 드러낸다는 뜻이다. 그리스도교적 관점으로 보았을 때, 인간이 지닌 지혜, 창조성, 자유는 절대 완전하지 않다. 인간은 하느님의 피조물이다. 그러므로 가장 위대한 인간의 지혜란 하느님의 지혜에 참여하는 것이며, 가장 위대한 인간의 창조성은 하느님의 아름다움에 참여하는 것이며, 가장 위대한 인간의 자유는 하느님의 사랑에 참여하는 것이다. 인간이 완전에 이르는 것은 그들이 전적으로 자율적이며 스스로 결정하고 다스리는 경지에 이르는 것이 아니라, 하느님의 지혜와 아름다움, 사랑에 참여하고 이를 드러내는 유한한 형상이 되는 것에 있다. 하느님의 형상으로 창조되었다는 것은 그저 하느님과 닮은 무엇이 되는 것이 아니라, 하느님의 본성에 참여하는 자가 된다는 뜻이다.

인간의 독특함을 표현하는 전통적인 방법은 '영혼'soul을 논하는 것이지만, 오늘날, 이 '영혼'이란 단어가 매우 잘못 이해되고 있으므로 '인격'person에 대해서 논의하는 편이 더 좋을 것이다. 하지만 그리스도교 전통은 오랫동안 다양한 방식으로 '영혼'에 대해 사유해 왔다. 물론 대다수 사려 깊은 그리스도교인들은 그러한 사유 중 어떤 것도 인간 실존의 특수한 본성을 충분히 설명한다고 생각하지는 않겠지만 말이다.

첫 번째 관점: 영육이원론

어떤 그리스도교인들은 지적 이해력, 창조적인 상상력, 도덕적 자유와 같은 인간의 능력들이 본질적으로 정신적이며 비물질적이라고 생각한다. 정신의 사유, 심상, 결정은 공간에 있지 않으며 물질로 이루어지지 않았다. 하느님은 공간 안에 계시지 않으며 물질적인 육체를 갖고 있지 않음에도 이해하고, 창조하고, 결정하신다. 그러므로 우리는 인간의 영혼도 공간 안에 있지 않다고 말할 수 있지 않을까? 영혼은 인격의 핵심이다. 영혼이 이해하고, 상상하고, 자유로운 도덕적 결정들을 내릴 때 이러한 활동들은 뇌 속에서 일어나는 물리적인 사건들에 의해서 결정되지 않는다.

물론 뇌와 영혼은 매우 밀접하게 연관되어 있다. 인간의 영혼은 물질적인 세계 속에 깊이 들어서 있다. 영혼의 감각적인 심상과 느낌은 물리적인 세계에서 발생하는 사건들이 원인이 되어, 곧바로 뇌에서 일어나는 사건을 통해 경험된다. 영혼이 생각하고, 느끼고, 할 수 있는 것은 뇌와 다른 신체 부위의 상태에 의해서 제한된다. 그러나 이러한 밀접한 연관에도 불구하고, 영혼에는 뇌를 지배하는 물리적인 인과 법칙들만으로 결정되지 않는 자유로운 활동의 영역이 있다. 뇌에서 일어나는 사건은 영혼이 이해하고 느끼는 데 영향을 미친다. 동시에 영혼의 반작용과 대응도 뇌에서 일어나는 일들에 영향을 미친다. 누군가가 나를 바늘로 찌른다면 나의 영혼은 고통을 느낄 것이다. 나의 반응은 내가 자유로이 대처하는 방식에 의해서 부분적으로 지배되므로, 나는 의지를 활용해서 뒤로 피하려는 몸의 자연적인 본능을 억제할 수도 있다.

이러한 관점에 따르면, 모든 영혼은 의식을 가지며, 이해하고, 느끼고, 결정을 내리는 하나의 지속성을 가진 영적인 개별 존재다. 영혼은 (주로 임신과 출생 사이의 어떤 시점이라고 간주되는) 특정 시점에 존재하게 되며, 특정 육체와 깊은 인과적 연관성을 가지고 계속해서 존재한다. 몸이 죽고 나서도 이 영혼은 계속해서 존재할 수 있다. 실제로 아우구스티누스는 영혼이 본질적으로 썩지 않는다고 보았다. 하느님이 영혼을 파괴할 수는 있지만, 영혼은 본질적으로 불멸성을 가지며 하느님이 파괴하지 않는 한 계속해서 존재할 것이다. 영혼은 몸이 없이도 존재할 수 있다. 비록 영혼이 책임감을 느끼고 충만한 삶을 살기 위해서는 정보를 획득하고 행동할 수단을 가질 필요가 있지만 말이다. 영혼은 연옥에 있을 수도 있으며 천국에 있을 수도 있는데, 여기서는 어떻게든 하느님이 정보와 행동 수단을 주실 것이다. 또한, 영혼은 다른 몸을 갖게 될 수도 있다. 극소수의 그리스도교인은 한 영혼이 또 다른 속세의 몸을 취하게 된다는 환생을 믿는다. 그러나 이는 이론상의 가설이며, 그리스도교의 부활 신앙은 이 세상에서의 몸(이는 부패한다)과 물질적으로 이어지지는 않는 몸을 갖게 된다고 주장한다.

그리스도교인들은 물질적인 몸이 나쁘다고 믿은 적이 없으며, 영혼이 몸 안에 갇혀 있기에 금식과 기도를 통해 해방해야 한다고 여긴 적도 없다. 그것은 영지주의의 전형적인 신념일 뿐이며 초기 그리스도교 사상가들은 영지주의와 거리를 두려고 노력했다. 오히려 그리스도교인들에게 몸은 영혼이 물질적으로 표현된 것이며, 각 영혼은 물질적인 환경에서 학습하고 행동할 수 있는 몸으로 살도록 의도되었다. 몸으로 살기 위해 영혼에 필요한 것은 뇌인데, 이 뇌는 바로 이러한 목적을 위해 수백만 년의 우주적 진화를 거쳐 마련된 것이다. 이제 영혼은 자신에게 주어진 물질적 환경을 돌보고 지키며, 그곳을 아름답고 선한 곳으로 만들 책임을 떠맡게 된다. 이들에게 주어진 이 과제가 끝나면, 그들은 새로운 방식으로 존재하며 새로운 몸으로 살아가게 될 것이며, 바라건대 창조주를 더 온전히, 열정적으로 알며 사랑하게 될 것이다.

두 번째 관점: 정신-육체 단일체

많은 그리스도교인은 인간이 몸과 영혼으로 구성되었다는 견해가 인간 인격의 단일성을 충분히 설명할 수 없다고 여긴다. 그들은 인간에게 철저히 물질적이며 육체적인 특성이 있을 뿐 아니라, 엄청난 영적 가능성이 포함되어 있다고 지적한다. 물리적 우주는 맹목적이며 목적 없는 힘들의 우연한 작용으로 여겨지지 않아도 된다. 이러한 견해에 따르면 인간의 영혼에 대한 담론의 핵심은 단순히 말해서 인간이라는 복잡한 물리적 생명 형태에 대해서 논하는 것이면서도 그것이 자의식을 가진, 합리적이고 자유로운 육체적 유기체라는 특징에 이목을 집중시키는 것이다.

영혼은 몸에 더해진 비물질적 실체가 아니다. 오히려, 의식은 적절한 복잡성을 갖추고 조직화된, 자기가 속한 환경을 표상할 수 있게 된 물질적 집합체가 지닌 특성이다. 아무리 원시적인 형태의 뇌라도 갖추고 있는 생명체는 어떤 식으로든 지각 능력을 갖고 있다. 고양이와 개에게는 의식이 있다. 비록 우리는 개나 고양이에게 불멸하는 영혼이 있다고 말하고 싶지는 않겠지만 말이다. 개와 고양이의 의식은 그 뇌가 지닌 특성이기에, 외부에서 봤을 때 뇌 속에서 벌어지는 전기화학적 활동으로 보이는 것이, 실제로 뇌에는 일종의 의식적 지각으로 느껴진다.

다시 말해 뇌와 같이 복잡한 물리적 개체들은 이중적인 측면을 가진다. 외적 측면은 실험실에서 장비를 통해 관찰하고 기록할 수 있는 전기적 행동이다. 내적 측면은 그 뇌의 소유자가 '어떻게 느끼는지'에 관한 것이다. 오늘날 과학자들은 구체적인 인식 작용이나 생각이 떠오를 때 뇌의 어떠한 부분들이 활성화되는지를 특정할 수 있다. 이를 통해 가장 쉽게 내릴 수 있는 가설은 의식의 상태가 곧 뇌의 내적 측면의 상태와 같다는 것이다. 이러한 관점에서 의식의 상태와 뇌의 상태는 같다. 이 둘은 항상 함께 가기에, 둘 중 하나를 따로 떼어 설명할 수 없다.

결과만 놓고 보자면 '영혼'을 별개의 것으로 두고 말하지 않는 편이 좋을지도 모른다. 우리는 다만 인격person이라는 것이 사유하고, 이해하고, 결정하는 능력을 발전시킨 매우 복잡한 물리적 유기체라고 말할 수 있을 뿐이다. 영혼이란 어떤 의미에서 보자면 특정 뇌와 몸의 복합체가 하는 활동이라고 할 수 있다. 그리고 이러한 복합체가 할 수 있는 일 중 하나는 바로 하느님을 알고 찬양하며 그분의 뜻에 순종하는 것이다. 이러한 방식으로, 하느님과 의식적으로 관계하고 창조에서 나타난 하느님의 목적을 알아채고자 애씀으로써 인간은 하느님의 형상이 된다.

　이러한 관점을 취하는 그리스도교인들은 영혼이 불멸한다고 말하지 않을 것이며, 영혼이 몸에 언제 들어오고 떠나는지 혹은 영혼이 몸이 없이 어떻게 존재하는지와 같은 질문에 난처해하지도 않을 것이다. 영혼이 몸/뇌 복합체의 일부라면 지적 이해력, 도덕적 자유, 인격의 연속성을 감지하는 능력 등 (이른바) 인격적 수용력personal capacities이 어떻게 발달하고 쇠퇴하는지를 생각하는 것이 더 생산적일 것이다.

　존 폴킹혼John Polkinghorne*과 같이 이러한 견해를 취하는 신학자들은 영혼의 불멸보다는 몸의 부활에 관해 이야기하기를 선호한다. 종종 쓰이는 예화로, 한 기기에서 추출해서 다른 기기로 옮길 수 있는 컴퓨터 프로그램 이야기가 있다. 한 사람 안에 저장된 정보와 기억, 그리고 육체를 특정 방식으로 프로그래밍하는 능력이 있고, 이를 이 육체에서 추출해 하느님께서 잘 준비하신 또 다른 몸에 옮길 수 있다고 상상해 보자. 어떤 식으로든 몸의 형태가 필요할 것이고, 하느님은

---

* 존 폴킹혼(1930~2021)은 이론 물리학자이자 성공회 사제다. 케임브리지 대학교 트리니티 칼리지에서 물리학을 공부했으며 같은 학교에서 수리물리학 교수로 재직했다. 1974년 영국 왕립학회 회원이 되었으며 이후 사제의 길을 걷기로 결심하고 1982년 잉글랜드 성공회 사제 서품을 받아 사목활동을 하다 다시 학계로 돌아가 케임브리지 트리니티 홀 학장을 거쳐 1996년 은퇴할 때까지 케임브리지 대학교 퀸스 칼리지의 학장으로 재직했다. 물리학자로서는 양자역학에 공헌했으며 신학자로서 과학과 종교의 대화에 적극적으로 나서 2002년 과학과 종교의 대화에 기여한 공로로 템플턴 상을 받았다. 주요 저서로 『양자 세계』Quantum World, 『과학과 그리스도교 신앙』Science and Christian Belief, 『양자 이론』Quantum Theory 등이 있으며 『양자물리학 그리고 기독교신학』(연세대학교출판부), 『성서와 만나다』(비아) 등이 한국어로 소개된 바 있다.

이를 준비하실 수 있으리라고 짐작할 수 있다. 이러한 유비는 매우 불충분하지만, 그럼에도 특정한 구조와 작동 방식을 지닌 뇌를 (설령 다른 형태를 지녔다 하더라도) 하느님이 잘 복제하실 수 있다(이것이 전혀 다른 형태일지도 모르며, 이를 '부활' 혹은 '동일한' 뇌나 인격의 재창조로 볼 수 있다)는 일반적인 생각을 전달하는 데는 유용하다.

주목할 점은 인간 영혼에 대한 이러한 '유물론적' 관점이 이원론적 관점과 상이해 보이기는 하지만, 그러한 차이가 종교적으로 큰 의미가 있지는 않다는 것이다. 그리스도교인들이 영혼에 대하여 논의하는 이유는 인간이 물질적인 입자들의 집합 이상이며 특별히 존중할 가치가 있는 존엄한 존재라고 믿기 때문이다. 인간은 특별한 방식으로 하느님과 관계를 맺을 수 있으며, 그들의 삶(혹은 생명)은 누구도 함부로 빼앗을 수 없을 만큼 값지다. 두 견해 모두 인간이 특별한 능력, 특히 도덕적 이해력과 자유라는 능력을 갖고 있다고 보기 때문에 인간이 특별히 존중받을 가치가 있는 존재라고 여기는 것이다. '왜 인간의 생명이 특별히 존중받아야 하는가?'라는 질문에 대해, 그리스도교는 인간의 의식과 자유는 하느님이 주신 것이므로 각 사람이 자신의 영원한 운명에 영향을 미칠 문제들에 대해서 책임감 있게 결정을 내릴 수 있기 때문이라고 답한다. 물론 모든 생명은 하느님이 주신 것이므로 다양한 면에서 존중받아야 한다. 그러나 인간의 생명은 여전히 특별한 지위를 지닌다. 하느님은 자의식을 가지고 반성하며 창조성을 드러내는 도덕 공동체를 형성하게 하려는 의도에 따라 인간을 만드셨으며 각 사람은 그 공동체 안에서 서로를 소중히 여기고 돌

봄으로써 완전에 이를 수 있기 때문이다. 각 사람이 자신을 존중하고 사랑하듯이 다른 사람을 존중하고 사랑해야 하는, 자의식을 갖춘 도덕 공동체의 구성원이 되어 서로 돌보는 것, 이것이 하느님의 의도이다.

세 번째 관점: 몸의 형상으로서 영혼

세 번째 관점은 영혼의 본성에 관한 이원론적 관점과 일원론적 관점 사이의 어디쯤 있는 입장이다. 이는 적어도 서유럽에서는 '고전적인' 관점이라고 부르는 데 큰 무리가 없다. 13세기 토마스 아퀴나스가 정식화한 이래로 많은 신학자가 광범위하게 이를 지지해 왔다. 그는 아리스토텔레스의 사유를 따르며 그의 견해는 조건부 유물론qualified materialism 혹은 조건부 이원론qualified dualism이라고 부를 수 있다. 아리스토텔레스는 영혼을 일반적으로 생명의 원리라고 규정했다. 그는 식물들과 동물들이 각자 영혼을 가지고 있다고 생각했다. 이때 영혼은 그것들이 자라고, 번식하고, 인식할 수 있게 만드는 생명의 원리다. 그러나 인간에게는 '지적인 영혼'이 있으므로 추상적으로 사유하고, 이해력을 가지고, 책임감을 가지고 행동할 수 있다. 아리스토텔레스가 영혼을 '인간 육체의 형상'이라고 불렀을 때 그는 인간을 다른 동물들과 구별하는 '형상', 즉 인간의 본질적 특성이 무엇인지에 대해서 말하려고 했던 것이다. 여기서 실질적으로 인간의 몸은 합리적으로 생각할 수 있는 구별된 능력을 가진 몸이다. 달리 말해 인간은 본질적으로 합리적인 동물이다.

아리스토텔레스가 이성의 능력을 단지 복잡한 특정 물질적 존재가 가진 능력이라고 보았는지, 아니면 정신에 담겨 있어 이성적인 사유를 가능하게 하는 비물질적인 기능이라고 생각했는지는 분명하지 않다. 그러나 아퀴나스에게 영혼이 '실체적인 형상'substantive form이라는 것은 분명했다. 즉, 합리적인 사유는 인간을 본질적으로 규정하는 특성인데, 그것은 합리적인 사유를 행하는 비물질적인 기능을 요구한다. 아퀴나스가 보았을 때 물질적인 뇌가 그 자체로 사유하는 것은 불가능하다. 그러므로 하나의 능동적인 사유 주체라고 말할 수 있는 비물질적 원리가 존재해야만 한다. 그럼에도 불구하고 이러한 주체는 무조건적인 이원론에서 말하는 독립된 실체는 아니다. 그것은 (설령 비물질적인 것이라 하더라도) 신체화된 인간이 지니는 기능이다. 아퀴나스는 그러므로 '나는 나의 영혼이 아니다'라고 말한다. 나는 통합된 인격이며, 내가 갖는 영혼(사유를 위한 비물질적 기능)은 나를 본질적으로 규정하는 특성이다.

그러므로 아퀴나스에게 있어서 각 영혼은 특정한 물질적 몸의 영혼이며 영혼이 그러한 몸 없이 적절하고 자연스러운 방식으로 존재하는 것은 불가능하다. 기적적인 방식으로 하느님이 영혼에게 사후에 몸이 없는 존재 방식을 허락할 수 있겠지만, 이는 오직 부적절하고 부자연스러운 방식일 뿐이다. 각 영혼의 합당한 운명은 자기 고유의 몸과 다시 연합함으로써 완전한 인격을 형성하는 것이다. 아퀴나스에게 있어서 인격은 본질적으로 물질적인 것이며, 그럼에도 불구하고 중요한 정신적 요소 혹은 능력을 갖고 있다고 할 수 있다. 그리고 바로 그러한 점이 인간을 특별한 존재로 만든다.

　인간 영혼에 대한 이 모든 그리스도교적 관점은 다음의 종교적 견해들, 곧 영혼이 시작과 종말 없이 존재한다는 견해, 영혼이 몸에 일시적으로 들어왔다는 견해, 모든 영혼은 하나의 지고의 영혼의 일부이며 다시 그것과 융합된다는 견해와는 다르다. 그리스도교적 관점의 핵심은 개인이 독특하고 유일무이한 존재이며 하느님이 원하시는 한 개별자로 존재한다는 것이다. 인간은 자유롭게 합리적인 결정을 할 수 있고 하느님의 창조 활동에 참여할 수 있으며 그렇기에 우주에서 인간이 존재한다는 사실은 결코 우연이거나 계획 없이 이루어진 것이 아니다. 인간, 그리고 어딘가 있을지 모를 합리적이며 자유로이 행위하는 존재는 이 온 우주가 존재하는 이유다. 그들을 '영혼'이라고 부르는 것은 하느님과 그들의 유사성을 강조하기 위해서, 또한 그들 각각이 창조를 위한 하느님의 목적을 실현하는 것에 있어서 독특한 역할을 한다는 점을 긍정하기 위해서다.

05

죄와 '타락'

　참된 도덕 공동체를 지상에 세우기 위한 하느님의 계획이 어느 정도는 방해를 받고 있다는 것은 분명해 보인다. 이 지구를 위해 본래 하느님께서 세우신 계획으로부터의 타락이 있었고, 그 계획은 회복되어야 한다. 그리스도교 신앙은 그 '타락'fall(타락은 죄 때문에 일어난 것으로 언급된다)과 회복restoration(이는 구원salvation 혹은 구속redemption이라고 부른다)의 본질과 깊은 관련이 있다. 그리스도교 신앙에서 첫 번째로 중요한 믿음이 하느님이 사랑으로 우주를 창조하셨다는 것이라면, 두 번째는 인간이 그러한 목적을 더럽혔기 때문에 창조주의 존재로부터 소외되어 살아가게 되었다는 것이다. 전통적인 용어로 말하자면 인간은 '죄 가운데' 태어나 살아간다. 그리고 그리스도교인들은 바로 이러한 사실 때문에 우리에게 구원자Redeemer가 필요하다고 말한다.

오늘날 많은 사람은 '죄' 개념을 이해하기 어려워한다. 자기 방식에 따라 행동하고 스스로 결정을 내리기를 권장하는 세상에서 인간이 전능한 하느님의 명령에 따라 살아가는 존재이며 그 하느님은 자신이 원하는 바를 인간들이 하도록 명령하고 복종하지 않으면 벌을 주는 존재라고 생각하기란 어렵다. 무신론자인 프랑스 철학자 장-폴 사르트르Jean-Paul Sartre는 인간이 정말로 참된 삶을 살고자 한다면, 완전히 인간적이며 그래서 완전히 자유로운 존재가 되려 한다면, 언제나 인간을 지켜보며 판단하는 하느님 개념을 철저히 거부해야 한다고 생각했다. 그는 하느님이라는 개념 그 자체가 인간의 자유 및 성숙과는 양립할 수 없다고 생각했다.

그런데 아이러니하게도 사르트르는 현대 문학을 통틀어 지옥을 가장 잘 묘사한 작품인 희곡 『닫힌 방』Huis clos을 썼다. 작품 속 세 등장인물은 한 방에 갇혀 증오와 공포라는 영원한 전쟁 상황에 빠지게 된다. 서로를 바라볼 때마다, 그들은 다른 사람이 자신을 집어삼키리라 생각하거나, 다른 사람을 집어삼켜야 한다고 생각하기에, 두려움과 경멸 사이에서 갈피를 잡지 못한다. 그들은 다른 사람의 시선을 통해서 자신의 삶을 살아가려고 하며, 지위와 존경을 획득하려고 한다. 하지만 그들은 경멸과 증오의 대상이 되는 데서 헤어나올 수 없으며, 결코 자신들이 진정으로 원하는 것을 얻지 못한다. 그들은 심지어 그러한 사실을 스스로 인정하지도 못한다. 사실 방문은 잠겨 있지 않지만, 그들은 자신들의 파괴적인 관계에서 심리적으로 탈출하지 못한다. 그래서 사르트르는 극 중 가장 유명한 대사를 통해 말한

다. '타인은 지옥이다.'

사르트르의 극에는 고압적인 하느님도 없으며 유치한 반항도 존재하지 않는다. 그러나 삶의 특징이라 할 수 있는 증오와 공포의 쳇바퀴에서 탈출하려는 시도는 영원히, 결코 벗어날 수 없는 실패로 귀결된다. 그리고 정말 신기하게도 이러한 극 중 설정은 신약성서의 '죄' 개념과 매우 유사하다. '죄'를 가리키는 그리스어 하마르티아 *ἁμαρτία*는 '목표물을 맞히는 데 실패함'을 뜻한다. 인간이 '죄 가운데' 있는 것은, 그들이 살아야 하는 삶이라는 목표물을 맞히는 데 실패하기 때문이다. 그들은 진정한 삶, 참으로 인간다운 삶을 사는 데 실패한다. 인간이 서로를, 그리고 자기 자신을 심리적으로(때로는 물리적으로) 파괴하는 것은, 그들이 그들 자신의 결핍과 실패에 사로잡혀 있기 때문이다.

사르트르의 극에 하느님은 없다. 그러나 하느님이 있다고 하더라도 그러한 하느님이 명령이나 내리는 위협적인 하느님으로 드러난다는 사실 자체가 인간의 죄의 반영이라고 할 수 있다. 희곡 전체의 메시지는 곧, 우리가 서로를 바라볼 때 보게 되는 것은 우리 자신의 두려움과 욕망의 왜곡된 투사라는 것이다. 우리가 다른 사람을 보며 그가 우리를 집어삼키려는 자라고 생각할 때, 그렇게 보도록 하는 것은 우리 자신의 두려움이다. 우리가 상대방을 함부로 해도 될 희생양으로 볼 때, 우리의 눈은 우리 자신의 불안과 이기심으로 오염된다. 그러므로 우리가 하느님을 전제군주와 같은 존재나 앙심을 품은 존재로 볼 때, 우리는 우리 자신의 욕정을 하느님을 향해 투사하고 있는 것이다.

사르트르가 하느님을 거부할 때, 그가 실제로 거부하는 것은 이처럼 하느님에 대해 왜곡된 상이다. 그렇다면 인간이 어떻게 이러한 불안에서 벗어나 참된 자유로 나아갈 수 있을까? 사르트르는 이 주제를 놓고 많은 연극과 소설을 쓰긴 했지만 우리에게 별다른 도움을 주지는 못했다. 결국 그가 하는 모든 말은 꽤나 시시한 충고로 요약될 수 있다.

> 너 자신이 되어라. 관습에 따라 살기를 거부하라. 무의미한 열정으로 삶의 부조리를 받아들여라. 인생에 의미란 없으나, 각 사람은 스스로를 위해서 의미를 만들어내야 한다. 그리고 그 의미에 기대어, 부조리에도 불구하고 살아내야만 한다.

그리스도교 신앙은 삶에 대한 근본적으로 다른 청사진을 제시한다. 우리는 늘 이래라저래라 명령하며 앙심을 품은 하느님에 의해 창조되지 않았다. 우리를 창조한 하느님은 우리가 자유 안에서 성숙에 이르고, 서로를 책임지며, 우주의 지혜와 아름다움을 이해하고 감사하도록 이 우주를 설계하셨다. 하느님은 우리에게 자유를 주시지만, 우리가 선을 위해 그 자유를 사용하며 살도록 인도하신다. 하느님은 제멋대로 '명령'하시지 않는다. 하느님의 명령은 다른 사람들의 경험과 목표를 이해하고, 공유하고, 인정하는 가운데 인격적이고 도덕적인 주체로서 충만한 삶을 살도록 하는 지침이다.

그리스도교인에게 참된 삶이란 사랑으로 타자와 관계하는 것이다. 이는 타인과 함께 기뻐하고, 함께 슬퍼하며, 삶에서 계획한 바를 이루도록 협력하고 타인이 고난에 빠질 때 기꺼이 돕는 삶을 포함한다. 우리는 친교 공동체에서 타인과 함께 성장할 때 가장 충만하게 성장할 수 있다. 그리스도교인에게 진정한 삶이란 '자기 일을 하는 삶'이 아니라, 창조적이며 아픔을 공감할 줄 아는 공동체에서 함께 살아가는 것이다. 하느님은 우리가 서로 사랑하며 살도록 부르셨으며, 그렇게 사랑할 수 있도록 우리를 돕고 계신다. 이 하느님은 결코 앙심을 품은 독재자가 아니라 우리가 '아버지'라 부르는 분, 우리에게 자유를 허락하지만, 우리가 도덕적이며 책임감 있는 공동체들을 세우기를 원하시는, 우리의 아픔과 슬픔에 함께하시는 창조주시다.

　그러나, 우리는 그 자유를 잘못 사용했다. 죄는 사랑의 부름을 외면하고 이기적인 욕망을 향해 나아가는 것이다. 우리는 다른 사람을 있는 그대로 소중히 여기고 우리 자신의 이익만큼이나 그들의 이익을 도모할 준비가 되어있지 않기 때문에, 타락하여 그들을 혐오하고 두려워한다. 우리는 자신의 즐거움을 추구하는데 사로잡혀, 다른 사람을 인격체로 바라보지 못하고 자신의 만족을 채우기 위한 수단에 불과한 것으로 여긴다. 이것이 바로 그리스도교인들이 모든 인간 실존의 특질이라고 보는 '죄로의 타락'이다. 개인의 만족을 채우려는 욕망은 다른 사람을 인격체로 보지 못하게 하고 그들을 그저 물건처럼 여기게 한다. 다른 사람을 사랑하지 못하게 된 우리가 다른 사람에게서 사랑을 받아들이지 못하게 된 것은, 그래서 사랑이 없는 세상, 궁극적으로는 아무런 의미도 가치도 없는 세상에 갇히게 되는 것은 조금도 놀라운 일이 아니다.

그리스도교인들은 인간이 하느님의 형상으로 창조되었다고, 곧 하느님의 창조하는 능력, 민감한 지식과 지혜, 만물을 향한 선하심을 조금이라도 드러내도록 창조되었다고 믿는다. 길고 긴 생명의 진화 과정에는, 그것이 호모 사피엔스라는 종이 되었든 아니든, 자신이 속한 환경을 의식하고 어떤 행위가 선한지 혹은 악한지를 알며 선을 행해야 한다는 사실을 처음으로 깨닫고, 선이나 악을 행할 능력을 지닌 최초의 동물이 나타나야만 했다. 달리 말하면, 지구라는 행성의 역사에는 최초의 책임감을 가진 도덕적 주체가 나타나야만 했다.

대다수 생명체는 도덕적인 책임을 지지 않는다. 그들은 '선'과 '악'의 개념을 생각조차 할 수 없다. 그들은 어떤 것을 해야 하고 어떤 것을 하지 말아야 한다는 '의무' 개념을 갖지 않으며 어느 쪽이든 선택할 자유조차 없다. 일부 고등한 포유류는 일종의 도덕의식을 가지고 있을지 모른다. 어떤 사람들은 자신이 키우는 개가 자신들의 의무를 알며 이를 행하지 않을 때마다 죄책감을 느끼는 것처럼 보인다고 말한다. 개들이 보이는 그런 행동은 조건화된 훈련이나 처벌에 대한 두려움을 통해서 보이는 행동과 잘 구별되지 않는다. 정말로 개가 옳고 그름의 차이를 알고 어떻게 할지를 자유로이 선택할 수 있다고 믿는다면, 우리는 개를 도덕적 주체라고 간주할 것이다. 그러나 대다수 사람은 개가 아이와 마찬가지로 전적으로 도덕적 책임을 갖기엔 부족하다고, 개는 훈련을 해야지 논리적으로 타일러야 할 대상이 아니라고 생각할 것이다.

　조건에 따라 하게 되는 행동과 전적으로 책임을 물을 수 있는 도덕적인 선택 사이에는 매우 광범위하고 불분명한 영역이 존재할지도 모른다. 그럼에도 불구하고, 어느 시점까지 지구상에 도덕적인 선택을 내릴 수 있는 존재가 부재했으며 시간이 흐른 뒤에 그러한 선택을 할 수 있는 존재가 발생했음은 분명하다. 인간은 자신이 무엇을 해야 할지를 완전히 인식하고 있으며 이를 할지 말지를 자유로이 선택할 수 있다. 이는 조건 반사나 처벌에 대한 두려움에서 나온 행동이 아니라 의무를 의식하고 자유롭게 책임을 내리는 결정이다.

　그리스도교인들은 도덕적 책임감과, 전煎도덕적인 행위만 하는 동물 집단, 혹은 무리에서 자유롭게 자신의 방향을 정하고 사랑하며 협력하는 도덕적인 주체들로 이루어진 공동체로 진화할 가능성을 연결지어 생각한다. 인간은 하느님의 창조성, 지혜, 연민, 사랑, 친절의 통로가 되도록 창조되었다. 그러나 이는 곧 인간이 자유로이 자기 자신, 혹은 자기의 욕망이 아니라 하느님을 중심에 두어야만 함을 뜻한다. 인간은 자유로운 주체이기에, 하느님께 의지하기를 거부하고 하느님이나 다른 사람을 우선순위에 두지 않은 채로 개인의 즐거움, 지위, 권력을 추구할 수도 있다. 이 선택의 길에서 자기 자신을 첫째로 두는 것이 바로 '죄'다.

　성서는 "죄의 삯은 죽음"(로마 6:23)이라고 말한다. 자기 자신을 첫째로 두게 되면 사랑으로 맺어진 인간관계는 깨지고 만다. 이는 시기, 교만, 혐오와 다른 사람에 대한 억압으로 이어진다. 그리고 나면 다른 사람에게 사랑을 줄 수도 받을 수도 없는 상태가 된다. 그리고 결국에는 고립되어 혼자가 되며 사랑이 없는 존재가 된다. 이기적인 쾌락들은 궁극적으로는 언제나 만족을 줄 수 없기에 삶은 권태로 가득 차거나 극심한 불안을 겪게 된다. 헤로인 중독자들은 늘 또 다른 한 방의 주사를 갈구하지만, 결코 만족에 이를 수는 없다. 그들은 자신과 다른 사람의 삶을 모두 파괴하며 불행과 절망 가운데 살아간다. 이것이 영적인 죽음에 이르는 길이다. '지옥'이란 자기중심주의를 계속해서 선택한 인간, 다른 사람과 더불어 살지 못하면서도 다른 사람이 없이는 살지 못하는 인간의 궁극적인 상태이다. 그곳에서 사람들은 끊임없이 자신과 상대를 괴롭힌다. 그곳은 바로 사랑, 의미, 목적이 없는 세상이며 이기적인 개인들이 억지로 같이 살며 서로를 고문하는 세상이다.

현실적인 죄들은 우리가 끊임없이 내리는 자기중심적인 선택들이다. 그러나 그리스도교인들이 말하는 '원죄'란 우리가 태어나면서부터 처한, 죄를 낳고 (거의 피할 길 없이) 영적 죽음에 이르게 하는 인간의 상태를 말한다. 전통적으로 원죄에는 두 가지 요소들이 있다. 먼저 우리가 하느님의 현존을 분명하게 알지 못한다는 사실이다. 또한 바로 그 때문에, 우리에게는 옳은 일을 자연스럽게 그리고 기꺼이 행할 수 있는 능력이 없다. 우리의 의지에는 치명적인 약점이 있다.

수없이 많은 세대를 지나오면서 너무나 많은 인간이 인간 사회를 망치는 자기중심적인 선택을 해 왔다. 이제 우리가 태어난 사회는 구조적으로 인간의 탐욕과 이기심을 조장하며, 하느님에 대한 감각을 너무도 억누른 나머지 그러한 감각이 아예 사라져버린 사회이다. 우리는 기울어진 운동장에 태어났기에, 선과 악을 공평하게 선택할 기회조차 갖고 있지 않다. 사실상 우리는 악을 택할 수밖에 없는데, 이는 한편으로 이 사회의 많은 것이 우리가 태어난 순간부터 악을 택하라고 가르치기 때문이고, 다른 한편으로 우리가 이기심이 주는 유혹을 견뎌내도록 힘을 주는 하느님과의 친밀한 관계를 잃어버렸기 때문이다. 이것이 바로 원죄의 핵심이다. 인류는 조상부터 시작된 무수한 자기중심적인 선택들 때문에 하느님의 능력과 지혜, 선하심으로부터 자기 자신을 단절해 버렸다.

첫 번째 관점: 원죄는 유전된다

아우구스티누스가 정식화한 첫 번째 관점은 서구에서는 흔히 알려진 것으로, 이 관점에 따르면 최초의 인간인 아담과 하와는 ('축복의 정원'이라는 뜻의) 에덴동산에서 죄가 없는 상태로 창조되었다. 타락한 천사들의 우두머리이자 이미 하느님께 죄를 지은 존재인 사탄은 이들이 지혜를 배우기도 전에 지식을 얻도록 (하느님의 명령에 반하여 선악을 알게 하는 나무의 열매를 먹도록) 유혹하였다. 그들은 그렇게 하느님의 명령을 어겼고, 불순종으로 인해 고난과 죽음이라는 벌을 받게 되었다(창세 3). 그들의 죄는 (아마도 성행위를 통해서) 후손들에게 유전되었으며, 이제 모든 인간은 죄인 된 상태에 놓여 죽음이라는 벌을 받을 수밖에 없게 되었다. 그러므로 모든 인간은 하느님께 순종할 수도, 그분을 사랑할 수도 없는 절망적인 상황에서 태어난다. 그들은 어떻게 되었든 간에 최초의 인간들이 하느님을 거절한 사건에 여전히 참여하고 있기에, 온 인류가 창조주에 대한 반항에 가담하고 있다고 볼 수 있다.

이 견해의 현대적 해석들은 아담과 하와가 죄가 없던 상태에서 '타락'했다는 이야기를 문자적으로 받아들이지는 않지만, 여전히 인류 전체가 하느님으로부터 소외되어 있고 모든 인간의 의지가 창조주와 대립하고 있으며 이기적인 욕망의 사슬에 묶여 있다고 말한다. 하느님이 어떻게든 이러한 '원죄'를 해결하고 인간 의지의 근본적인 성격을 변화시키지 않는 한, 이 상황에서 탈출은 불가능하다. 아우구스티누스의 견해는 인간의 기원에 관한 진화론의 주장과 충돌한다. 진화론에 따르면 고통과 죽음은 최초의 인간이 나타나기 전에도 있었기 때문이다. 또한 다윈주의는 획득 형질이 유전될 수 있다는 견해를 부정하기 때문에, 후손들이 아담이 저지른(획득한) 죄를 물려받았다는 것에 동의할 수도 없다. 이에 더하여, 아무 행위도 하지 않았음에도 인간이 태어날 때부터 죄를 갖고 태어난다고 보는 견해 자체가 심각한 도덕적 문제를 내포하고 있다.

그러나 아우구스티누스의 통찰을 계승했다고 할 수 있는 현대적인 견해들은, 인간이 죄를 짓지 않았더라면 죽음을 면했을지도 모른다고 (아마도 지상의 삶에서 자연스럽게 불멸의 상태로 넘어가는 방식으로) 말할 것이다. 그랬다면 분명히 그 인간은 크고 두려운 악인 육체의 죽음을 맛보지 않았을 것이며, 자신의 삶이 하느님과 함께 계속됨을 자연스럽게 알게 되었을 것이다. 덧붙이자면, 원죄 교리는 모든 인간이 치명적일 만큼 연약한 의지를 갖고 태어났기에 하느님의 용서하시는 은총이 없다면 파멸에 이르고 만다는 진실을 말할 뿐이라고 볼 수도 있을 것이다.

두 번째 관점: 원죄는 소외다

원죄에 대한 또 한 가지 수정된 견해가 있다. 이 견해를 지지하는 학자를 한 사람 들자면 철학자 F.R.테넌트F. R. Tennant*가 있을 것이다. 진화론과 부합하는 이 견해에 따르면 최초의 인간들(혹은 최초의 도덕적 주체들)은 실제로 죄가 없었으며 아직 도덕적인 선택을 하지 않았다. 그러나 그들은 다른 포유류들과 마찬가지로 고통과 갈등, 죽음에 노출되었다. 그들은 아마도 성공적으로 진화한 종들이 대개 그러하듯 탐욕적이며 공격적이었을 것이다. 최초로 책임 있는 도덕적 선택을 해야 할 순간이 왔을 때, 그 선택이란 아마도 많은 적을 죽여야 할지 말지, 혹은 모든 포로를 고문할지 말지 정도였을 것이다. 여기서 눈여겨보아야 할 점은 인간의 원시적인 욕망이 서서히, 그리고 점차 도덕화했다는 것이다. 최초의 인간들은 (우리가 보기에는 도덕적으로 충분치 않았을지 몰라도) 그들이 보기에 선이라고 판단되는 선택을 계속해

---

* F.R.테넌트(1866~1957)는 영국의 철학자이자 신학자, 성공회 사제다. 케임브리지 대학교 카이우스 칼리지에서 과학을 공부했으며 점차 그리스도교 신앙에 관심을 갖게 되어 사제 서품을 받고 1913년부터 케임브리지 대학교 트리니티 칼리지에서 신학을 가르쳤다. 그리스도교의 전통 교리의 통찰을 유지하면서도 당시 지성계를 뒤흔든 진화론의 성과를 받아들여 유신론적 진화론을 옹호했다. 주요 저서로 2권으로 된 『철학적 신학』Philosophical Theology, 『믿음의 본성』The Nature of Belief, 『죄의 개념』The Concept of Sin 등이 있다.

서 추구할 수도 있었다. 그리고 그들이 실제로 그렇게 했다면 인류의 역사는 지금과는 매우 달랐을 것이다. 아마도 하느님이 현존하심을 감지하는 능력은 계속해서, 더욱 강해졌을 것이며, 하느님은 그들이 계속해서 선하고 창조적인 결단들을 내리도록 도우셨을 것이다.

그러나 그들은 실제로는 자기중심주의를 택했다. 이러한 선택은 그 후손들이 세운 사회들에 퍼져 나갔으며, 결국에는 온 인류가 이기적인 선택이라는 길에 갇혀 버렸다. 하느님의 현존을 감지하는 능력은 사라졌으며 인간들은 자기 자신을 은총, 곧 어려움 없이 선을 행할 수 있도록 돕는 하느님의 능력으로부터 단절시켰다. 이러한 맥락에서 '원죄'는 하느님으로부터의 소외이며, 초기 인류가 마땅히 지향해야 했던 도덕적 성숙에 실패함으로 빚어진 의지의 연약함이다. 이제 각 인간의 삶이 탐욕, 혐오, 욕망이 지배하는 사회의 일부가 되어 버렸기에, 삶의 참 목적을 실현하기란 거의 불가능해졌다.

세 번째 관점: 원죄란 진화 과정에서 필연적으로 거쳐야 할 단계다

폴 틸리히Paul Tillich* 같은 신학자들이 취하고 있는 더 급진적인 해

---

* 폴 틸리히(1886~1965)는 독일, 미국의 개신교 신학자로 칼 바르트와 더불어 20세기 대표적인 개신교 신학자로 꼽힌다. 베를린, 튀빙겐, 할레 등에서 신학을 공부했으며 베를린, 마르부르크, 드레스덴, 프랑크푸르트 대학교에서 신학과 철학을 가르쳤다. 나치 정권의 탄압으로 교수직을 박탈당했고 이후 미국으로 건너가 뉴욕 유니온 신학교, 하버드 대학교, 시카고 대학교에서 신학을 가르쳤다. 저작으로 대표작으로 평가받는 3권의 『조직신학』Systematic Theology, 설교 3부작인 『흔들리는 터전』The Shaking of the Foundations, 『새로운 존재』The New Being, 『영원한 지금』The Eternal Now, 『신앙의 역동성』Dynamics of Faith, 『사랑, 힘, 정의』Love, Power, and Justice 등이 있다. 한국에는 『조직신학 1~5』(한들), 『흔들리는 터전』, 『새로운 존재』, 『영원한 지금』(뉴라이프), 『믿음의 역동성』(그루터기 하우스) 등이 번역되었다.

석에 따르면 하느님으로부터의 소외는 자유로운 인간 실존의 필연적 결과다. 어쩌면 인간은 강렬하며 심지어 압도적인, 전능하신 하느님에 대한 감각에서 자유롭지 않고서는 진정으로 자유로운 존재가 될 수 없는지도 모른다. 게다가 욕망과 공격성은 인간이 진화라는 투쟁 속에서 다른 종들과 경쟁해 살아남으려면 없어서는 안 되는 것이다. 그러므로 이기심과 갈등은 불가피하며, 하느님이 궁극적으로 원하시는 정의롭고 평화로운 사회를 향한 성장 과정의 일부라고 볼 수 있다. 우리 한 사람 한 사람은 타락한 채 태어난 것도(첫 번째 견해), 실패할 운명에 처한 것도(두 번째 견해) 아니다. 어떠한 인간도 자신이 실제로 잘못을 행하기 전에는 죄가 없으며, 그 누구도 그가 잘못된 선택을 하도록 강요받지 않는다. 그러나 과거 그들의 진화 과정으로 인해 인간들은 이기심과 갈등이 불가피한 사회에서 살며, 그렇기에 서로 공감하며 협력하는 사회는 불가능한 것이 되어버렸다. 필연적으로 인간 사회는 도덕적으로 불완전하며, 하느님을 의식하지 못한다. 이를 바로 '원죄'라고 할 수 있다. 이는 과거에 일어난 사건에 기인한 것이 아니라, 하느님으로부터 소외된 현재 상태라고 할 수 있다. 인간이 그들의 창조적이고 협력하는 성향들을 온전히 드러낼 수 있는, 서로의 아픔을 함께 나누며 정의롭고 공정한 사회를 회복하려면, 하느님으로부터 소외된 현 상태에서 우리는 구원을 받아야만 한다.

원죄에 대한 이 세 개의 관점에서 모두, 인간의 상황은 절망적이다. 인간들은 무엇을 해야 할지, 그리고 어떻게 살아야 할지를 알고 있다. 그러나 그렇게 살아내지는 못한다. 그들은 각자의 이기적 욕망이라는 감옥에 갇혀 있으며, 거기서 탈출할 수 있도록 능력을 주시는 하느님의 현존에 대한 강력한 감각을 잃어버렸다. 오직 하느님만이 인간을 '구원'하실 수 있다. 오직 그분만이 인간의 삶을 그토록 지배하며 인간 실존을 지옥으로 만드는 탐욕, 혐오, 분노에서 인간을 해방할 수 있다.

그리스도교인들은 하느님만이 인간을 구원하실 수 있다는 점에는 모두 동의한다. 그러나 인간에게는 정말로 구원자가 필요한가? 인간이 스스로 자기 자신을 구원할 수는 없다는 말인가? 그럴 수 없는 이유를 그리스도교인들에게 묻는다면 그들은 구원, 곧 온전한 삶의 회복은 하느님과의 사랑의 관계가 확립될 때만 이뤄질 수 있다고 답할 것이다. 오직 하느님만이 먼저 그러한 관계를 시작할 수 있다. 하느님은 자기중심주의에서 우리를 해방하시며 사랑의 관계 속으로 초대하실 뿐 아니라 우리가 그러한 초대에 합당하게 응할 수 있도록 거룩한 사랑을 베푸시는 분이다. 그렇기에 그리스도교인들은 하느님이 어떻게 인간을 이기적인 욕망에서 구원하시고 거룩한 사랑의 힘에 참여하도록 초대하시는지를 다룬 이야기야말로 인류 역사에서 가장 중요한 부분을 차지한다고 고백한다.

06

하느님의 성육신, 예수

하느님이 '타락한' 인간을 구원하려면 그분은 인간에게 죄의 본성이 무엇인지를 알려주고, 거룩한 사랑을 보여주며, 그들을 죄에서 구원하기 위해서 활동해야만 한다. 그리스도교인들은 하느님이 지구에서는 예수라는 인물을 통해 이러한 일을 구체적으로 행하셨다고 믿는다. 그리스도교 신앙의 중심은 예수라는 인물이다. 정말로 하느님이 예수를 통해 활동하셨는가, 정말로 예수가 복음서의 기록대로 말하고 행동했는가, 그리고 예수를 통해 하느님이 하신 활동들을 담은 기록들은 믿을 만한가는 그리스도교인들에게 매우 중요한 사안이다. 어떤 이들은 그리스도교인들의 이러한 믿음에 문제를 제기했다. 그들은 인간의 구원이 오래전 일어난 역사적 사실에 대한 앎에 달려 있다고 보지 않기 때문이다. 또한, 어떤 역사학자들은 예수에 관한 기록의 신뢰도에 문제를 제기하기도 했다. 이러한 와중에 우리는 예수의 실제 역사를 충분히 알 수 있는 것일까? 그리고 우리의 구원은 이에 관한 앎에 달려 있는 것일까?

예수의 역사에 대한 앎의 문제는 그리스도교만의 문제는 아니다. 사실상 모든 종교 전통에는 그 근간을 세운 교사나 예언자가 있으며, 그들은 특정한 영적 이해의 길을 연 창시자로 특별한 존중을 받는다. 보통 창시자들의 삶은 영웅적이고 매우 상징적으로 표현된다. 그들의 위대한 행적들은 거의 초인적인 업적으로 묘사되며 우주적인 의미를 지닌 것으로 그려진다. 예를 들어 석가모니는 기적을 통해 태어나 많은 기적적인 행위를 했다고 한다. 크리슈나는 그의 손으로 산의 균형을 맞추었다고 한다. 또한 예수는 처녀의 몸에서 태어났고, 물 위를 걷고 물을 포도주를 바꾸었으며, 라자로를 죽은 자들 가운데서 일으켰다고 한다. 무엇보다 놀라운 것은 그가 죽임당하고 난 후 제자들에게 나타나 그들과 대화를 했다는 것이다.

역사학자에게는 그러한 기록들의 정확성을 평가하는 것이 문제이다. 그리스도교의 경우, 적어도 한 가지는 확실한 사실이다. 곧 예수가 죽고 나서 얼마 지나지 않아, '열두 제자'라는 핵심 조직이 이끈 수많은 사람이 예수를 이스라엘의 메시아로, 평화와 정의가 실현되는 새로운 메시아 시대에 하느님이 선택한 왕으로 믿었다는 것이다. 신약성서 중 네 편의 복음서가 기록한 예수 이야기의 핵심 내용을 불신할 이유는 많지 않다. 그는 갈릴래아 북부 지방 출신의 방랑 교사였으며 수도 예루살렘을 한두 번 정도 방문했다. 그는 마귀들을 쫓아내고, 병든 자를 치유하고, 종교 지도자들과 논쟁을 벌여 명성을 얻었다. 예수는 (그와 전반적으로 많은 종교적 신념을 공유했던) 일부 바리사이파 사람들의 교만과 율법주의를 가차 없이 비판했다. 그는 하느님의 실재와 아버지 되심을 인격적으로 강렬하게 경험했다. 예수는 성서를 권위 있게 해설하고 마음 깊은 곳에 있는 비밀들을 꿰뚫어 보는 지혜를 보여줌으로써 사람들을 놀라게 했다. 그는 세관원, 몸 파는 여자 등 사회에서 추방된 이들과 함께 먹고 마셨다. 예수는 인종이나 성을 구별하지 않고 모두를 향한 용서와 연민, 겸손과 자애, 다른 사람을 정죄하지 않는 태도, 그리고 인간의 삶 속에서 하느님의 통치가 이뤄지리라는 선명한 희망을 가르쳤다. 그는 사람들의 마음을 사로잡아 한 무리를 이루게 했으며, 그들 중 열두 명을 정해 이스라엘 백성에게 회개할 것을 촉구하고 '하느님의 나라'가 가까이 왔음을 선포하게 하였다. 그러나 겨우 3년이 지나, 그는 정치적(혹은 종교적) 말썽꾼으로 몰려 죽임을 당하고 말았다.

복음서에서 가장 긴 부분은 예수의 '수난' 이야기, 바로 그가 배반당한 후 당국에 넘겨져 사형 선고를 받게 되는 모욕적이고 잔학한 이야기다. 이처럼 결정적인 시기에 예수의 추종자들은 그를 버렸다. 그는 죽고 무덤에 묻혔다. 이것이 이야기의 끝이었을지도 모른다. 그러나 그 사건 이후 수많은 제자는 예수가 하느님에 의해 죽음에서 다시 살아났으며 메시아인 왕으로 임명되었음을 믿게 되었다. 그리고 이로써 그리스도교 교회가 시작되었다.

실제 역사적인 예수를 재구성하기 위해 무수한 시도가 이루어졌고 온갖 추측들이 나왔다. 하지만 결코 무시할 수 없는 사실은 예수와 관련해 우리가 가진 유일한 기록은 예수를 메시아(그리스어로 그리스도)로 믿었던 사람들이 기록한 복음서들이라는 점이다. 복음서들은 중립적인 기록이 아니다. 그것들은 예수가 그리스도임을 보여주고자 하는 구두 전승, 이야기, 가르침의 모음집이다. 그러므로 역사학자들은 복음서들이 편향되어있다고 예상할 것이다. 그러나 이것이 복음서들이 부정확함을 의미하지는 않는다. 윈스턴 처칠에 대해 매우 우호적인 관점으로 편향되었음에도 그의 생애에 관한 사실들을 정확하게 제시하는 전기가 있을 수 있듯이 말이다. 누군가가 '편향'이라고 부르는 것을 또 다른 누군가는 가장 적절한 해석으로 여길 수 있다. 사실을 말하자면, 어떠한 역사 기록도 완전히 중립적일 수는 없다. 모든 흥미로운 역사 기록에는 해석이 포함되어 있다. 그러므로 중요한 것은 역사 기록이 전제하고 있는 바를 분명히 아는 것이다.

먼저 하느님은 없으며 이스라엘의 모든 예언자가 착각에 빠졌던 것이라고 생각하는 사람들의 경우를 보자. 이런 사람들이 복음서를 읽게 되면, 당연하게도 복음서 저자들이 착각에 빠져 있기에 이들이 기록한 모든 역사가 처음부터 끝까지 오류로 물들어 있으리라고 생각할 것이다. 특히 이들은 귀신을 내쫓고 병을 낫게 하며 자연 현상을 다스리는 사건, 동정녀 탄생, 부활과 같은 기적들은 모두 전설로 간주한다. 예수는 높은 확률로 유대교 부흥이라는 헛된 꿈을 꿨던 어리석은 예언자였으며, 그의 삶은 실패로 끝났다. 교회는 그가 죽고 방향을 잃어버린 추종자들이 했던 수많은 망상 체험에서 시작되었다. 진정한 역사적 예수를 되찾으려는 노력 또한 무의미하다. 우리가 그의 삶에 관해 확보한 기록들은 전부 전설과 허구로 덧씌워졌기 때문이다.

이제 정반대의 견해를 취하는 사람들에 대해서 생각해 보자. 이들은 개인적인 체험을 통해 생명을 주는 영적인 존재를 만났는데, 이 영적 존재는 그들이 예수가 영광을 입어 영적인 형태로 살아 있으며 오늘날 사람들의 삶 속에서 살아 역사하고 있다고 믿을 때 그들에게 찾아왔다. 복음서를 읽으며, 그들은 예수가 부활하여 나타났다는 기록들이 실제임을 인정할 준비가 되어있을 것이다. 예수가 그리스도라고 믿는 것은 착각이 아니다. 그들은 하느님이 예수를 통해 당신의 사랑이라는 진리를 나타내 보이고자 하신다고 생각하기 때문에, 이러한 진리를 드러내는 예수의 삶에 대한 기록들이 중요한 모든 면에서 정확하리라고 생각할 것이다. 거기에 기적이 기록되어 있다면 그들은 기꺼이 그 기적이 일어났다고 믿을 것이다. 그들에게 예수는 역사에 나타난 하느님의 계시이기 때문이다. 그들은 그러한 계시가 통상적으로 인간이 경험하는 사건들과는 완전히 다르리라고 생각할 것이다. 예수가 비범하게도 죽은 자 가운데서 부활했다면, 그의 탄생 사건이 비범했던 것 또한 전혀 이상하지 않은 일일 것이다. 이처럼 동일한 복음서들을 놓고도 완전히 다른 해석이 나오는 것이 가능한 것은 본문을 대하는 독자들이 다른 전제에서 출발하기 때문이다.

첫 번째 관점: 상징적 그리스도론

그리스도교인들은 예수를 자신들의 영적 삶의 길을 제시한 창시자라고 믿기 때문에, 당연히 복음서를 망상의 산물로 여기지 않는다. 그러나 심지어 그리스도교인들 가운데 복음서에 기술된 예수를 전혀 다르게 해석하는 이들도 있다. 이른바 최소주의자minimalist는 가능한 한 최소한의 사료를 사용하고자 한다. 이 견해는 예수가 실제로 존재했고, 추종자들 가운데서 위대한 힘과 권위를 가진 치료자이자 종교적인 스승으로 명성을 얻었으며, 십자가형으로 삶을 마감했다는 것을 부정하지는 않는다. 또한, 제자들이 예수를 기대하던 그리스도로 받아들일 만한 이유, 즉 그가 강렬한 종교적인 확신을 가지고 하느님께 절대적으로 헌신한 '선한 사람'이었음이 분명하다고 인정한다. 하지만 복음서의 상당 부분, 혹은 대부분은 사실보다는 전설과 상징으로 이뤄져 있다고 생각한다.

이러한 견해에 대한 수많은 근거가 있다. 먼저 쫓아내야 할 마귀란 존재하지 않으며, 축귀exorcism에 관한 모든 기록은 질병의 원인에 대한 잘못된 신념에 근거하는 것이다. 둘째로 자연의 법칙은 기적의 개입을 허용하지 않으므로, 예수가 행한 기적들에 관한 기록은 치유 사역자였을 그의 능력을 초자연적 차원의 것으로 과장하려는 시도의 결과이다. 셋째, 복음서들은, 특히 세 개의 공관복음과 제4 복음이라고 불리는 요한복음서에는 큰 차이가 존재하므로, 이 기록들이 역사적 예수에 대한 정확한 기술이라고 볼 수 없다. 이를테면 공관복음에서 예수는 주로 비유로 말하며, 자신이 메시아임을 공개적으로 천명하지 않고 자기 자신을 '사람의 아들'이라고 일컫는다. 그러나 요한복음서에서 예수는 긴 담화들을 통해 말하며 자신이 하느님의 아들임을 명백히 밝히고, 아버지 하느님과 특별한 관계를 맺고 있다고 주장한다. 복음서들은 사건의 순서들에서도 차이를 보여주며, 최후의 만찬이 있었던 날이나 예수의 족보 같은 세부적인 부분에서도 매우 다르다.

그러므로 각각의 복음서는 예수의 삶에 대해서 상당히 다른, 상상에 힘입은 신학적 성찰을 제시하고 있으며, 이러한 성찰은 부활한 그리스도에 대한 초기 교회들의 환시 체험의 영향으로 형성된 것이라 할 수 있다. 이러한 관점에서 그리스도교 신앙은 예수가 죽은 후 사도들이 한 생생한 체험들과 환상들에서 시작되었다. 환상을 통해 그들은 자신들이 하느님께서 죽음에서 일으키신 예수를 만났다고 믿었으며, 하느님이 그들에게 주신 성령의 능력을 느끼고 그로 인한 새 희망과 기쁨으로 충만하게 되었다. 초기 교회가 체험 속에서 만난 부활하여 영광을 입은 그리스도가 역사적 예수로 되돌아가 투영되었고, 예수가 살았던 삶은 아마도 실제보다 더 마술적이고 중대한 요소를 덧입게 되었다.

이렇게 본다면, 그리스도교인들이 주목하여 다루어야 할 것은 역사적 예수라기보다는 초기 교회에서 형성된 그리스도에 관한 사뭇 다른 네 초상portrait이다. 이 초상들은 역사적 인물의 초상이다. 이 초상들은 환상이나 꿈으로만 되어 있지는 않다. 성상이 실제 인물을 근거로 하지만 각기 독특한 방식으로 양식을 갖게 되듯, 복음서라는 초상들도 역사적 예수에 근거하지만, 오랜 기간의 기도와 묵상을 통해 성상처럼 독특한 양식을 가지고 예수를 통해 드러난 하느님의 본성, 그를 통해 하느님이 하신 행위의 본질을 표현했다.

오늘날 그리스도교인들이 예수를 언급할 때, 그들은 턱수염을 기른 긴 머리 사내 그림이나 십자가 위에서 피를 흘리는 몸 그림, 혹은 심장을 보여주며 두 팔과 가슴을 활짝 편 상징적인 그림을 통해 그를 떠올리곤 한다. 이 모든 그림이 역사적 예수와 닮은 점이 있는지는 전혀 확실하지 않다(어떤 이들은 완전히 틀렸다고 말할 것이다). 그러나 이는 중요한 것이 아니다. 성상에는 고유한 영적인 능력이 있으므로, 예수라는 역사적 인물을 언급할 때 우리가 알아야 할 것은 하느님께서 참으로 그분의 신성을 예수라는 인물을 통해서 나타냈다는 것뿐이다. 오늘날 이를 우리 자신에게 제시하는 방식들은 주로 우리를 위하여, 우리에게 호소하는 용어로 이루어져 있다.

역사적 예수는 한때 살았고 죽었다. 그의 삶과 이를 통해 추종자들이 받은 깊은 감명으로부터, 초기 교회 공동체는 인간이라는 형상으로 나타난 신성을 표현하는 하나 혹은 수많은 성상을 형성했다. 그의 삶은 토라Torah(하느님의 가르침이라는 뜻), 그리고 하느님께 전적으로 순종하는 삶의 완벽한 체현이었으며, 그의 삶을 통해 하느님의 용서하시는 사랑이 고스란히 드러났다. 그의 죽음은 인간을 하느님과 화해시키기 위해서 어떠한 것도 무릅쓰는 신성한 사랑의 표현이었다. 메시아를 고대하던 이들이 기다리던 승리하는 왕은, 그의 백성을 위해 자기 생명까지 내어주는 고난받는 왕이 되었다. 그가 죽고 나서 제자들이 한 성령 체험은 하느님이 구원하시고 화해를 이루심을 드러내는 사건이었다. 그곳에서 하느님과 인간은 새 언약을 맺었으며, 이제 그 언약은 온 인류에게로 확장되었다. 그리고 생명을 주는 성령의 능력을 받아들임으로써 악으로부터 해방될 수 있는 새로운 길이 열렸다. 그러므로 설령 예수의 삶을 역사로 되살릴 수 없어졌다 해도, 그 삶으로부터 고난을 감내하며 구원하시는 하느님의 사랑을 보여주는 심상이 자라났으며, 그 심상은 시대와 장소를 뛰어넘어 인류를 향한 하느님 사랑의 통로가 되었다. 예수의 삶은 제자들의 공동체를 통해, 역사적 예수를 전혀 몰랐던 수많은 사람이 하느님을 알고 그분의 사랑을 경험하게 하는 능력을 지닌 일련의 성상들, 하느님 사랑의 성상들을 탄생시켰다.

존 힉을 비롯해 이러한 관점을 가지고 있는 사람들은 고전적인 성육신 교리를 아마도 '신화' 또는 '은유'로 여길 것이다. 문자적인 방식으로 성육신을 논하자면, 이는 하느님 또는 하느님의 아들은 실제로 인간의 형상을 취해서 인간이 되어 땅 위를 걸어 다녔다고 말하는 것이다. 누군가는 이 교리를 신화로 간주하면서도 예수가 인간과 하느님의 관계를 완벽히 보여준다고, 나아가 인간의 삶을 통해 하느님의 사랑이 무엇인지를 완벽하게 보여준다고 주장할 수 있다. 더욱이, 하느님은 예수의 삶을 통해 악에서 해방되는 새로운 길이 열렸음을 특별한 방식으로 선포하셨는지도 모른다. 그렇다면 예수는 인간의 구원을 위한 핵심적인 존재이며, 이 세상에 하느님이 누구신지를 보여주고 그분의 활동을 이루는 매우 특별한 길이다. 그러나 갈릴래아에서 걷고 말하던 그가 하느님은 아니었을 것이다.

이러한 이유로, 기록된 예수의 말과 행동을 마치 하느님 자신의 말과 행동이자 인간 구원에 필수인 것으로 여기며 이에 관한 정확한 역사적 기록을 확보하는 것은 그다지 중요하지 않다. 중요한 것은 하느님의 본성인 사랑을 통찰하는 것, 그리고 하느님의 해방하시는 능력을 인격적으로 체험하는 것이다. 복음서가 그린 예수의 초상을 통해 우리는 그러한 통찰과 경험을 얻을 수 있다. 설령 그것이 역사적 사실을 정확히 기록한 것이 아닐지라도 말이다. 중요한 것은 복음서가 보여주는 초상과 이를 통해 생겨나고 계속되는 경험이지, 신약성서에 문자적으로 기록된 것의 역사적 정확성이 아니다. 이러한 관점을 지지하는 그리스도교인들은 문자적인 의미에서는 아니지만 여전히 성육신의 교리를 믿는다고 볼 수 있다.

두 번째 관점: 신-인God-Man 그리스도론

많은 그리스도교인은 최소주의자들의 접근, 신약성서 대부분을 은유로 보는 관점을 만족스럽게 여기지 않는다. 그들은 복음서 기사들의 신뢰성에 더 많은 역점을 둔다. 이러한 관점에 속한 이들은 악마와 귀신이 실제로 존재한다고 말할 것이다. 기적은 정말로 일어나며, 하느님은 이를 통해서 예수가 어둠의 세력과 자연계에 작동하는 힘의 주인임을 드러낸다. 그리고 그들은 예수를 동네 설교자나 치유 사역자 정도로 생각하는 것을 적절하지 않은 시작점이라고 여길 것이다. 그들이 생각하는 합당한 시작점은 다음과 같다. 하느님은 유일무이하고 유례없는 한 사건, 곧 하느님 자신이 인간의 형상을 입으신 성육신 사건을 위해 많은 세대에 걸쳐서 이스라엘을 준비시키고 계셨다. 이토록 특별한 성육신 사건이 성령의 기적을 통해 인간 아버지 없이 초자연적인 출생으로 일어났다는 선언은 너무도 당연하다. 예언자들이 메시아이자 구원자인 이를 기대했을 때, 그들이 온전히 깨닫지는 못했다 하더라도 그들은 하느님의 영원하신 아들이 인간의 역사 속에 도래할 수 있도록 길을 예비하고 있었다.

하느님이 많은 다양한 문화 속에서 신성의 면모를 계시한다는 것은 진실이다. 하지만 그분은 이를 통해 한 인간 안에서 나타날 하나의 결정적인 계시를 위한 토대를 예비했다. 하느님은 예언자의 말을 통해서만 말씀하지 않으시고, 내면의 체험이나 역사 속 위대한 해방의 행위들을 통해서만 당신을 알리지 않으신다. 하느님은 실제로 '육신이 되셨다'. 그분은 인간의 형상을 취하심으로써 인간이 처한 조건과 한계를 온전히 경험하셨으며, 가장 충만한 방식으로 인간에게 알려졌다. 물론 하느님은 사람이 아니다. 하느님이 사람으로 바뀌어서 우주의 통치자와 유지자이기를 포기했다는 것도 아니다. 하느님은 시작과 끝이 없이 전지전능한 우주의 창조주로 존재하신다. 그러나 그 하느님은 그분의 본성에 어떠한 변화도 없이 인성을 취하실 수 있으며, 그렇기에 그분은 인간으로 활동하고 경험한다.

이는 마치 인간이 자신의 능력을 상실하지 않으면서도 동물들의, 예를 들자면 곰들의 사회에 들어가 곰으로서 자신을 드러내고, 처신하고, 체험하는 것과 같다. 이렇게 되면 그는 인간으로서 대부분의

능력을 제한받게 될 것이다. 하지만 그는 필요할 때마다 그의 인간적
인 지식과 지혜를 사용하여 다른 곰들의 능력과 이해의 범위를 훨씬
뛰어넘는 일을 할 수 있을 것이다. 이와 유사한 방식으로 하느님은
한 인간으로서 태어나서 행동하고 죽기를 선택하셨으며, 대부분의
시간 동안 당신의 능력을 사용하는 데 제한을 받으셨다. 그럼에도 그
분은 전지전능하시기에, 기적적으로 병자들을 치유하고, 자연을 복
종시키시며, 그분의 신성한 능력으로 죽은 자들 가운데서 살아나실
수 있었다.

근래에 리처드 스윈번Richard Swinburne*과 토머스 모리스Thomas Morris**
가 지지하고 있는 이 견해에 따르면, 예수는 인간의 형상 속에 있는
하느님이다. 그에게는 전지전능한 하느님의 정신이 있으며, 동시에
지혜와 능력이 유한한 인간의 정신도 가지고 있다. 그의 인간 정신은

---

* 리처드 스윈번(1934~)은 영국의 철학자다. 옥스퍼드 대학교 엑서터 칼리지에서
  철학, 정치학, 경제학을 공부하고 헐 대학교에서, 킬 대학교를 거쳐 1985년부터
  2002년까지는 옥스퍼드 대학교에서 그리스도교 철학 석좌교수직을 역임했다.
  성공회 신자였으나 1996년 정교회로 옮겼다. 평생 그리스도교 신앙이 지적으로
  존중받을 만한 신앙임을 논증해 보이는 데 심혈을 기울였으며 이와 관련한 여러
  저서를 남겼다. 주요 저서로 '종교철학 3부작'인 『유신론의 정합성』The Coherence of
  Theism, 『신의 존재』The Existence of God, 『신앙과 이성』Faith and Reason, 『책임과 화해』
  Responsibility and Atonement 등이 있다. 한국에는 『신은 존재하는가』(IVP)가 소개된 바
  있다.
** 토머스 모리스(1952~)는 철학자다. 미국 노스캐롤라이나에서 태어나 예일 대학
  교에서 철학 및 종교연구로 박사 학위를 받았고, 노틀담 대학교에서 15년 동안
  철학 교수를 역임했다. 현재 노스캐롤라이나 윌밍턴에 있는 모리스 인간 가치
  연구소Morris Institute for Human Values 소장으로 재직하며 다양한 대중 강연을 벌이고
  있다. 주요 저서로 『하느님의 성육신의 논리』The Logic of God Incarnate, 『신에 대한
  우리의 관념』Our Idea of God, 『실리콘밸리의 소크라테스』Socrates in Silicon Valley, 『아리
  스토텔레스가 제너럴 모터스를 경영한다면』If Aristotle Ran General Motors 등이 있다.
  한국에는 『파스칼의 질문』(필로소픽)이 소개된 바 있다.

하느님의 정신을 완벽히 활용할 수 있지는 않지만, 다른 인간의 정신과 비교했을 때는 하느님의 정신을 훨씬 더 잘 활용한다고 보아야 할 것이다. 예수가 지닌 하느님의 정신은 예수의 인간 정신을 완벽하게 활용할 수 있기에, 인간 정신이 언제나 하느님의 뜻에 부합하게 생각하고 행동할 수 있도록 한다. 따라서 예수의 삶을 이끈 궁극적인 동인動因은 하느님의 정신이며, 이는 인간 정신이 하느님의 정신이 부여한 한계 안에서 나름의 결정을 했다고도 볼 수 있다. 강조할 점은 이 두 정신이 특별한 방식, 곧 예수 그리스도라는 한 '인격'(위격)을 통해 하나가 된다는 점, 기원후 451년에 있던 칼케돈 공의회의 표현을 빌리자면, 예수가 참 하느님이자 참 인간, 한 위격 안에 담긴 두 본성이라는 점이다.

초기 교회는 이 점을 강조하고자 처녀의 몸으로 예수를 임신했다고 알려진 마리아를 인간 예수의 어머니일 뿐 아니라 '하느님의 어머니'로 불러야 한다고 주장했다(물론 이는 마리아가 영원한 신적 본성에 따른 하느님의 어머니가 아니라 인간의 형태를 입은 하느님의 어머니라는 것을 뜻한다). 하느님께서는 왜 인간의 형상을 취하셨을까? 이에 대해 어느 정도 답한다면, 이렇게 할 때 하느님이 인간에게 당신을 가장 충만하게 보여줄 수 있기 때문일 것이다. 이 맥락에서 예수의 삶은 단지 하느님이 어떠한 분인지를 보여주는 것이 아니라, 하느님의 삶 그 자체이다(교회는 이 점을 강조하고자 예수를 하느님 '같은 분'이라고 말하는 것이 아니라 하느님과 '동일한 본질'이라고 말한다). 이는 하느님이 인간이라는 조건에 참여할 수 있는 가장 탁월한 방법이다.

성육신을 지지하는 좀 더 중요한 이유는 그것이 하느님이 인간의 본성을 당신의 본성과 가능한 가장 밀접하게 연합시킬 수 있는 길이기 때문이다. 죽었다가 다시 살아남으로써 예수는 인간의 본성을 죽음과 하느님에 대한 소외로부터 해방시켰다. 예수를 통해 하느님에 대한 인간의 소외는 결정적으로, 완전하게 극복되었다. 그는 인류의 구원자가 되어 우리를 하느님으로부터의 소외와 영원한 분리로부터 구원한다. 그 자신 안에서 그의 인간성이 영원히 하느님과 연합되며, 그가 우리의 인간성 또한 하느님과 연합시킬 능력을 갖고 있기 때문이다.

이러한 관점을 지지하는 그리스도교인들에게 그리스도교 신앙의 핵심이란, 창조주 하느님이 실제로 인간의 본성과 하느님의 본성을 연합시키셨으며, 나자렛 예수라는 사람을 통해서 인류 역사의 특정 시점으로 들어오셨으며, 그렇게 함으로써 인간이 하느님과 가장 가까운 관계를 맺게 되리라고 약속하셨다는 것이다. 하느님이 역사에 들어올 때, 그분은 아브라함 및 그의 자손과 맺었던 언약을 온 인류에게로 확장했으며, 예수 그리스도와 맺는 온전한 인격적 관계로 모든 사람을 초대하셨다. 하느님은 예수라는 완전한 인간의 삶을 통해서 토라를 완성하고 초월하였으며, 이로써 예수의 삶은 인간의 삶을 위한 본이 되었다. 그는 결정적으로 인류를 하느님과의 소외로부터 구원한다. 그가 세우는 왕국은 갱신된 이스라엘이 아니라, 믿음으로 예수에게로 자신을 돌이키는 모든 사람의 마음을 예수 그리스도가 통치하는 것이다.

세 번째 관점: 영 그리스도론

예수께서 전적으로 유일무이한 신-인이라는 믿음, 그가 인간의 형체를 입은 동안 자신의 권능을 제한하거나 일시적으로 포기한 전지전능한 하느님이라는 믿음은 그리스도교에서는 매우 전통적인 형태의 신앙이다. 이러한 믿음은 예수가 초기 교회의 경험을 통해 하느님의 본성을 가리키는 성상을 만들어내게 한 예언자이자 선생이었다는 신념과는 꽤 거리가 있어 보인다. 그러나 두 신념에서 발견할 수 있는 통찰들을 조화시키려는 중간적인 입장, 이를테면 20세기 스코틀랜드 신학자인 도널드 베일리Donald Baillie*와 같은 학자가 지지하는 입장도 존재한다. 이 관점은 (칼케돈 공의회에서 공인된) 예수가 참 인간이라는 전통을 강조한다. 예수는 유전자상으로 인간이었고, 다른 모든 인간과 마찬가지로 그가 속한 문화의 언어와 신념들을 학습했다. 그의 능력들도 인간의 영역에 속하는 것이었다. 예수는 모든 것을 알지 못한다. 어떠한 실제 인간도 우주의 반대편에서 일어나는 일을 알지는 못하기 때문이다. 또 예수는 전능하지도 않았다. 어떤 인간도 날 수 없으며 문자적인 의미에서 산을 옮길 수는 없기 때문이다.

예수의 독창성은 그가 하느님의 영으로 충만한 삶을 유난히도 강

---

* 도널드 베일리(1887~1954)는 신학자이자 목회자다. 스코틀랜드 게어록크에서 태어나 에든버러 대학교를 거쳐 독일 마르부르크 대학교, 하이델베르크 대학교 등에서 신학을 공부하고 1918년 목사 안수를 받았다. 1934년 세인트 앤드루 대학교의 조직신학 교수가 되었으며 세상을 떠날 때까지 그곳에서 신학을 가르쳤다. 성육신 신학에 큰 공헌을 했으며 교회 일치 운동에도 적극적으로 활동했다. 『개인기도 일기』A Diary of Private Prayer로 널리 알려진 존 베일리가 그의 형이다. 주요 저서로 『하느님은 그리스도 안에 계셨다』God Was in Christ, 『성사 신학』The Theology of the Sacraments 등이 있다.

렬하고 친밀한 방식으로 산 인간이라는 점이다. 예언자들도 그들이 예언할 때는 성령으로 충만했다. 그러나 그러한 영감은 잠깐만 지속되었으며, 그들이 했던 말들 혹은 그들이 때때로 수행해야만 했던 특수한 행위들에 적용될 뿐이었다. 예수의 삶은 그 시작부터 끝까지 성령으로 충만했으며, 성령은 그가 말하고 행동하는 모든 것에 절대적인 영향을 미쳤다. 이는 예수가 하느님의 현존을 친밀하고도 강렬히 의식하며 살았음을, 그리고 그가 거리낌 없이 자신의 삶을 성령의 인도에 내맡겼음을 뜻한다.

어떤 면에서 인간이라면 누구나 하느님의 영의 통로가 될 수 있으며, 완전한 인간의 삶이란 모든 순간을 그러한 통로로 살아내는 삶일 것이다. 그러한 삶은 하느님으로부터 결코 소외되지 않고 하느님의 뜻에 불복하지도 않는 삶이니 '죄가 없는' 삶일 것이다. 그러한 사람의 지혜는 그가 만나는 모든 사람의 지혜보다 탁월할 것임이 분명하다. 또한, 그는 하느님의 행위의 매개자이니, 성령은 그를 통해 다양한 형태의 정신적이고 육체적인 질병을 치유할 수 있을 것이다. 기적이 일반적인 물리적 질서와 규칙을 초월하여 영적인 능력을 전달하는 사건이라면, 그러한 인간의 삶에는 능히 기적이 따를 수도 있다.

이렇게 보면 예수는 가장 완전하며 성령으로 충만한 삶을 산 인간의 특별한, 그리고 탁월한 사례라 할 수 있다. 설령 그가 꼭 유일무이한 절대적 존재는 아니라고 해도 말이다. 그러나 예수에게는 그 이상의 것이 있었다. 그는 하느님의 영에게 능력을 받아 도덕적으로나 영적으로 완벽한 인간이 될 수 있었다. 또한, 예수는 하느님의 뜻을 따라, 예언자들이 예언한 메시아적 왕으로 임명되었다. 이는 그가 아브라함이 하느님과 맺은 언약을 이어받아 온 인류에게로 확장하는 이, 외적인 율법을 성령의 내적 통치로 바꾸는 이, 하느님과 연합하는 새로운 길을 여는 이, 새로운 공동체 곧 이 땅에 평화와 정의를 가져다주도록 예비된 교회의 머리가 될 이임을 뜻한다.

그러나 그가 아무리 하느님과 깊이 관계하며, 하느님을 대신하여 메시아적 왕국을 다스린다고 해도 여전히 인간에 불과한 것 아닌가? 그렇지 않다. 예수는 하느님이 임명한 인간 메시아 이상의 존재이다. 그는 확실히 인간이지만, 그가 하느님과 맺은 관계를 보자면 그는 이 땅에 나타난 하느님 본성의 형상 자체이며 그가 이 땅에서 산 삶은 하느님의 성품이 세상 속에 표현된 것이다. 예수 안에서 그리고 예수를 통해서, 하느님은 인간을 소외와 절망에서 해방해 친교와 희망의 삶으로 이끈다. 그가 하느님이 특별히 정한 하느님의 형상이자 활동인 것은 그가 인류 역사에서 차지하는 특별한 지위 때문이다. 예수는 하느님과 독특한 형태로 연합한 존재이며, 하느님의 은총으로 태초부터 변치 않는 존재였다. 그렇기에 우리는 그를 하느님과 연합을 이룬 존재라고 부를 수 있다. 즉 예수는 인간의 형태로 나타난 하느님이다.

이러한 관점으로 보면 예수는 인간의 형체로 땅 위를 걸었던 전지전능한 하느님은 아니다. 그는 완전해진, 성령으로 충만한 인간이다. 그는 하느님이 예언된 메시아적 왕이 되도록 임명한 자이며, 인간의 형태로 나타난 하느님의 형상이자 활동 그 자체다. 그는 언제까지나 하느님의 인간적 형상의 규범이자 하느님의 구원 활동의 통로일 것이며, 그렇기에 마땅히 예배와 헌신의 대상이 될 수 있다. 이때 실제로 예배를 받는 존재는 하느님이 정한 형상으로 나타난 무한한 하느님이다.

지금껏 다양한 방식으로 그리스도교인들은 삶의 길을 창시한 이인 예수가 현자, 신비가, 예언자일 뿐 아니라 하느님의 '아들' 또는 '형상'임을 해명하려 했다. 이 중 어떠한 관점도 '하느님의 아들'이라는 말을 물리적으로 해석하면서 하느님이 물리적으로(육체적으로) 아들을 낳았다고 말하지 않는다. 성서에서 예수는 하느님의 '말씀'과 '지혜'로 불리기도 한다는 점을 잊어서는 안 된다. 이러한 표현들은 예수와 창조주 사이에 있는 독특한 연합을 표현하기 위한 은유들이다. 예수가 하느님의 아들이라는 말은 예수가 하느님의 선택을 받아 하느님과 특별한 역사적 관계를 맺었으며 예수를 통해서 하느님이 그러한 관계를 다른 이들에게도 전달할 수 있음을 뜻한다. 예수는 지구의 역사에서 특별한 역할을 지닌다. 그가 맡은 역할이란 하느님과 관계하는 새로운 길을 여는 것이며, 그리스도교인들은 그것이 히브리 예언자들이 택했던 길을 온 세계에 여는 것이라고 믿는다. 그리스도교인들은 예수가 하느님을 가르치고 그분을 드러낸 인간이라고만 생각하지 않는다. 그는 하느님의 아들이자 세계의 구원자이며, 이로 인해 그는 인류의 역사에서 특별한 존재가 된다.

07

속죄

사람들이 우주의 창조주가 있다고 여기는 것은 자연스러운 일이다. 그러한 믿음은 사실상 모든 인간 사회에서 발견된다. 위대한 지혜와 능력을 지닌 창조주가 목적이 있어서 우주를 창조했다고 하자. 그렇다면 그 창조주가 그 목적을 알리고자 어떤 일을 한다거나 그 목적을 창조된 주체들에게 전달하리라고 생각하는 것은 당연한 일이다. 달리 말해, 우리는 창조주가 자신의 본성과 목적을 그 목적의 일부인 유한한 의식적 존재들에게 드러내 보여주리라고 기대할 수 있다. 그리스도교인들이 생각하듯 하느님의 목적이 어떠한 이유로 좌절되었다면(그리고 회복이 필요하다면), 무엇이 잘못되었는지를 분명하게 보여주는 하느님의 계시, 인간을 이기적인 욕망에서 해방하여 하느님의 사랑에 참여할 수 있게 해주는 하느님의 계시를 기대할 이유는 충분하다.

그러한 해방과 하느님 사랑에 참여하게 되는 일을 그리스도교인들은 '구원'이라고 말한다. '구원'을 희망한다는 것은 곧 인간 본성을 창조한 하느님이 몸소 활동하셔서 인간을 욕망, 무지, 교만에서 해방하기를, 연민, 지혜, 겸손으로 가득 채우기 희망한다는 것이다. 또한 인간이 이웃 및 하느님과의 의식적인 사랑의 관계로 들어가기를 희망한다는 것이다. 그리스도교의 '복음', 곧 복된 소식은 하느님이 인간을 죄의 권세에서 해방하고 당신과 연합하게 하시려고, 예수라는 인물을 통하여 활동하셨고 지금도 활동하고 계신다는 것이다.

모든 그리스도교인은 이에 동의한다. 그러나 신약성서에는 하느님이 예수 안에서 어떻게 행동하고 있는지, 또한 예수를 통하여 어떻게 인류를 구원하시는지를 설명하기 위한 수많은 은유와 심상이 있다. 여러 세대를 걸쳐 그리스도교인들이 이것들을 성찰함에 따라, '속죄'atonement, 곧 하느님과 인류의 '하나 됨'at-one-ing 혹은 '하나 되게 함'에 대한 세 가지 주요한 설명이 형성되었다.

첫 번째 관점: 승리로서의 속죄

속죄에 관한 최초의 설명은 4세기 니사의 그레고리우스Gregory of Nyssa*와 같이 그리스어로 말하던 몇몇 신학자들이 제시했다. 이 설명

---

* 니사의 그레고리우스(335?-395?)는 주교다. 성 바실리우스Basilius와 형제로 카파도키아의 카이사레아에서 태어나 형 바실리우스와 누나 마크리나Macrina의 영향을 받으며 성장했다. 수사학자가 되어 수사학을 가르쳤으나 나지안주스의 그레고리우스의 영향으로 수도 생활을 시작한 후 사제 서품을 받았으며 이후 아르메니

은 인간이 '이 세상의 주인'인 악마의 노예라는 생각에서 출발한다. 최초의 인간들이 하느님을 거역했을 때 그들은 사탄을, 곧 하느님의 피조물이면서도 하느님을 거역하고 최초의 인간들 또한 하느님께 불순종하도록 유혹한 사탄을 따른 셈이다. 아담과 하와가 실제로 그렇게 했을 때 그들은 사탄의 손아귀에 붙잡히게 되었으며, 사탄은 그들을 파멸에 이를 수밖에 없는 길로 인도했다.

그리스도는 하느님의 아들이며, 전능하고 불멸하는 하느님의 영원한 지혜이다. 그러나 그는 이 땅에 나자렛 사람 예수라는 한 인간으로 오셨다. 그는 약하고 한계투성이인 인간의 형상을 취했기에, 사탄은 예수를 자신의 힘 아래에 두었다고 착각했다. 예수는 모든 인간의 생명을 구원하기 위한 '몸값'으로 자신의 생명을 내주었다. 사탄은 예수를 힘으로 압도할 수 있다고 생각하는 함정에 빠졌다. 그는 이러한 거래를 받아들였으며, 예수가 십자가에 못 박히게 한 그는 자신이 승리했다고 생각했다. 그러나 하느님의 아들인 예수는 죽음이 이길 수 없는 존재였다. 그는 죽음에서 일어나 악마에게 완전한 승리를 거두었다. 사탄의 노예로 있던 인류를 자유롭게 하는 데 성공한 것이다. 부활이라는 결정적인 행위를 통해서 악의 세력은 정복되었다. 사

아의 니사 교구의 주교가 되었다. 아리우스파의 끊임없는 공격을 받았을 뿐만 아니라 폰투스의 집정관으로부터 교회 재산을 남용했다는 무고를 받고 투옥되었으나 그라티아누스Gratianus 황제에 의해 복직했다. 381년 콘스탄티노플 공의회에 참석하여 아리우스를 비판하고 정통교회의 수호자로 칭송받았으며 이후에는 저술 작업에 전념했다. 『마크리나의 생애』Vita sanctae Macrinae, 『모세의 생애』De vita Moysis, 『에우노미우스 논박』Contra Eunomium 등의 저술을 통해 삼위일체 사상, 수도 생활, 부정신학 방법론에 커다란 영향을 미쳤다.

탄은 여전히 이 땅 위에서 다스리지만, 그는 힘을 빼앗겼다. 하느님
이 선택하신 모든 인간이 구원받을 때(그레고리우스는 하느님이 모두를
구원하시리라고 믿었다), 사탄과 그를 따르는 모든 세력은 지옥으로 던
져질 것이다. 그러나 결국에는 그들까지도 구원받을 것이다.

오늘날 대다수 사람에게 이러한 설명은 문자 그대로 받아들이기
에는 지나치게 신비적이다. 하지만 이러한 설명은 중요한 영적 통찰
들을 담고 있는 상징적인 이야기다. 세상을 구하기 위한 싸움에 자원
하고 자신의 삶을 명백한 패배 속에서 내던지지만 바로 그러한 자기
희생으로 악에 승리를 거두는 영웅의 심상은 매우 강력한 힘을 지녔
다(현대 문화에서는 《스타워즈》Star Wars에 나온 오비완 케노비Obi-Wan Kenobi를
그 대표적인 예로 들 수 있다).

루터교 신학자 구스타프 아울렌Gustaf Aulen*은 『승리자 그리스도』
Christus Victor에서 저 속죄 이론을 현대적으로 재해석했다. 악마와 하느
님의 아들 사이에 벌어진 전투는 이기주의의 힘과 사랑으로 가득 찬
연민의 힘이 벌이는 싸움이다. 이기주의의 힘이 개인의 차원을 훌쩍
넘어 사회적 삶의 구조에 깊이 박혀 있는 힘이라면, 연민의 힘은 곧
하느님의 성품이라 할 수 있겠다. 하느님은 인간이 겪는 모든 고통과
고난 속에 들어와 여기에 참여하며 자기 자신을 내어준다. 이는 실제

---

* 구스타프 아울렌(1879-1977)은 스웨덴의 신학자이자 루터교 감독이다. 스웨덴에
  서 태어나 웁살라 대학교에서 신학을 공부한 뒤 룬드 대학교에서 조직신학을 가
  르쳤으며 1933년에는 감독이 되었다. 스웨덴에서 루터 연구가 부흥하는 데 일
  익을 담당했으며 속죄 이론을 다룬 『승리자 그리스도』Christus Victor는 조직신학 분
  야의 현대판 고전으로 꼽힌다.

로는 포획자에게 몸값을 치르는 것이 아니다. 이는 오히려 인간이 이기주의에서 벗어날 수 있도록 하느님이 치른 엄청난 대가다. 오직 자기 자신을 내어주는 사랑만이 궁극적으로는 자기를 파멸시키는 이기주의에 승리를 거둘 수 있다. 예수는 하느님의 연민 어린 사랑을 역사 속에서 드러내는 이다. 그의 십자가 죽음은 인간을 죄에서 해방하기 위해 모든 것을 참는 하느님의 고난받는 사랑을 드러낸다. 그의 부활은 죽음보다 더 강력한 사랑의 승리다. 많은 명백한 실패 끝에 궁극적으로 하느님의 사랑은 모든 악을 제거할 것이며 그분의 용서와 치유에 응답하는 모든 이를 하느님과 연합하게 할 것이다.

하느님의 아들 예수는 선과 악의 싸움에서 승리했다. 인간이 악에서 돌이켜 부활한 그리스도의 능력을 받아들일 때 하느님은 그가 이 승리에 참여하게 해준다. 우리 개인의 해방은 하느님의 사랑이 완전히 다스릴 미래에 있다. 하지만 하느님이 우리가 다른 존재에게 가하는 고통을 친히 짊어지시며, 우리를 용서하시고, 예수 그리스도를 통해 우리에게 가까이 오시는 바로 지금, 이 해방은 시작되었다. 이러한 해석에서 강조점은 예수의 부활에 있다. 예수의 부활은 하느님의 사랑, 곧 십자가 고난 가운데 자신을 내어주어 악의 세력을 중심에서부터 깨뜨리는 사랑의 승리다.

두 번째 관점: 희생제물로서의 속죄

중세가 되자 대속에 대한 사뭇 다른 해석이 등장했다. 여기에는 11세기 캔터베리 대주교이자 위대한 신학자였던 안셀무스Anselm의 역할이 크다. 그는 예수의 죽음을 세상의 죄를 해결하기 위한 희생제물로 해석했다. 예수의 죽음을 한결 더 강조한 견해다. 모든 인간은 죄를 짓기에 그들은 죄에 대한 대가로 하느님께 빚을 진다. 인간은 하느님의 목적을 더럽혀 창조세계 전체에 많은 해악을 끼쳤기에 이에 배상을 치러야 한다. 하지만 불행히도 인간은 배상할 능력이 없다. 그들은 아무것도 하지 못한다. 말씀이신 하느님이 예수 안에서 사람이 될 때, 예수는 다른 이들을 대신해 하느님께 배상을 할 수 있다. 예수의 생명, 곧 사람의 형상 가운데 있는 하느님의 생명은 죄가 없으며 말 그대로 무한한 가치를 지니고 있기 때문이다. 그러므로 그가 희생을 치러 얻은 공로는 다른 이들도 누릴 수 있다. 참 하느님이자 참 인간인 예수는 다른 인간은 할 수 없는 배상을 치르며 이로써 회심하고 그를 믿는 모든 이는 용서를 받을 수 있다.

16세기 종교개혁자 장 칼뱅John Calvin은 이 해석을 미묘하게 수정했다. 그에 따르면 모든 인간은 자신이 저지른 죄로 인해 벌을 받아야 한다. 그러나 죄란 무한히 선하신 하느님을 거스르는 것이기에 그들은 무한히 벌을 받아 마땅하다(즉 이 벌은 끝나지 않는다). 이에 대한 대가를 치를 수 있는 이는 참 하느님이면서 동시에 참 인간인 예수뿐이다. 그가 모든 인간이 받아야 할 형벌을 대신 받음으로써 그들은 하느님의 용서를 선언 받는다.

예수의 죽음을 희생제물로 보는 두 해석은 많은 사람에게 다소 지나치게 기계적이고 법리적legalistic이라는 인상을 줄 수 있다. 그러나 이러한 관점은 죄의 심각성을 곱씹어 볼 수 있게 해준다는 이점이 있다. 하느님은 아무 일도 없었다는 것처럼 죄를 간과하실 수 없다. 이 견해는 인간이 타자, 창조세계, 그리고 하느님에게 죄를 통해 저지른 해악에 대해서 결코 전부 배상할 수 없음을 강조한다. 예수를 통해 하느님 당신이 죄의 대가를 치렀기에 사람들이 용서를 얻을 수 있다고 역설한다.

하느님이 친히 죄의 대가를 치르셨다는, 그리고 그분이 십자가에서 죄에 대한 공의의 심판을 받음으로써 스스로 노력해 의롭게 되려는 불가능한 과업에서 우리를 자유롭게 하셨다는 사상에는 강력한 매력이 있다. 우리가 잘못을 저지를 때 이것을 바로잡기 위해서 우리가 하느님께 해드릴 수 있는 것은 아무것도 없다. 이러한 무력한 상황 가운데, 하느님은 우리에게 대가 없이 용서를 얻을 수 있는 수단을 주셨다. 그것이 바로 그의 아들의 죽음이다. 십자가에 못 박힌 예수에 초점을 맞추는 경건의 형식들에서 우리는 하느님의 자기희생을 발견한다. 하느님의 자기희생은 우리가 이따금 느끼는 끔찍한 죄책감에서 우리를 자유롭게 하며, 우리는 종종 경험하게 되는 끔찍한 죄책감으로부터 우리를 자유롭게 하시는 하느님의 자기희생을 본다. 하느님의 자기희생은 우리를 거룩한 삶으로 돌이키시려고 하느님께서 모든 것을 다하셨음을 확신하게 해준다.

세 번째 관점: 치유로서의 속죄

한편 십자가와 부활이 아니라 오순절에 성령을 보내신 사건에 초점을 두는 해석이 있다. 이 관점에 따르면 근본적인 문제는 인간이 죄로 인해 증오와 탐욕으로 가득 찬 상호파괴적인 삶에 갇혀 탈출할 수 없다는 것이다. 죄는 도덕적 장애를 일으키고 의지를 약하게 하는 타고난 질병과 같아서, 이로 인해 인간은 하느님의 사랑에 응답할 수 없게 된다. 그들에게 필요한 것은 이 도덕적 장애를 치유하고, 그들 자신을 넘어서는 힘에 기대어 의지를 새롭게 하고, 진정으로 하느님께로 돌이켜 그분의 사랑을 받아들이는 것이다. 바로 그 일을 할 수 있는 존재가 성령이다. 그러나 성령은 특정한 방식으로, 인식할 수 있는 형태로 주어져야만 한다. 예수의 삶은 성령으로 충만한 삶이었으며 그의 삶 가운데 성령은 인식할 수 있는 특정한 형태로, 즉 자신을 내어주며 화해하게 하는 사랑이라는 형태로 나타났다.

예수는 인류의 죄를 용서했는데, 이는 인류를 치유하고 하느님과 화해하게 하는 것과 관련이 있었다. 하느님의 뜻을 이루는 수단으로 하느님께 온전히 드린 예수의 삶 전체는, 곧 치유하시는 성령의 통로다. 자기를 희생하는 그 삶은 십자가에서, 곧 하느님 나라의 도래를 위해 죽기까지 자신을 바친 그 자리에서 절정에 이르렀고, 그곳에서 사람의 중심을 움직이게 하는 힘이 나타났다. 그리고 성령이 제자들 위에 권능으로 임했을 때, 그들은 참으로 용서를 받고 죄에서 구원을 얻었음을 경험했다.

하느님은 잘못에 대한 처벌로 대가를 엄격하게 요구하지 않으신다. 오히려 하느님은 그러한 잘못의 원천인 마음의 부패를 공격하시며, 거기서부터 치유하는 일을 시작하신다. 인간을 즉시 완전에 이르게 하는 마법적인 수단은 존재하지 않는다. 그러나 하느님을 향하여 마음의 방향을 다시 정하면, 인간의 사랑을 뛰어넘는 사랑이 내면에서부터 계속해서 우리에게 능력을 더할 것이다. 하느님은 부패했던 우리의 마음이 결국에는 예수에게서 나타난 당신의 인간적인 형상과 완전히 같아지리라고 우리에게 약속하신다. 그분의 용서는 단지 외적인 처벌을 감면해주는 것이 아니다. 그분의 용서는 증오와 탐욕이라는 속박으로부터의 해방, 자유를 약속하는 해방이다. 하지만 이 해방은 하느님의 엄중한 심판만이 예상되는 가운데, 죄인이 하느님의 은총을 만났을 때 천천히 이루어질 것이다.

12세기 신학자 페트루스 아벨라르두스Petrus Abaelardus와 연관된 것으로 자주 소개되는 이 세 번째 견해는 가끔 예수를 그저 우리가 따라야 할 선한 삶의 완벽한 모범으로 여기는 '도덕적인 모범'에 관한 견해 정도로 풍자되곤 했다. 하지만 이 견해는 그런 식으로 평가절하될 수 없다. 오히려 이 견해는 구원의 핵심이 성령의 힘을 통한 삶의 실제적인 변화에 있다고 주장한다. 예수 안에 충만했던 성령은 우리 안에서도 활동할 것이며 비록 더딜지라도 우리가 그의 형상과 완전히 같아지게 할 것이다. 성령의 본성은 십자가, 곧 하느님의 뜻에 자신을 온전히 바친 자기희생의 상징인 십자가에서 완전히, 규범적으로 드러났다. 이렇게 볼 때 십자가는 하느님의 분노를 잠재우기 위해 필요했던 죽음이 아니다. 십자가는 하느님의 사랑을 진정으로 나타낸 삶의 정점이자 전형이다. 십자가가 필요했던 것은 하느님의 사랑이 인간이라는 피조물의 이기심으로 인한 적개심과 만났기 때문이며, 십자가는 자기를 포기하는 사랑으로 이 적개심에 맞선다. 죄는 자기 자신을 정죄하고 파멸된다. 하느님은 화해를 이루시고 함께 아파하시며 용서하신다. 십자가는 바로 이를 보여준다.

　속죄에 대한 이 세 가지 설명은 서로 다르지만, 편협하게 해석하지 않는 이상 상충하지 않는다. 이 관점들은 '예수의 삶과 죽음과 부활을 통해서 하느님께서 우리를 무력하게 하는 증오와 탐욕과 이기심에서 해방하신다'는 공통의 믿음을 다양한 각도로 고찰하고 있다. 그리스도교인들은 인류의 역사 속 그 시간, 곧 예수의 삶과 죽음과 부활이 일어난 그 시간에 인간이 해방되고 자유에 이르는 길이 분명해졌다고 주장한다.

08

계시와 세계의 종교들

그리스도교인들은 예수가 하느님의 본성과 뜻을 가장 분명하게 계시한, 하느님이 인간을 죄에서 해방하기 위해 보내신 구세주라고 믿는다. 그러나 예수가 하느님을 계시한 유일한 사람인가? 예수와 다른 시대, 다른 곳에서 살아 그를 전혀 알지 못했던 사람은 저 계시를 어떻게 알 수 있는가?

하느님은 사람들이 예수 안에서, 예수를 통해 죄에서 돌이켜 신성한 사랑을 받아들이기를 바라는 보편적인 사랑의 하느님으로 드러난다. 예수는 종종 하느님이 양치기가 잃어버린 양을 찾고(루가 15:3~7), 아버지가 탕자의 귀향을 환영하듯(루가 15:11~24) 죄인들을 찾고 계신다고 말한다.

하느님이 그러한 분이라면 그분이 다양한 시대, 다양한 곳에 다양한 방식으로 자신을 드러낼 것이라고 우리는 생각해 볼 수 있다. 하느님이 예수에 대해 전혀 들어본 적이 없는 수백만의 사람에게 자신의 본성과 뜻을 밝히지 않을 가능성은 희박해 보인다. 그러므로 역사의 무수한 지점에서 하느님의 계시가 있었을 것이라고 우리는 짐작할 수 있다.

실제로 인류의 역사를 보면 수많은 사람이 자기가 하느님의 계시라고, 혹은 자신이 이야기하는 바가 계시라고 주장했다. 사실 너무나 많아서 문제일 정도다. 게다가 이 주장들이 일치하지도 않는다. 매우 지혜롭고 덕이 있었다고 평가받는 이들 중 상당수가 영적 실재를 체험했다고 주장했다. 누군가 그러한 실재가 있다고 생각한다면 그러한 주장을 신뢰할 수밖에 없다. 여기서 우리는 두 가지를 생각해 보아야 한다. 하나는 지적이고 정신이 건강하며 덕망이 있는 이들 중 상당수가 자신이 영적 실재를 체험했다고 주장한다는 사실이다. 또 하나는 그 실재의 정확한 본성, 그리고 그 실재와 인간이 맺는 관계에 대한 이들의 견해가 일치하지 않는다는 사실이다. 이 두 사실을 납득할 수 있는 방법은, 많은 성인, 현자, 예언자가 실제로 하느님을 체험했지만 그분의 본성에 대한 그들의 묘사는 자신이 속한 문화권의 신념과 역사에 영향을 받다 보니 부분적이고 틀릴 수 있다고 보는 것이다.

그러므로 그리스도교인들은 부족사회, 혹은 문자를 갖고 있지 않은 사회의 원시 신앙을 따르는 샤먼, 거룩한 남성과 여성이 실제로 하느님을 체험할 수 있음을 받아들일 수 있다. 그러나 그들은 그 체험을 자신들 고유의 신념 및 가치 체계에 따라 해석한다. 영적 체험의 대상을 자기 부족에게 유익을 주거나 해를 입히는, 그러한 방식으로 자기 부족과 상호작용하는 다양한 준-자연적인 영적 힘으로 해석한다. 온 세상이 어떤 영적 실재에 의존하고 있으며 그 실재와 상호작용하고 있다고 생각함에도, 단 한 분의 창조주 하느님이 있다는 생각을 명확하게 형성하지 못할 수도 있는 것이다. 비록 저 실재가 자신들에게 특정한 삶의 방식을 요구한다고, 자신들을 넘어선 힘들과 마주해 자신들이 한 행동에 책임을 져야 한다고 생각할지라도 그들은 하느님이 정의와 자비를 요구하신다는 것을 알지 못할 수 있다.

그리스도교인들은 당연히 예수 안에서, 예수를 통해 드러난 하느님의 계시가 하느님의 계시에 관한 수많은 견해를 완성한다고 본다. 그들이 보기에 다른 견해들은 하느님을 온 인류에게 영원한 생명을 약속하는 사랑의 구원자로 여기지 않는다. 하지만 원시종교 전통이 자신들이 간과한 부분에 대한 통찰을 머금고 있다고 생각해 볼 수도 있다. 이를테면 많은 원시종교 전통은 자연의 거룩함, 모든 생명이 연결되어 있다는 점에 대한 감각을 유지하고 있는데 생태 위기가 심각해진 오늘날 이는 새로운 중요성을 지닌다. 이러한 점에서 그리스도교인들은 예수 그리스도의 아버지이자 하느님으로 알고 있는 영적 실재와 관련해 다른 문화와 전통에서 많은 것을 배울 수 있다.

물론 원시종교에는 그리스도교인들이 불쾌하게 여길 만한 부분도 많다. 인간을 희생제물로 바치는 풍습, 유혈이 낭자한 통과의례, 공동체 내 특정 집단을 통째로 노예로 부리는 제도 등은 하느님의 본성에 대한 중요한 통찰로 볼 수 없다. 하지만 우리는 수많은 끔찍한 일이 그리스도교의 역사에도 있었다는 사실을 기억해야 한다. 이단에 대한 고문, 국가 혹은 민족에 대한 개종 강요, 위대한 문학 작품에 대한 검열을 자랑스럽게 여기는 그리스도교인은 없을 것이다. 종교에는 언제나 모호하고 복잡한 측면이 있다. 종교의 모든 것이 참되고 인류에게 도움을 준다고 말하는 이는 없다. 종교의 많은 부분은 실수투성이고 오해를 불러일으킬 수 있으며 심지어 해롭기까지 하다. 그리스도교인은 자신의 신앙에서 오해의 소지가 있는 부분들을 제거하고 다른 신앙의 가르침 중 좋은 부분은 배워야 한다. 어쩌면 이것이야말로 보편적인 사랑과 이해를 가르치며 하느님이 모든 곳에 임재하신다고 믿는 그리스도교 신앙에 충실한 것이다.

누군가는 『황금 가지』The Golden Bough의 저자 제임스 프레이저James Frazer처럼 원시종교의 모든 행위를 아무런 효과도 없는 마술, 인간이 상상한 영적 힘을 달래려는 시도로 치부할 수 있다. 그러나 누군가는 원시종교에 대해 훨씬 더 긍정적인 시각을 가질 수도 있다. 그런 사람은 원시종교의 어떤 행위들을 구성원들이 체험한 실재의 영적 차원을 드러내는 수단, 구성원들과 영적 실재를 긍정적이고 의미 있는 방식으로 관계 맺게 해주는 방법으로 본다. 하느님이 그러한 공동체를 향해서도 활동하신다고 했을 때 특정 진리의 옷을 입은 어떤 완벽한 정보를 전달하신다고 볼 수는 없다. 그러나 성령이라는 실재는 꿈, 비전, 영감 등을 통해 인간 정신에 영향을 미칠 수 있으며 개인이 더 높은 영적 실재에 참여할 수 있게 해주는 효과적인 상징을 만들도록 도울 수 있다. 하느님은 특정 문화와 전통에서 비롯된 꿈, 심상, 어휘들을 재료로 삼아서 당신의 임재, 당신의 도덕적 힘을 알리고 전하는 수단으로 활용할 수 있다.

그러므로 누군가는 계시를 다음과 같이 이해할 수 있다. 계시란 하느님이 인간의 마음과 상상력에 미치는 영향력이다. 이러한 맥락에서 계시는 그들이 속한 특정 문화의 방식 아래에서 영적 실재에 대한 새로운 통찰을 얻게 한다. 작은 부족들이 모여 국가와 제국이 되면서 다양한 종교 전통이 발전했으며 그 과정에서 구성원들은 자신들이 유산으로 물려받은 종교와 도덕에 관한 신념들을 성찰했다. 종교 전통들은 때때로 신념과 실천 방식에 있어 대립하는 체계들로 갈라지기도 했으며 때로는 이렇게 갈라진 종교적 신념들의 갈등 때문에 전쟁이 일어나기도 했다. 그러나 종교가 개입되었든 그렇지 않았든 역사에서 민족 간에, 혹은 국가 간에 일어난 전쟁에서 종교의 역할을 과장해서는 안 된다. 종교는 갈등의 원인이기보다는 제국주의 야망의 도구인 경우가 훨씬 더 많았다. 물론 종교들이 때때로 갈등하며 패권을 다투었음은 부정할 수 없는 사실이지만 말이다.

현대에 이르러 상황은 바뀌었다. 통신이 엄청나게 발전했으며 손쉽게 이곳저곳을 여행할 수 있게 되었고 경제는 전 지구적 차원에서 상호 의존을 더 강화하는 방식으로 발전했다. 이제 종교들은 상대 종교를 문화 전체를 아우르는 틀(이를테면 '그리스도교 세계'Christendom, 혹은 '이슬람 세계'Islamic world)로 간주하고 대립할 수 없다. 모든 주요 종교는 전 세계에 신자를 거느리고 있으며 한 국가 안에서도 서로 다른 종교 전통이 공존하고 있기에 각 종교의 구성원들은 서로를 긍정하며 협력하는 법을 익혀야 한다.

대다수 종교는 평화, 정의, 우애를 추구하라고 가르치기 때문에 함께 성장한다는 생각은 그리 이질적인 생각이 아니다. 그러나 이를 위해서는 다른 종교 전통에 대한 참된 존중, 그리고 상대로부터 배우려는 열린 태도가 필요하다. 그리스도교인이 다른 문화와 종교 전통에서 하느님이 활동하고 계심을 부정해야 할 이유는 없다. 심지어 하느님에 대한 믿음에 그다지 공감하지 않는 불교에서도 그리스도교인은 소중한 통찰을 배울 수 있다. 이를테면 우리는 불교에서 (하느님의 내적 본성에 관한 교리들처럼) 객관적 확실성을 담보할 수 없는 고도로 사변적인 교리에 집착하는 것이 우리에게 아무런 도움도 되지 않을 수 있음을 배울 수 있다. 그러한 집착이 타인에 대한 편견, 불관용을 낳을 경우에는 더더욱 그러하다. 불교는 이기적인 욕망과 자아에 대한 지나친 관심에서 초연해지라고, 내면을 고요히 하고 무소유의 태도를 가지고 사건의 흐름을 관조하는 법을 익혀야 한다고 말한다.

이에 견주면 그리스도교인은 주님에 대한 인격적인 헌신과 삶의 자리에서 하느님의 사랑을 실천하는 것에 좀 더 중점을 둔다(물론 실제로는 불교 신자도 종교 활동에 헌신할 수 있으며 사회에 관심을 두고 적극적인 활동을 벌일 수 있다). 그러나 소유욕과 이기심에서 멀어져야 한다는 것을 강조한다는 점, 최고의 지혜, 행복, 긍휼의 상태(열반)에 이르기 위해서는 자기를 내려놓아야 한다고 가르친다는 점에서 불교와 그리스도교의 가르침 사이에는 어느 정도 유사성이 있다. 그리스도교에서도 우리가 자기를 포기할 때만 최고의 지혜, 행복, 긍휼의 존재인 하느님을 알 수 있다고 가르친다. 그러므로 그리스도교인이 계속 예수 그리스도를 하느님에 대한 앎의 원천으로 받아들인다 할지라도 불교의 길을 하느님의 영감을 받은 참된, 하지만 다른 하느님에 대한 앎의 길로 보지 말아야 할 이유는 없다. 많은 종교 전통이 서로를 더 온전히 이해할 때 그리스도 안에서, 그리스도를 통해 알려진 온전한 진리를 더 온전히 알 수 있다.

인도의 종교 전통 역시 비잔틴 및 유럽 문화와 밀접한 관계를 맺고 있는 그리스도교 전통을 보완할 수 있다. 인도의 종교 전통은 매우 복잡하지만 힌두교 주요 경전인『우파니샤드』Upanishads의 주요 주제는 궁극적인 실재인 브라만 안에서 만물이 하나를 이룬다는 것이다. 유럽의 종교 전통들이 하느님을 우주와 대비되며, 전혀 다른 무언가로 그린다면 우파니샤드는 존재, 의식, 복을 지닌 궁극적인 실재가 우주와 하나이며 우주는 궁극적 실재가 시간의 제약 속에 드러난 것이라고 가르친다. 인도 신학자 라마누자Ramanuja는 우주를 "가장 높으신 주님의 몸"이라고 말한다. 신학자 상카라Sankara는 우주에서 구별된 것처럼 보이는 모든 사물은 실제로는 그 어떤 차이도, 이중성도 갖고 있지 않은 실재의 현현이라고 주장한다. 여기서 우리가 모든 사물을 구별하여 보는 것은 일종의 환상이다.

이러한 궁극적 실재 혹은 하느님에 대한 관점은 창조주 하느님이 다른 모든 피조물과 질적으로 다르다고 보는 그리스도교 신앙과는 매우 달라 보인다. 나 역시 둘이 같다고 제안할 생각은 없다. 둘은 분명 다르다. 하지만 우파니샤드의 관점은 하느님의 내재, 인간의 마음과 우주 만물에 주님이 임재하고 있음을 강조하기에 발생했다. 그리고 그리스도교인들은 예수 안에서, 예수를 통해 하느님께서 시간 속으로 들어오셨다고 믿으니 그리스도교에서 고백하는 하느님이 전적으로 초월적이지만은 않다고 할 수 있다. 또한 그리스도교인들은 많은 사람이 '그리스도의 몸(주님의 몸)'을 이루도록 부름받았으며, 우주의 궁극적인 목적은 '그리스도 안에서' 하나가 되는 것이라고 믿는다.

그렇다면 하느님이 우리를 초월하면서도 동시에 내재한다고 주장하지 못할 이유는 없다. 이러한 면에서 성서는 인간에게 도덕적인 명령을 내리는 분으로 하느님을 묘사함으로써 하느님의 '타자성'을 더 강조한 반면 우파니샤드는 인간의 마음과 우주 만물을 통한 하느님 체험을 기록함으로써 그분의 '내재성'을 강조했다고 볼 수 있다. 그러므로 각 종교 전통이 서로 더 깊은 차원에서 만난다면 각 전통에서 가장 좋은 부분, 그리고 각 전통이 간과하는 진리의 특정 면모를 우리는 발견할 수 있게 될 것이다.

적어도 그리스도교인들은 하나의 비-그리스도교 종교 전통이 하느님에 관한 참된 계시를 담고 있다고 생각한다. 바로 히브리 성서에 기록된 고대 히브리 신앙이다. 물론 그리스도교인들은 탈무드Talmud와 랍비들의 가르침을 바탕으로 성서를 해석하는 현대 유대교와 그리스도교는 다른 신앙 체계임을 인정한다. 하지만 그리스도교인들도 자신이 구약성서Old Testament라고 부르는 히브리 성서가 진실로 하느님을 계시한다고 믿는다. '구약'에 담긴 계시를 완성하는 것은 예수 안에서, 예수를 통해 드러난, 하느님의 계시를 담은 신약성서라고 보지만 말이다. 그렇다 해도 그리스도교는 예수가 구약에 있는 약속들을 성취한 인물이라고 말한다. 그러므로 예수의 유대 배경과 문화를 고려하지 않고서는 그를 적절하게 이해할 수 없다.

역사에서 유대인과 그리스도교인의 관계는 불행할 때가 많았다. 일부 그리스도교인들이 유대인을 참된 메시아를 거부하고 죽인 이들로 보았기 때문이다. 유럽 역사 중 오랜 시기 그리스도교인들은 유대인을 배척하고 괴롭혔다. 홀로코스트, 즉 아돌프 히틀러Adolf Hitler의 지휘 아래 유대인들을 몰살하려 했던 나치 독일의 시도는 이러한 흐름의 정점이었다. 물론 그리스도교인들이 저 끔찍한 대량 학살을 주도하지는 않았다. 많은 그리스도교인은 용감하게 이를 반대하기도 했다. 그러나 부끄럽지만, 일부 그리스도교인들은 유대인을 하느님을 거부한 민족이며 그리스도의 적이라고 가르쳤으며 이러한 가르침이 히틀러의 무신론적인 정권이 유대인을 박해할 수 있도록 길을 놓았다는 것은 분명한 사실이다. 오랜 기간 유럽에서 그리스도교 사회는 반反유대주의Anti-Semitism를 고수했다. 이제 그리스도교인들은 이 사실을 인정하고 단호하고도 분명하게, 공개적으로 반유대주의를 거부해야 한다.

그렇게 하기 위해서는 현실을 왜곡하는 고정관념을 버리고 유대교를 더 깊이 살펴볼 필요가 있다. 유대교의 시작은 그리스도교의 시작이기도 하다. 유대교와 마찬가지로 그리스도교의 뿌리는 하느님이 열두 유목 민족의 족장들과 맺은 언약, 혹은 계약이다. 하느님은 (아마도) 꿈이나 환상을 통해 아브라함, 이삭, 야곱에게 나타나셨고 하느님의 율법인 토라에 순종하면 이에 대한 대가로 그들을 보호해주시겠다 약속하셨다. 이 초기 예언자들은 하느님이 자신 및 자신의 후손들과 특별한 관계를 맺으셨다고 믿었으며 후기 예언자들은 이를 일종의 결혼으로 묘사했다(호세 2:16~20 참조).* 하느님은 그들에게 자신의 율법을 충실히 따르며 모든 사람이 당신을 알게끔 인도하라는 특별한 소명을 주셨다. 이 언약을 고상하게 설명하면 하느님과 사랑의 관계를 맺는 것이라 할 수 있다. 하느님은 이러한 관계를 이스라엘 백성뿐만 아니라 온 세상과도 맺고자 하신다.

그렇기에 이 길은 세상을 도외시하지 않으며 자신의 거룩한 전통만 무작정 고수하지 않는다. 억압과 폭력으로 가득 찬 이 세상에서 이 길은 철저하게 정의와 평화를 추구할 것을 요구한다. 어떤 의미에서 이는 혁명의 길이다. 이 길을 따르는 이들은 상황과 사물에 대한 현재의 이해를 넘어서서 참된 정의와 자비가 자신들에게 무엇을 요구하는지를 헤아린다. 이 길은 상황이 절망적으로 보일지라도 사람들이 정의를 이루기 위해 경주하도록 독려하는 희망의 길이다.

---

* "그날에 너는 나를 '나의 남편'이라고 부르고, 다시는 '나의 주인'이라고 부르지 않을 것이다. 나 주의 말이다. 그 때에 나는 그의 입에서 바알 신들의 이름을 모두 없애고, 바알 신들의 이름을 부르는 자들이 다시는 없도록 하겠다. 그날에는 내가 이스라엘 백성을 생각하고, 들짐승과 공중의 새와 땅의 벌레와 언약을 맺고, 활과 칼을 꺾어버리며 땅에서 전쟁을 없애어, 이스라엘 백성이 마음 놓고 살 수 있게 하겠다. 그 때에 내가 너를 영원히 아내로 맞아들이고, 너에게 정의와 공평으로 대하고, 너에게 변함없는 사랑과 긍휼을 보여주고, 너를 아내로 삼겠다. 내가 너에게 성실한 마음으로 너와 결혼하겠다. 그러면 너는 나 주를 바로 알 것이다." (호세 2:16~20)

이 종교의 추종자들은 참된 정의와 긍휼이 요구하는 것을 인식하기 위해서 현재의 사태 이해를 초월해야만 한다. 이 길은 희망의 길로서 비록 절망이 가득한 것처럼 보이는 상황에서도 정의를 향해 투쟁하는 자들을 격려한다.

히브리 신앙은 정의를 이 세상에서 이룰 무언가로 보기 때문에 해방자 하느님, 자신의 백성을 노예됨과 억압으로부터 해방시킬 해방자liberator(구원자saviour)를 일으켜 세우는 하느님에 대한 믿음을 강조한다. 여기서 하느님은 이집트 노예 생활, 광야, 군사력을 내세우는 제국들에서 당신의 백성을 구원하시는 분이다. 하느님은 예언자, 영웅, 왕을 세워 그들을 자유로 인도하신다. 그분은 그들에게 정의롭고 평화롭게 살 수 있는 나라를 약속하신다. 그곳에서 그들은 창조세계의 선한 것을 누리며 이를 온 인류와 나눈다. 이 해방은 뒤집어 말하면 압제자들에 대한 심판을 뜻한다. 예언자들은 악을 행하는 이들이 그 악으로 멸망하게 될 것이라고, 궁극적으로 하느님은 모든 악을 창조세계에서 몰아내실 것이라고 말한다. 하느님의 사랑은 승리를 거둘 것이다. 이 과정에서 그분은 진심으로 회개하는 이, 악에서 돌이키는 모든 이에게도 자비를 베푸신다. 그러므로 해방과 심판, 정의와 자비는 함께 간다.

많은 유대인은 고통과 시련을 겪을 때면 메시아가 통치할 시기를 희망하곤 했다. 예수가 활동하던 시대에는 로마의 지배에서 유대인의 주도 아래 이스라엘을 해방하고 정의와 평화의 시대를 열고자 하는 메시아 운동이 많이 일어났다. 그중 그리스도교인들은 나자렛 예수를 메시아로 받아들인 이들이다. 이를 위해 그들은 전통 유대교의 가르침을 상당히 급진적인 방식으로 재해석했다. 이를테면 그들은 메시아가 이스라엘 민족을 정치적으로 해방해 새로운 시대를 열지는 않을 것임을, 예수의 죽음에는 어떠한 방식으로든 히브리 성서에서 거의 예상하지 못한 중요한 의미가 있음을 받아들여야 했다. 최초의 그리스도교인들은 죄의 용서가 이루어지고 "이 세상에 속하지 않은" 나라를 약속하는 곳이 교회라고 믿었고 이 '새로운 이스라엘'에 관한 이야기를 온 세상에 전했다. 많은 유대인(신약성서에 따르면 수천 명의 유대인)이 이 새로운 운동에 동참했다. 사도는 모두 유대인이었으며 예수가 부활했다는 메시지는 칠칠절(오순절)이라는 유대 민족 축제 때 예루살렘에서 처음 공적으로 선포되었다. 비록 많은 유대인이 예수가 메시아라는 주장을 받아들이지 않았으며 자신들의 전통적인 신앙에 머무르는 것은 사실이지만, 모든 '유대인'이 예수를 배척했다고 말하는 것은 옳지 않다.

왜 많은 유대인이 예수를 메시아로 받아들이지 못했는지를 이해하기란 그리 어렵지 않다. 예수는 다윗 왕가의 왕이 아니었다. 그는 범죄자로 십자가형을 당했으며 이러한 죽음은 그가 참된 예언자라는 주장을 반박하는 증거로 충분해 보였다. 예수가 평화와 정의의 나라를 이룬 것도 아니었다. 유대인들이 예수를 메시아로 받아들이지 않은 가장 큰 이유는 예수의 제자들이 토라를 따르기를 포기했기 때문이다. 당시 대다수 유대인의 시선에 이는 계시 신앙을 저버리는 행동으로 보였다. 그리스도교인들이 예수를 하느님으로 예배하기 시작하자 많은 유대인은 이를 신앙의 변절로 보았다. 게다가 유대교의 경우, 예루살렘 성전이 파괴된 뒤 새로운 형태인 랍비 주도의 유대교가 형성되었다. 랍비 주도의 유대교는 토라에 대한 영원한 충성을 강조했다.

이렇게 유대교인과 그리스도교인이 서로 의혹의 시선을 보내는 비극적인 역사가 시작되었다. 오늘날에도 유대교와 그리스도교의 관계를 두고 탐구해야 할 문제는 많다. 이제는 서로의 신앙에 대해 더욱 깊은 이해를 이루기 위해 새롭게 시작해야 한다. 두 신앙 사이에 공통점은 많다. 그리스도교인도 유대교인처럼 이스라엘 예언자들을 하느님이 당신의 본성과 뜻에 관한 새로운 통찰을 알려주기 위해 세우신 이들이라고 믿는다. 예언자들은 정의를 이루라는 하느님의 요구를 독특한 방식으로 증언했다. 그들은 이 세상과 그 문제들을 정면으로 마주했으며 사람들이 이 세상에서 하느님의 뜻이 이루어지기를 소망하며 미래를 바라보게 했다. 히브리 성서는 예언자들의 삶과 가르침, 신앙의 조상인 아브라함의 하느님과 열두 부족의 얽히고설킨 관계를 다룬 이야기를 기록한다. 그리스도교는 이 기록을 자신들의 경전에 넣음으로써 하느님이 그분의 옛 백성인 유대인과 맺은 언약이 결코 폐기되지 않으리라고 증언한다.

그리스도교인들은 예수가 고대하던 메시아이며 언젠가, 이 시대 혹은 다가올 시대에 유대인이든 이방인이든 모두가 이 사실을 알게 될 것이라는 믿음을 고수할 수 있다. 그들은 하느님이 당신의 뜻을 따라 누군가를 교회의 구성원으로 부르신다는 믿음을 고수할 수도 있다. 누군가 예수를 따르거나 따르지 않을 때 그 동기를 살피는 것은 자신들의 몫이 아니라고 그리스도교인은 믿는다. 그러므로 하느님께서 언약의 백성인 유대인들이 인류의 역사에서 자신들이 맡은 역할을 다할 때까지 자신의 길을 충실히 따르기를 바라실지도 모른다고 생각해 볼 수도 있다. 사도 바울은 로마인들에 보낸 편지(로마서) 11장에서 이러한 생각을 보여주고 있다. 이러한 생각은 그리스도교인들이 예수를 메시아로 보는 자신들의 신앙을 유지하면서도 세계 종교사에서 유대교의 역할을 훨씬 더 긍정적으로 바라볼 수 있게 해준다.

이는 이슬람교에도 마찬가지로 적용될 수 있다. 이슬람교는 적극적으로 개종을 권하는 종교다. 많은 무슬림이 온 인류가 꾸란에 계시된 하느님의 율법 샤리아Sharia를 따르기를 바란다. 이슬람교 역시 그리스도교처럼 예언자들을 통해서 말씀하시는 창조주 한 분 하느님에 대한 믿음, 이 세상에서 정의롭고 정직하게 사는 삶을 강조한다. 또한 두 종교 모두 죽음 뒤 낙원에서 하느님과 함께하는 삶을 믿는다. 그러나 이슬람교는 예수를 하느님의 아들로 받아들이지 않으며 그리스도교의 삼위일체 교리나 예수의 십자가 죽음이 대속의 의미를 지니고 있다는 가르침 또한 받아들이지 않는다.

이 때문에 과거 그리스도교인들은 무슬림들이 예수 안에서, 예수를 통한 하느님의 계시를 거부한다고 여겼다. 반대로 무슬림들은 그리스도교인들의 예수에 대한 믿음을 우상 숭배로 여겼다. 두 종교 모두 서로를 많은 부분에서 오해하고 있으며 이러한 오해들이 해소되기 위해서는 상대에 대한 상당한 인내와 세심한 배려가 필요하다. 하느님에 대한 계시가 꾸란에 담겨 있으며 무슬림이 그리스도교인과 동일한 하느님을 예배한다는 것을 부인할 이유는 거의 없다. 그리스도교인은 무슬림에게서 창조주에 대한 기본적이고도 단순한 신앙과 하느님을 신비롭게 직접 체험할 가능성에 대해 많은 것을 배울 수 있다. 물론 그리스도교인들은 여전히 하느님의 구원하는 사랑, 인간과 하느님의 연합이라는 궁극적인 목적에 대한 앎이 예수 안에서, 예수를 통해 드러났다고 말한다. 그러나 그리스도교인들에게는 무슬림과 영적이며 도덕적인 일을 함께할 많은 이유가 있다. 함께 선을 이루는 가운데, 그리스도교인들은 신앙을 강제하지 않으면서 나자렛 예수를 통해 자신들이 받았다고 믿는 하느님의 본성과 목적에 대한 통찰을 증언할 수 있다.

사람들이 세계의 영적 토대를 깨닫고 자기중심주의와 영적 현실에 대한 무지에서 벗어날 수 있도록 하느님이 모든 곳에서 활동하고 계신다는 점을 그리스도교인들이 받아들이기란 그리 어렵지 않다. 이를 받아들인다면 많은 종교 전통이 서로를 보완할 수 있는, 하느님에 대한 나름의 통찰들을 간직하고 있다는 것도 받아들일 수 있다.

첫 번째 관점: 오직 그리스도교인만이 구원을 받는다

그럼에도 종교 전통들 사이에는 많은 차이점이 있다. 그리고 이를 바탕으로 어떤 그리스도교인들은 다른 전통들이 주장하는 바가 그리스도교가 주장하는 바와 똑같이 진리일 수는 없다고 강조한다. 힌두교가 인간 영혼이 여러 번 환생한다고 주장할 때 이는 한 사람이 태어나면서 그의 영혼이 새롭게 창조된다는 그리스도교의 관점과 충돌한다. 불교가 우주의 창조주는 없다고 주장할 때, 혹은 있다 할지라도 그 사실이 그리 중요하지 않다고 주장할 때 이는 하느님께서 만물의 유일한 창조주라는 그리스도교의 관점과 충돌한다. 또한 이슬람교는 하느님에게는 아들이 없다고 주장할 때 그리스도교인들은 그 주장이 문자 그대로가 아니라 은유적인 표현이라고 말할지라도 받아들일 수 없을 것이다. 이렇듯 각 종교의 차이는 너무나 크기에 어떤 이들은 모든 종교를 동등하게 받아들일 수 없다고 이야기할 수 있다. 그들이 보기에 '참된 종교'true religion는 오직 하나뿐이다. 그들은 그 종교가 구원이 무엇인지를 규정한다면 우리가 그 길만을 따라야 한다고 이야기한다.

이러한 맥락에서 어떤 그리스도교인들은 그리스도교만이 참된 종교라고 주장한다. 예수가 하느님의 아들이며 세계의 구원자라는 것은 반박할 수 없는 진리다. 여기서 구원이란 예수를 통한 구원을 받아들이는 것이다. 비록 타 종교를 존중하며 거기서 많은 것을 배울 수 있다 할지라도 타 종교는 하느님의 계시를 드러내는 통로가 아니며 구원에 이르는 길도 아니다. 칼 바르트와 같은 신학자는 이러한 견해를 보이며 그리스도교가 아닌 종교들이 구원을 향한 길이 될 수 있다는 견해를 거부했다. 그러나 바르트는 다른 종교의 구성원들과 평범한 인간들이 설령 이를 깨닫지 못하더라도 그리스도가 이들을 모두 구원할 수 있다고 주장했다. 그가 거부한 주장은 그들이 자신들이 속한 종교를 통해 구원을 받는다는 주장이었다.

어떤 그리스도교인들은 예수를 구세주로 믿는다고 분명하게 공언하지 않으면 구원받을 수 없다고 주장하기도 한다. 그들은 모든 인간은 죄인이기에 영원한 생명에 대한 어떠한 권리도 갖고 있지 않다고 말한다. 오직 하느님만 당신이 선택한 이들을 구원하기 위해 순전한 은총으로 이러한 상황을 바꾸실 수 있다. 여기서 인간은 하느님의 은총이 제한적이라고 불평할 수 없다. 이러한 입장에 속한 이들은 오히려 인간은 하느님의 정의야말로 절대적인 정의임을 받아들이고, 어떤 이는 아무런 공로를 세우지 못했음에도 불구하고 하느님께서 자비를 베푸셔서 파멸에서 벗어날 수 있다는 사실에 감사해야 한다고 말한다.

두 번째 관점: 모든 사람이 구원을 받지만, 이는 오직 그리스도를 통해서 이루어진다

위와 같은 견해는 대다수 그리스도교인에게는 보편적인 사랑의 하느님에 대한 믿음과 양립 불가한 것처럼 보인다. 그보다 그들은 베드로의 둘째 편지(베드로후서)를 비롯한 많은 신약성서 구절의 가르침을 선호한다.

> 하느님께서는 아무도 멸망하지 않고, 모두 회개하는 데에 이르기를 바라십니다. (2베드 3:9)

여기에는 예수를 주님이나 구세주로 고백하지 않은 이들뿐만 아니라 예수에 대해 들어보지도 못한 대다수 사람이 포함된다. 위대한 종교는 자신이 이기적인 욕망에서 벗어날 수 있는 길, 지혜와 연민, 참된 복을 얻을 수 있는 길을 제시한다고 주장한다. 모든 창조물을 사랑하는 하느님이 사람들을 당신에게로 가까이 인도하기 위해 이러한 종교 전통들 가운데서도 활동하고 계신다고 보는 것은 그리 이상한 생각이 아니다. 이러한 관점에서 보면 그리스도교가 아닌 종교들은 하느님의 본성과 그분이 자신의 궁극적인 목적을 이루시는 방식에 대해 불충분하고 부정확한 신념들을 포함할 수 있을지라도 구원의 길이 될 수 있다.

이러한 관점을 지지하는 신학자 중 가장 잘 알려진 신학자는 로마 가톨릭 신학자인 칼 라너Karl Rahner*이며, 2차 바티칸 공의회 문헌(특히 사목헌장Gaudium et Spes)은 이를 공식적으로 표현했다. 이러한 관점에 따르면 하느님은 모든 이에게 어떠한 방식으로든 말씀하시며 때로는 개개인이 속한 종교 전통을 통해 말씀하신다. 그러므로 모든 사람은

---

* 칼 라너(1904~1984)는 로마 가톨릭 사제이자 신학자다. 독일 프라이부르크에서 태어나 20세 때 예수회에 입회했고 독일 프라이부르크 대학교에서 철학박사 과정을 마치고 이후 오스트리아 인스부르크 대학교에서 신학박사 및 교수 자격을 획득했다. 이후 1984년 세상을 떠날 때까지 인스부르크 대학교에서 신학을 가르쳤다. 제2차 바티칸 공의회의 신학자문위원으로 활동해 큰 명성을 떨쳤으며 방대한 저술 활동을 펼쳐 20세기 후반 로마 가톨릭을 대표하는 신학자로 평가받는다. 주요 저서로 『말씀의 청자』Hörer des Wortes, 16권에 달하는 『신학논총』Schriften zur Theologie, 『그리스도교 신앙입문』Grundkurs des Glaubens 등이 있다. 한국에는 『말씀의 청자』(가톨릭대학교출판부), 『누가 너의 형제냐?』(분도출판사), 『그리스도교 신앙입문』(분도출판사), 『기도의 절실함과 그 축복에 대하여』(가톨릭대학교출판부) 등이 소개되었다.

은총을 통해 구원을 받을 가능성이 있다. 하지만 대다수 사람은 이 은총을 인식하지 못한다. 그들은 하느님을 믿지 않을 뿐 아니라 그들을 영원한 생명으로 초대하는 은혜롭고 자애로운 하느님이 있다는 사실을 알지도 못한다. 그런 이들에게 하느님이 어떻게 말씀하시는지 우리는 알 수 없다. 아마도 양심의 목소리를 통해, 다양한 종교들의 가르침과 실천을 통해, 사회에서 가난하고 억압받는 이들을 통해 말씀하시지 않을까 짐작할 뿐이다.

하느님의 목소리는 이곳저곳에 감추어져 있으며 그분 역시 숨어 계신다. 그러나 그분이 언제까지나 당신을 완전히 감추시지는 않을 것임을, 당신의 본성과 뜻을 알리실 것임을 우리는 희망할 수 있다. 그때 사람들은 자신들이 구원을 받았다는 사실을 알게 될 것이다. 이는 어쩌면 예수가 율법을 성취하기 위해, 하느님과 더 친밀해지고자 했던, 그분에 대한 더 근본적인 앎을 얻고자 했던 예언자들의 바람을 이루기 위해 왔다는 신약성서의 주장에 담긴 가장 깊은 의미인지 모른다. 예수 안에서, 예수를 통해 이전까지는 감추어져 있던 것을 보게 되었다. 그리고 알게 되었다. 계시를 보고 그들은 하느님에게 새롭게, 더 충만한 방식으로 응답할 수 있게 되었다. 알려지지 않은 하느님이 알려지고 인간은 이를 알아볼 수 있게 되었다. 그리하여 구원의 길은 더 확실해지고 분명해졌다.

하느님이 예수 안에서, 예수를 통해서 하는 일이 바로 이것이다. 그분은 예수를 만난 몇몇 사람에게만 유일한 구원의 길을 연 것이 아니다. 그분은 사람들의 눈을 열어 당신이 모두를 구원하기를 원하심을 깨닫게 만드셨다. 이로써 우리는 이전보다 더 하느님의 뜻을 올바르게 이해할 수 있으며 구원으로 향하는 길 역시 더 확실하고 분명해진다. 결과적으로 그분은 사람들이 자신의 고유한 신앙을 통해 구원을 향해 나아갈 수 있도록 독려하신다. 물론 이러한 가운데서도 그리스도교 신앙이 궁극적으로는 참되고, 좀 더 적절한 신앙이며 모든 사람이 이를 받아들이는 게 바람직하다는 생각을 감출 필요는 없다. 하느님은 인간의 양심을 움직여 그리스도교 신앙을 받아들이게 하실 수 있다.

세 번째 관점: 모든 사람은 자기 고유의 신앙으로 구원받을 수 있다

일부 그리스도교인들에게는 저 두 번째 관점도 지나치게 제한적인 관점으로 보인다. 그리스도교 신앙을 다른 신앙보다 우월한 신앙으로 여기기 때문이다. 이러한 관점을 가진 이들은 하느님께서 다양한 길과 다양한 신앙을 통해 사람들을 구원하신다고 말한다. 그 길중 더 확실하고 분명한 길은 없다. 어느 길이든 신실하게 따른다면 하느님에게 다가갈 수 있다고 이들은 말한다. 존 힉은 이러한 견해를 강력히 지지하며 이를 '다원주의 가설'the Pluralistic hypothesis이라고 불렀다. 그가 보기에 그리스도교가 제시하는 구원의 길은 자기중심주의를 극복하고 지혜, 사랑, 궁극적 행복이라는 더 높은 실재와 관계를 맺으며 자신을 변혁하는 수많은 길 중 하나다. 물론 인간을 자기중심주의에서 해방시켜 하느님과 사랑의 관계를 맺게 해준다는 점에서 그리스도교가 제시하는 길은 하느님의 무한한 본성 중 일부에 대해 참된 통찰을 보여준다.

  지금까지 살펴보았듯 하느님이 인간을 구원하시는지에 대해서는 다양한 사고방식이 있다. 그러나 모든 그리스도교인은 하느님이 인류가 탐욕, 증오, 절망에서 벗어나 자유를 누리는 가운데 당신과 사랑의 관계를 맺게 함으로써 인류를 구원하신다는 점에 동의한다. 그리고 모든 그리스도교인은 예수의 삶과 죽음, 부활을 통해 하느님께서 결정적으로 이 일을 하고 계심을 깨닫게 된다고 믿는다. 이 하느님의 구원 활동은 역사적 예수라는 사람에게만 국한되지 않는다. 이후 이 구원 활동은 온 세상 모든 사람에게 퍼져나간다. 하느님이 예수 안에서, 예수를 통해 어떻게 활동하시고 그 활동이 어떻게 온 세상에 퍼져 나가는지에 대해서는 그리스도교인들 사이에서도 견해가 갈린다. 그러나 그리스도교 구원 교리의 핵심은 하느님께서 인류를 악에서 구원하기 위해 어떠한 일을 하고 계시는지 우리가 예수의 삶을 통해 알 수 있으며, 예수를 따르는 길에 헌신함으로써 그 구원 활동에 참여할 수 있다는 점이다.

09

삼위일체

그리스도교는 하느님이 시공간 전체, 우주 만물의 창조주라고 믿는다. 이는 유대교, 이슬람교, 힌두교 등 다른 여러 종교도 공유하는 믿음이다. 그러나 그리스도교에서는 다른 종교에서는 종종 이해하기 힘들어하는, 하느님에 대한 독특한 믿음을 갖고 있다. 그리스도교의 하느님은 삼위일체의 하느님, 삼중의 하느님이다. 그리스도교인들은 하느님을 "아버지, 아들, 성령 하느님"으로 묘사한다.

이러한 설명이 어떻게 발생했는지를 이해하기란 어렵지 않다. 제자들은 예수를 자신들을 하느님께로 인도한 이로 예배했다. 그들은 예수가 하느님의 임재를 매개한다고, 그의 활동은 하느님의 사랑을 드러낸다고 여겼다. 부활 후 그들은 예수를 예언자나 선생, 심지어 메시아나 왕 이상의 존재 즉 하느님이라고 믿었다. 그들에게 예수는 신성한 생명, 하느님의 삶 그 자체를 표현하고 매개하는 존재, 인류사에서 하느님의 참된 모습을 보여주는 존재였다.

이러한 맥락에서 예수는 이 땅에 성육신한 하느님이다. 그러나 동시에 예수는 아버지 하느님에게 기도했다. 게쎄마니(겟세마네) 동산에서 그는 자기 뜻이 아닌 아버지의 뜻이 이루어지게 해달라고 기도한다.

> 아버지, 만일 아버지의 뜻이면, 내게서 이 잔을 거두어 주십시오. 그러나 내 뜻대로 되게 하지 마시고, 아버지의 뜻대로 되게 하여 주십시오. (루가 22:42)

그리고 요한복음에서 예수는 말한다.

> 내가 아버지 안에 있고 아버지께서 내 안에 계신다는 것을, 네가 믿지 않느냐? 내가 너희에게 하는 말은 내 마음대로 하는 것이 아니다. 아버지께서 내 안에 계시면서 자기의 일을 하신다. 내가 아버지 안에 있고, 아버지께서 내 안에 계신다는 것을 믿어라. (요한 14:10)

예수는 자신이 아버지와 동일하다고 이야기하지는 않았다. 그래서 요한복음의 서문은 말씀(혹은 아들)이 태초부터 아버지와 함께 있었다고 말한다.

태초에 '말씀'이 계셨다. 그 '말씀'은 하느님과 함께 계셨다. 그 '말씀'은 하느님이셨다. 그는 태초에 하느님과 함께 계셨다. 모든 것이 그로 말미암아 창조되었으니, 그가 없이 창조된 것은 하나도 없다. (요한 1:1~3)

말씀이 육신이 되었으며 인간으로 죽음을 겪었지만, 아버지는 하늘과 땅을 다스리는 전능한 통치자로 남아 있었다.

게다가 예수는 아버지가 '보혜사'Paraclete(혹은 변호해주는 이advocate)를 보낼 것이라고 약속했다. 이 보혜사는 인간 곁에서 인간을 옹호하고 지지하며 내면의 기쁨과 희망, 사랑을 준다(요한 14:16~17).* 실제로 그리스도교 교회는 성령이 "불길이 솟아오를 때 혓바닥처럼 갈라지는 것 같은 혀"(사도 2:1~4)처럼 눈에 보이는 형태로 제자들 위에 내려앉은 오순절에 생겼다고 말할 수 있다. 인간의 마음에 하느님은 만물을 창조하는 아버지, 혹은 영원한 말씀이 아닌, 생명을 주는 영으로 임한다. 그러한 방식으로 하느님은 사람들을 말씀의 형상을 따라 빚어내시고 아버지를 향한 사랑 가운데 연합하게 하신다.

초기 그리스도교인들이 예수를 그리스도로 믿는 자신들의 신앙이 하느님에 대한 사유에 어떠한 영향을 미치는지 알아내는 데는 100년

---

* "내가 아버지께 구하겠다. 그리하면 아버지께서 다른 보혜사를 너희에게 보내셔서, 영원히 너희와 함께 계시게 하실 것이다. 그는 진리의 영이시다. 세상은 그를 보지도 못하고 알지도 못하므로, 그를 맞아들일 수가 없다. 그러나 너희는 그를 안다. 그것은, 그가 너희와 함께 계시고, 또 너희 안에 계실 것이기 때문이다." (요한 14:16~17)

이상이 걸렸다. 그들은 기도하고 성찰하면서 예수 안에서, 예수를 통해 드러난 하느님의 계시란 하느님의 삼중 형태임을 확신하게 되었다. 우주를 창조하신 아버지, 성육신하여 인류를 죄의 세력에서 해방한 아들, 하느님의 사랑 자체를 인간의 마음과 정신에 불어넣어 주는 성령 모두가 하느님이 존재하는 방식이라고 초기 그리스도교인들은 생각했다.

초기 신학자들은 이러한 믿음을 적절한 공식으로 만드는 데 커다란 어려움을 겪었다. 수많은 제안이 나왔고 결국 한 제안을 택했다. 그들이 택한 공식은 하느님이 '하나의 실체 안에 세 위격'three persons in one substance으로 존재한다는 것이었다. 하지만 누구도 이 제안을 완전히 만족스러워하지 않았다. 아우구스티누스가 말했듯 아무 말도 하지 않는 것보다는 낫다고 여겼을 뿐이다. 이 공식도 그 의미를 파악하기 위해서는 어느 정도 설명이 필요하다.

'위격'person은 라틴어 '페르소나'persona와 그리스어 '휘포스타시스'ὑποστάσις의 번역어다. 문제는 이 말이 매우 다양한 뜻을 지니고 있다는 것이다. 누군가는 이 말을 들었을 때 배우가 극을 할 때 쓰는 가면, 한 사람이 잠시 맡게 되는 역할 또는 배역을 떠올릴 수 있다. 또 누군가는 이 말을 들었을 때 다른 개체와 구별되어 분별하고 확인할 수 있는 '사물' 혹은 '개체'를 떠올릴 수 있다.

'실체'substance라는 말에도 다양한 뜻이 있기 때문에 문제는 더 복잡해진다. 이 말은 라틴어 '섭스탄티아'substantia와 그리스어 '우시아'ουσια (초기 그리스도교 교리 대부분은 그리스어로 공식화되었으며 이후 서방 교회가 이를 라틴어로 번역했다)의 번역어다. 먼저 이 말은 '금' 또는 '수소' 같은 하나의 물질을 의미한다. 이 맥락에서 '이것의 실체는 무엇인가?'라는 물음은 '이것은 어떠한 물질로 이루어져 있는가?'라는 뜻을 지니고 있다. 한편 이 말은 다른 것과는 무관하게 오직 자신의 힘만으로 존재하는 개체를 뜻하기도 한다. 이 맥락에서 보면 하느님만이 유일한 실체일 것이다. 오직 하느님만이 자신이 존재하기 위해 다른 무언가에 의지하지 않을 수 있기 때문이다.

그러므로 '위격'이나 '실체'라는 말을 어떤 의미로 받아들이냐에 따라 삼위일체에 대한 해석은 상당히 달라질 수 있다. 여기서는 그리스도교 주요 집단들이 광범위하게 받아들이고 있는 세 가지 주요 해석을 소개하려 한다.

첫 번째 관점: 사회적 삼위일체

첫 번째 해석은 '위격'을 개체, 실제로 의식과 의지를 지닌 개체로 보는 것이다. 이는 이성과 의지를 가진 개별 행위자를 뜻하는 영어 단어 '퍼슨'person의 통상적인 용례와도 유사하다. 여기서 '실체'는 일종의 사물로 해석할 수 있다. 이러한 맥락에서 삼위일체는 의식과 의지를 지닌 세 중심이 함께 한 종류의 존재, 즉 신성한 존재인 하느님을 이루는 것이다. '하나의 실체 안에 세 위격'이 있다고 말하는 것은 같은 종류에 속한 세 이성적 행위자들이 있으며 이들이 모여 '하느님'이라고 불린다고 말하는 것이다. 이때 간과해서는 안 되는 점은 다른 어떠한 행위자도 이러한 성격을 갖고 있지 않으며 삼위일체를 이루는 세 행위자는 결코 떨어져 존재할 수 없는 방식으로 서로 연결되어 있다는 것이다.

성부, 성자, 성령은 의식과 의지가 완전한 조화를 이루는 가운데 연결되어 있는 세 정신이다. 그들은 언제나 함께 활동한다. 하느님의 모든 활동에는 세 위격이 고유한 방식으로 관여한다. 그러므로 창조를 할 때 성부는 성자를 통해, 성령의 능력으로 우주를 창조한다. 십자가에서 성부는 성자의 자기를 내어주는 행동을 통해, 성령의 생명을 주는 능력으로 인류를 구원한다. 마지막 때에 성부는 성자를 통해, 화해와 연합을 이루는 성령의 능력으로 만물을 자신에게로 이끌 것이다.

각각의 경우를 보면 세 위격 중 하나가 좀 더 중요하거나 분명한 역할을 하는 것처럼 보인다. 즉 성부는 창조하고 성자는 구원하며 성령은 만물을 하느님과 연합하게 한다. 그러나 실제로 세 위격은 언제나 함께 활동한다. 각 위격의 역할은 신성한 존재가 온전한 활동을 하기 위해 필수적이기 때문이다. 성부는 성자의 지혜와 성령의 창조하는 힘 없이는 창조할 수 없다. 성자는 성부의 용서하는 활동과 성령의 내적 활동 없이는 구원할 수 없다. 성령은 성부의 권능과 예수를 통해 이 땅에 드러난 신성한 지혜의 본 없이는 만물을 하느님과 연합하게 할 수 없다. 이러한 해석의 관점에서 보면 우주를 지탱하는 단 하나의 우주적인 정신은 존재하지 않는다. '하느님'은 사회적, 혹은 공동체적인 실재, 세 우주적 정신으로 구성된 실재다. 이 세 정신은 언제나 함께 활동하며 서로 묶여있다. 그리스도교 신학에서는 이

상호내주mutual indwelling를 '페리코레시스'περιχώρησις라고 부른다. 동방 정교회에 속한 교회들은 이러한 삼위일체 해석을 지지하며 니사의 그레고리우스를 포함한 카파도키아 교부들은 이러한 해석을 내세운 대표적인 신학자들이다. 최근에는 서방 교회에서도 이러한 견해를 널리 받아들이고 있으며 현대 신학자 중 이러한 해석을 지지하는 이로는 요한 지지울라스John Zizioulas*와 리처드 스윈번이 있다.

유일신교를 믿는 이들에게 하느님이 위격들의 공동체라는 생각은 당혹스럽다. 그래서 유대교인과 무슬림은 이러한 견해를 강하게 비판한다. 그러나 이 해석을 받아들이는 그리스도교인은 자신이 삼신론을 믿는 것이 아니라고 주장한다. 세 위격이 있다는 이야기는 그리스와 로마 신들처럼 서로 논쟁하며 싸울 수 있는 신성한 존재들이 셋 있다는 이야기가 아니다. 위격들의 공동체라는 이야기는 세 위격이 함께 하며 한 분 하느님을 이룸을 뜻한다. '하느님'이라는 말은 그러한 사랑의 연합, 하나됨을 가리키는 이름이다. 세 위격은 서로 사랑하는 가운데 서로 하나로 엮인다. 바로 이 때문에 그리스도교인들은 "하느님은 사랑"(1요한 4:8)이라고 고백할 수 있다.

때때로 이러한 관점을 지지하는 이들은 성부를 다른 두 '위격들'의

---

*   요한 지지울라스(1931~)는 정교회 주교이자 신학자다. 그리스 코자니에서 태어나 데살로니카 대학교와 아테네 대학교, 하버드 대학교를 거쳐 아테네 대학교에서 박사 학위를 받았다. 이후 아테네 대학교, 에든버러 대학교, 글래스고 대학교, 데살로니카 대학교 교수를 역임했으며 이후 페르가몬의 동방 정교회 관구장 주교가 되었다. 현대 정교회를 대표하는 신학자 중 한 사람으로 꼽힌다. 주요 저서로『친교로서의 존재』Being as Communion, 『성찬, 주교, 교회』Eucharist, Bishop, Church, 『친교와 타자성』Communion&Otherness 등이 있으며『친교로서의 존재』(삼원서원)가 한국어로 소개된 바 있다.

원천 혹은 기원이라고 말한다. 사랑은 본래 자신을 다른 이에게 내어주는 것이기에 성부는 자신의 존재를 다른 누군가와 나누기를 원한다. 그리하여 성부는 성자 안에서, 성자를 통해 자신의 완벽한 모습을 형성한다. 존재와 뜻은 완전한 일치를 이루는 가운데 둘은 서로를 향해 자신을 주고받는다. 사랑은 나누어 열매 맺는 것이므로 성부와 성자는 그들의 사랑을 성령과 나눈다. 세 위격은 이처럼 가장 친밀한 형태의 연합, 완벽하고 파괴할 수 없는 사랑의 결합 가운데 연결되어 있다. 그러므로 신성한 존재는 그 자체로 완벽하고 완전한 사랑의 친교다. 많은 사람이 삼위일체 교리를 어렵고 난해한 교리로 여기지만 기본적으로 최상의 존재인 한 분 하느님이 사랑을 주고받고 나눈다는 삼중의 친교로 이루어진 분임을 단순하게 진술한 것일 뿐이다. 삼위일체는 가장 높은 가치 형태다. 그리고 이러한 형태를 하느님의 존재에서 발견해야 한다고 보는 것은 적절하다.

하느님의 절대적인 통일성, 혹은 단일성을 지나치게 고집한다면 신적 존재 안에 있는 다양성과 복잡성, 관계성과 상호성은 말할 수 없게 될 것이다. 이와 달리 삼위일체 하느님은 존재의 통일성을 이야기하면서도 다양성과 관계성을 포함한다. 이는 온 우주를 형성하는 토대인 궁극적인 실재가 완벽한 사랑을 보여주는 실재라는 것을 이해할 수 있도록 도와준다. 그러므로 삼위일체 교리는 다양성, 관계성, 자기를 내어주는 사랑을 중요한 가치로 여기는 세계에 대한 좋은 모형이다. 삼위일체 교리에 따르면 하느님의 존재 자체가 이러한 가치들을 확립하기 때문이다.

두 번째 관점: 하느님의 세 존재 방식

서구 그리스도교 전통에서는 첫 번째 관점과는 다소 다른 해석이 일반적이었다. 서방 교회에서는 신성한 존재의 통합성, 하나됨에 더 중점을 두었다. 대다수 서구 신학자는 하느님에게는 오직 하나의 의식과 의지가 있다고 말한다. 이 해석에서도 '하나의 실체 안에 세 위격'이 있다는 말은 참이다. 그러나 위격이라는 말을 독립적인 의지와 이성을 가진 개별 행위자로 이해해서는 안 된다. 오히려 위격은 하느님이 존재하는 양상 혹은 방식으로 이해해야 한다. 전지전능한 개별자는 하느님 한 분뿐이며 이 하느님은 세 가지 구별되는 방식으로 존재한다. 이러한 관점에서 보자면 현대 영어 '퍼슨'은 커다란 오해를 불러일으키는 말이다. 이 말은 하나의 독립된 개별 행위자가 아닌 '존재 방식'way of being으로 이해해야 한다. 이러한 견해를 내비친 신학자들로는 토마스 아퀴나스가 있으며 현대에는 칼 바르트, 칼 라너 등이 있다.

그리스도교인이 이야기하는 성부는 만물을 완전히 초월하는, 혹은 만물 위에 있는 우주의 창조주, 만물의 제1 원천primal source이다. 이는 하느님이 만물을 초월하는 원천으로 존재하는 한 가지 방식이다. 그리스도교 전통, 특히 서방 교회 전통은 '성부'라는 은유가 만물을 초월하며 지탱하는 창조주를 가리키기에 적합하다고 여겼다.

그리스도교인이 이야기하는 성자는 인류를 혐오, 탐욕, 파멸로부터 구원하기 위해 인간으로 성육신한 하느님의 영원한 지혜다. 성자는 성부와 동일한 하느님이지만 성자로서의 하느님이 창조세계와 언제나 구분되는 초월자로 간주되지는 않는다. 성자는 창조세계로 들어와 신성한 존재 가운데 유한자와 무한자를 연합하는 하느님, 즉 하느님의 다른 측면이다.

대다수 고전적인 서방 신학자는 하느님은 영원한, 혹은 무시간적인 분이라고 주장했다. 하느님은 절대적으로 완전한 분이기에 더 좋게, 혹은 더 나쁘게 변화할 수 없다. 그 무엇도 하느님을 더 좋게, 혹은 더 나쁘게 만들 수 없다. 하느님은 그 능력, 복됨, 앎에 있어 완전하며, 불변한 분이다. 그러므로 신학자들이 하느님의 아들이 육신이 되었다고 말할 때 이는 하느님이 인간이 되기 위해 변화하셨다는 뜻이 아니다. 이 말은 불변하는 하느님이 연합하는 분, 영원히 연합하고자 하는 분이라는 뜻이다. 하느님은 예수 안에서, 예수를 통해 인성을 신성과 연합하게 하신다. 신성한 생명을 나누기 위해 고양되는 것은 인간이다. 신적인 것이 인간 차원으로 내려가는 것이 아니다.

이 연합하고 구원하는 활동이라는 측면에서 성자는 성부와 다르다. 물론 초월적인 창조주와 해방하는 구세주는 동일한 하느님이다. 하지만 이 신성한 존재의 활동들은 구별된다. 달리 말하면 이 활동들은 한 분 하느님이 존재하고 활동하는 구별되는 방식들이다. 그러므로 우리는 전지전능한 하느님은 한 분이지만 그분은 다양한 방식으로 활동하신다고, 그렇기에 우리는 그분을 다양한 방식으로 체험할 수 있다고 말할 수 있다.

이와 유사하게 성령은 피조물인 인간의 삶과 의식 가운데서 활동하는 하느님으로 볼 수 있다. 예수가 독특한 방식으로 신적인 것과 연합했듯 성령 하느님은 모든 신실한 인간이 신적인 것과 긍정적으로 연합하게 함으로써 성자의 활동을 완성한다. 성령은 하느님과 모든 피조물이 연합하도록, 그리스도 안에서 만물이 연합하도록 이끈다. 예수 안에서 성자가 인성을 하느님에게 맡겼듯, 성령은 예수의 삶을 통해 확립된 흐름을 따라 모든 피조물을 하느님과 연합하게 만든다.

삼중의 하느님은 초월적 창조주, 해방하는 구세주, 만물에 내재해 이들을 신성한 생명과 연합하게 하는 성령이다. 이는 마치 한 사람이 세 가지 다른 활동을 하는 것과 같다. 서로 다른 세 가지 성격을 지닌 한 사람을 생각해 볼 수도 있다. 하지만 이러한 진술을 지나치게 문자 그대로 받아들여서는 안 된다. 하느님을 마치 정신이 분열된 인격체처럼 생각할 여지가 있기 때문이다. 그러나 이러한 해석은 하느님이라는 한 인격적 실재가 매우 다른 존재의 형태들, 즉 형언할 수 없는 만물의 원천, 세상을 해방하고 왕으로서 구원받은 공동체를 통치하는 영광의 주님, 만물을 신성과 연합시키기 위해 그들에 내재하는 영으로 존재할 수 있고 활동할 수 있는지를 이해하는 데 도움을 준다.

이러한 관점에서 성부, 성자, 성령은 서로 다른 세 존재도 아니고 세 개체, 혹은 행위자가 아니다. 그들은 상호 사랑 가운데 서로 관계를 맺을 수 있는 세 위격이 아니다. 그러므로 이는 '사회적 삼위일체'와는 견해를 달리한다. 여기서 삼위일체는 한 분 하느님이 세 가지 다른 형태로 존재하는 것이다. 그러나 이러한 존재의 세 형태는 하느님의 일시적이거나 자의적이거나 우연한 형태가 아니다. 세 형태는 모두 하느님의 본질적인 부분이다. 그러므로 이 관점에서는 삼위일체 하느님을 분화되지 않은 통일체(성부), 하나의 인격적인 우주적 정신(성자), 모든 유한자를 포괄하면서 그 안에서 활동하는 내재적인 영적 에너지(성령)로 보지 않는다. 그보다 이 관점에서는 하느님을 저 세 가지 존재 형태, 세 측면을 아울러 고찰할 때만 적절하게 이해할 수 있는 하나의 실재로 본다.

지금까지 이야기한 두 가지 해석은 모두 하느님이 본질적으로 무시간적이고, 완전하기에 변하지 않으며(불변성immutability), 세상에서 일어나는 일에 영향을 받지 않는다는 믿음(수난 불가능성impassibility)과 연결되어 있다. 우리는 시간 전체를 최초의 순간부터 마지막 순간까지 길게 이어진 하나의 선으로 생각해 볼 수 있다. 하느님은 이 선 어느 지점에도 계시지 않고 그 선 '밖에' 계시며 변함없이 창조 활동을 통해 선 자체를 존재하게 하신다. '영원한 활동'을 하시며 최초의 시간을 만듦과 동시에 마지막 시간, 그 사이 모든 시간을 창조하시는 것이다.

이는 성육신이 어느 순간 하느님이 새롭게 떠올린 계획이 아님을 뜻한다. 하느님은 대폭발로 우주를 만든 바로 그 활동 가운데 인간 예수와 영원한 아들의 연합을 생각했고 실제로 그렇게 하셨다. 성령 또한 사실은 여러 가지 일을 순서대로 하는 것이 아니다(우리에게는 그렇게 보인다 할지라도 말이다). 오히려 성령은 창조라는 단 하나의 행위를 통해 온 우주를 하느님의 생명과 연합시킨다. 이러한 맥락에서 하느님에게 창조와 구원은 동일한 활동이다.

하느님은 당신이 어떻게 반응할지를 결정하기 전에 우주에서 어떤 일이 일어나는지 기다리며 지켜보실 필요가 없다. 그분은 하나의 활동으로 모든 것을 이끌어낸다. 하지만 우리에게 이는 일련의 사건들이 시간 속에서 펼쳐지며 알려지지 않은 미래를 향해 나아가는 것처럼 보인다. 하느님에게 미래는 미지의 영역이 아니다. 그분은 미래를 완벽하게 알고 계시며 과거와 현재뿐만 아니라 미래를 포함한 모든 순간에 동등하게 계신다. 지금까지 이야기한 하느님에 대한 두 가지 견해는 모두 우주의 역사는 하느님의 불변하는 존재에 어떤 것도 더하지 않는다고 주장한다. 오히려 이 견해들에 따르면 하느님은 온 우주가 나온 불변하는 실재다. 우주는 이 하느님을 닮으려 노력하며 악이 모든 유한자에게서 제거될 때 하느님과 연합하게 될 것이다. 위격들이 서로 사랑을 나누는 친교든 세 개의 다른 존재 형태를 지닌 전지전능의 존재든 간에 삼위일체 하느님은 그 자체로 영원히 완전한 실재다. 유한한 우주 전체는 저 삼위일체 하느님의 영광을 반영하는 희미한 상일 뿐이다. 삼위일체 하느님은 은총으로 당신의 완전한 생명 중 (지극히) 일부를 우주 전체와 나눈다.

지금까지 언급한 두 견해는 모두 그리스도교 신학에서 오랜 역사를 갖고 있다. 첫 번째 견해는 동방 교회의 삼위일체 이해를, 두 번째 견해는 서방 교회의 삼위일체 이해를 대변한다. 둘 다 삼위일체와 관련해 그 존재의 본질(이를 '내재적 삼위일체'immanent Trinity라고 부른다)에 관심을 보이는 반면 창조된 우주와 맺은 관계 속에서 삼위일체(이를 '경륜적 삼위일체'economic Trinity라고 부른다)를 생각하지는 않는 경향이 있다. 두 견해는 모두 신약성서가 암시하는 하느님의 삼중 본성이 내포하는 바를 이해하고 표현하기 위한 노력의 산물이다.

신약성서는 하느님이 어떠한 방식으로든 예수 안에, 예수를 통해 현존하는 아버지이며 우리는 성령의 권능으로 이를 체험한다고 증언한다. 그러나 어떤 이들에게 이러한 해석들은 신약성서에서 너무 멀리 가버린 것처럼 보일 수 있다. 이런 이들에게 삼위일체론은 하느님이 가장 근본적으로 어떠한 존재인지를 설명하려 드는 교만한 시도의 산물이다. 삼위일체론은 시간, 그리고 시간 속에 있는 사물, 인간과 하느님이 아무 관계도 없는 것처럼 보이게 하기도 한다. 또한 십자가 사건과 성령의 창조 활동을 통해 그분이 변화를 겪으셨다고 생각할 수도 있다. 신성한 존재와 관련된 가장 근본적인 차원은 무지의 구름에 감춰져 있기에 만물의 신성한 원천에 대해 우리는 영원히 알지 못할 수도 있다. 물론 하느님이 자신을 드러낸다면 이는 진리임이 틀림없다. 그러나 우리가 알 수 있는 것은 그리스도와 교회를 통해 드러난 하느님뿐이다. 우리가 알 수 있는 진리는 신적 본성 그 자체까지 관통하지 못하는, 어디까지나 우리, 그리고 우리 이해와 관련된 진리일지 모른다.

세 번째 관점: 삼중 하느님의 역사

그러므로 삼위일체 교리에 접근하는 세 번째 방법이 있다. 삼위일체 교리를 하느님이 계시와 구원을 통해 우리와 관계를 맺는 방식에 대해 생각하는 방법, 혹은 하느님이 인간을 구원하기 위해 어떻게 시간 속에서, 새롭고 창조적인 방식으로 활동하시는지를 이해하는 방법으로 보는 것이다. 하느님이 시간 속에서 하시는 창조 활동에는 세 가지 주요 단계가 있다.

첫 번째 단계는 하느님이 당신의 근원적인 창조 의지를 따라 우주를 창조하는 것이다. 그분은 신성한 존재의 무한성에서 끝없는 다양성 가운데 만물을 창조한다. 이러한 가능성 중에는 어떤 것은 창조될 수 없다. 그 안에 있는 파괴의 힘이 창조의 힘을 능가하기 때문이다. 하지만 여전히 무수히 많은, 독특한 선과 가치를 지닌 우주가 존재할 수 있으며 각각의 우주는 다른 우주가 모방할 수 없는 방식으로 선과 가치를 구현할 수 있다. 그러한 거대한 가능성 중에서 하느님은 적어도 하나의 선택지를 선택했고 우리가 속한 물리적 우주를 창조함으로써 저 가능성을 현실로 이끌었다.

이러한 하느님의 창조 활동에는 세 가지 측면이 있다. 창조 활동 가운데 하느님은 초월적인 무한성을 지닌 분이며(성부), 지혜를 지니고 모든 가능한 우주를 생각하는 분이고(성자), 그 가능성을 현실화할 수 있는 창조의 에너지를 지닌 분(성령)이다. 성부는 만물의 궁극적인, 어디서도 파생되지 않은 원천이다. 성부는 성자를 통해 만물을 창조하는데 그러한 면에서 성자는 만물의 형상, 즉 모든 창조물의 본 혹은 원형이다. 성령은 피조물에게 존재와 독립성을 부여하는, 생명을 주는 힘이다. 이러한 맥락에서 성령은 만물을 향해 자신이 누구인지 깨닫는 여정, 창조하며 반응하는 인격적인 삶을 향한 기나긴 여정으로 나아갈 것을 촉구한다.

하느님에 대한 이러한 관점은 신약성서, 특히 골로사이인들에게 보낸 편지(골로새서)와 에페소인들에게 보낸 편지(에베소서) 1장에 잘 나타나 있다.

> 아버지께서 우리를 암흑의 권세에서 건져내셔서, 자기의 사랑하는 아들의 나라로 옮기셨습니다. 우리는 그 아들 안에서 구속 곧 죄 사함을 받았습니다. 그 아들은 보이지 않는 하느님의 형상이시요, 모든 피조물보다 먼저 나신 분이십니다. 만물이 그분 안에서 창조되었습니다. 하늘에 있는 것들과 땅에 있는 것들, 보이는 것들과 보이지 않는 것들, 왕권이나 주권이나 권력이나 권세나 할 것 없이, 모든 것이 그분으로 말미암아 창조되었고, 그분을 위하여 창조되었습니다. 그분은 만물보다 먼저 계시고, 만물은 그분 안에서 존속합니다. (골로 1:13~17)

여기서 저자는 그리스도(영원한 아들)가 "보이지 않는 하느님의 형상"이며 "만물이 그분 안에서 창조"되었다고 말한다. 그는 아버지의 존재 속에서 언제나 보이지 않는 것으로 남아 있는 것에 이름과 형태를 부여한다. 아들 안에서 온 우주는 하나로 있다. 골로사이인들에게 보낸 편지가 지상에서 활동한 예수만을 가리키고 있지 않은 것만은 분명하다. 그는 예수를 지상에 육신을 입고 온 우주적 그리스도로 보고 있다. 그리스도는 우주의 원형이며 성령은 이 원형에 존재와 활력을 불어넣는 힘이다.

하느님의 창조 활동의 두 번째 단계는 하느님이 물리적인 우주와 지속적인 관계를 맺는 것이다. 이 단계에서 우주는 초기 빅뱅에서 시작해 자기 자신과 자신이 속한 환경을 의식하는, 복잡성을 지닌 개체의 형태로 발전해 나간다. 무수히 많은 은하계와 행성계가 있는 물리적 우주와 관련해 하느님은 언제나 현실과 힘에 있어서 우주를 무한히 넘어서는 초월자로 있다. 그러나 하느님은 그 측량할 수 없는 무한성에서 나와 의식이 있는 피조물과 관계를 맺으신다. 특히 지구에서 하느님은 매우 독특한 방식으로 이러한 관계를 맺으신다. 예수는 우주적 그리스도와 독특한 방식으로 하나를 이루며, 그렇기에 영원한 아들의 표현과 수단, 인류사에 드러난 하느님의 형상, 영원한 아들의 역사적 형태가 된다. 그는 초월자로서 하느님과 부자 관계를 맺고 있다. 초월자로서 하느님은 예수와 친밀한 관계를 맺고 있으며 예수의 존재를 지탱한다. 아버지로서 하느님과 예수는 서로 다르면서도 하나를 이루고 있다. 둘이 다른 이유는 특정한 인간 본성과 연합을 이루고 있는 영원한 지혜는 만물의 무한한 원천이자 만물을 넘어서는 초월자와는 구별되기 때문이다. 둘이 하나를 이루고 있는 이유는 둘 다 같은 하느님이기 때문이다. 둘은 모두 한 분 하느님이 존재하는 방식(무한한 원천이자 성육신한 지혜)이다.

인간 예수는 하느님과 삼중으로 관계를 맺는다. 그는 스스로 존재하는 아버지 하느님을 예배한다. 인간으로서 예수의 삶은 성부에게 전적으로 의존한다. 또한, 그는 자신의 고유한 인격을 통해 성자의 지혜를 표현한다. 그리고 예수는 성령 하느님의 창조하는 힘을 매개한다. 이렇게 하느님과 삼중의 관계를 현실화하면서 그는 피조물이 지상에서 어떠한 삶을 살아야 하는지 본을 제시한다. 이 본의 이상은 저 삼중의 관계가 모든 사람 안에서 현실화되는 것이다. 피조물로서 모든 인간은 성부를 스스로 존재하는, 만물의 원천으로 예배해야 한다. 또한, 자신의 삶으로 아들의 존재를 표현함으로써 자기를 내어주는 사랑, 변혁하는 사랑을 역사 가운데 현실화해야 한다. 그렇게 성령의 창조하는 힘을 매개해야 한다. 예수는 이러한 삼중의 관계를 완벽하게, 무조건적인 방식으로 현실화한, 인격을 지닌 피조물의 본이다. 이 탁월한 본은 우리에게 언제나 이상ideal으로 남아 있다. 우리는 부족하지만 부분적으로나마 이 이상을 우리의 삶에서 실현한다. 우리가 그렇게 할 수 있는 이유는 우리가 보이지 않는 하느님의 완벽한 역사적 형상인 아들의 모습을 닮도록 성령이 우리 안에서 활동하기 때문이다.

예수 안에서, 예수를 통해 성자는 인류의 역사에 들어온다. 그는 완전한 행복의 삶을 포기하고 지상에서 인류의 슬픔을 나누며 하느님과 연합하는 더 드넓고 충만한 삶으로 그들을 인도한다. 그렇게 모든 피조물의 원형은 하느님의 정신과 뜻을 드러내는 역사적 본이 된다. 예수가 죽음을 맞이하고 난 뒤 성육신의 활동을 이어가는 이, 역사적 예수를 만난 적이 없는 수많은 사람의 마음에 그리스도가 임하게 하는 이는 바로 성령이다. 성령은 자신과 연합하라는 하느님의 뜻에 신앙으로 응답하는 모든 이에게 그리스도의 생명이 현존하게 한다.

그러므로 하느님이 하는 창조 활동의 두 번째 단계는 하느님이 역사의 흐름으로 들어가는 것이다. 이 덕분에 인류는 자기중심주의에서 벗어나 하느님과 사랑으로 연합할 수 있게 된다. 하느님은 인류에게 자유를 주셨기에 그들은 가치 있는 길을 거부할 수 있다. 하지만 그럴 때조차 하느님은 그들을 버리지 않으시며 인도자가 되어 주신다. 하느님은 언제나 인간에게 영감을 불어 넣어주시며 당신에게로 인간을 끌어들이신다. 인간이 내린 결단에 협력하고 반응하신다. 때때로 하느님의 반응은 인간이 당신의 목적 자체를 파괴하는 것을 막기 위해 심판의 형태를 띨 수밖에 없다. 그러나 이러한 심판도 언제나 사랑으로 이루어진다. 그분의 심판은 궁극적으로 모든 피조물의 유익을 추구한다.

그러므로 인간은 인류의 안녕을 바라는 성부 하느님, 예수로 성육신해 고통으로부터의 자유를 포기하고 이 지상에서의 삶에서 일어나는 슬픔을 나누는 성자 하느님, 자신에게 전적으로 의지하는 법을 익히려는 인류에게 기쁨, 긍휼, 인내와 지혜의 씨앗을 뿌리고 생명을 주는 성령 하느님에게 올바르게 응답할 수 있다. 삼중의 하느님은 인류가 펼쳐내는 이야기에 들어와 계속해서 인류에게 영감을 불어넣으며 그 행위에 반응하신다. 그리고 그들을 최초의 창조에 내포된 목적으로 이끄신다.

삼위일체를 이렇게 해석할 때 하느님은 진정 시간 속으로 오셔서 자신의 존재를 새롭게, 창조적인 방식으로 표현한 분으로 이해될 수 있다. 이러한 하느님은 피조물의 행동에 반응하는 분이다. 그분은 자신이 창조한 인격체들의 공동체들을 통해 존재와 가치의 새로운 형태를 현실화함으로써 피조물과 협력하며 모든 피조물이 당신의 목적을 따르게 한다.

창조 활동의 세 번째 단계는 하느님이 우주의 역사 전체를 당신의 의식으로 받아들이는 것이다. 하느님은 자유롭게 우주를 창조하셨고 자신을 내어주는 사랑, 협력하는 사랑으로 우주와 관계를 맺으신다. 그분은 우주의 완성된 가치들을 신성한 존재의 새로운 결단으로 받아들인다. 여기서 성령의 역할이 부각된다. 성령은 창조된 유한자들의 흐트러진 의식의 조각들을 모아 하나의 통합된 신적 체험을 통해 이를 하나로 모은다. 성령은 창조세계에서 악과 고통을 제거하고 피조물이 생성한 가치를 충만하게 한다. 우주 전역에 걸쳐 활동하면서 이 창조세계를 합당한 완성으로 이끈다. 여기서 목적은 갈등과 파괴를 극복하는 것, 모든 피조물이 긍휼과 관조적인 기쁨이 넘치는 공동체를 이루게 하는 것이다. 성서에서는 이 공동체를 하느님 나라라고 부른다.

이 공동체에서 예수 안에 있었던 그리스도는 '그리스도의 몸'body of Christ을 구성하는 모든 인격적인 존재들의 삶을 통해 자신을 완전하게 표현할 것이며 그들의 삶 가운데서 충만하게 활동할 것이다. 그리스도의 몸은 하느님의 창조 의지와 의식을 사회와 역사에 반영하는 매개체다. 피조물의 원형이자 지상에서 살아가는 모든 인격적 존재가 지향할 역사적 본인 그리스도는 이제 모든 피조물이 지향하는 충만한 존재, 사회적이고 인격적인 삶의 완성본이다. 사랑으로 이루어진 인격체들의 공동체는 바로 이 그리스도를 표현한다.

새로운 창조의 형태에서만 가능한 이 시점에서 모든 창조된 인격체는 공동체를 이루어 우주적인 그리스도를 표현하기 위해 기뻐하며 자유롭게 협력할 것이다. 그리하여 모든 피조물은 그리스도 안에서 하나를 이루어 "하늘과 땅에 있는 모든 것"의 "통일"(에페 1:10)이라는 하느님의 목적을 성취할 것이다. 그리스도께서 영광 가운데 다시 오실 것이라는 그리스도교의 주장은 바로 이 이야기, 하느님의 창조 의지를 온전히 따르고 또 표현하는 참된 인격적인 공동체를 통해 모든 피조물이 충만하게 된다는 이야기를 그리스도교의 상징들을 활용해 표현한 것이다.

물론 하느님은 이 공동체를 창조하고 유지하는 분만이 아니다. 그분은 모든 유한한 경험을 끌어안아 자신의 경험으로 받아들이고 궁극적인 아름다움과 선함을 기뻐하는 분이기도 하다. 그러므로 충만한 그리스도의 몸을 이루는 공동체는 자신들의 경험을 하느님께 바치며 하느님은 이를 받아들인다. 하느님의 신적 무한함은 이를 감싸 안음으로써 저 유한한 경험을 불멸의 아름다움과 기쁨의 순간들로 변모시킨다. 만물이 아버지 하느님에게서 나오듯 궁극적으로 만물은 그분에게 돌아온다. 하느님의 정신이 창조한 모든 선의 순간은 영원하고 파괴될 수 없는 방식으로 현존한다.

이러한 하느님의 삼위일체적 삶Trinitarian life에 대한 해석은 존 맥쿼리John Macquarrie*와 캐서린 라쿠나Catherine Lacugna**와 같은 수많은 현대 신학자의 지지를 받고 있다. 이 관점에서 보면 하느님의 삼중 본성은 창조, 협력, 완성으로 이루어진 우주의 과정으로 표현된다. 하느님은 유한한 개별 행위자들이 함께하는 공동체를 형성하기 위해 우주를 성자의 모습을 따라 성령의 힘으로 창조한다. 하느님은 성령의 영감과 능력을 통해 이 공동체와 협력하신다. 그리하여 공동체는 예수, 이 지상에 성육신한 성자, 인류를 증오와 탐욕과 자기중심주의에서 해방한 이를 따르게 된다. 하느님은 모든 피조물을 성자의 역사적, 사회적 형태인 '몸'에 포함시키고 창조된 모든 가치를 자신의 의식에 영원히 보존한다. 그렇게 그분은 성령의 화해하고 통합하는 힘으로 우주를 완성한다. 이러한 관점에서 보았을 때 하느님의 삼위일체적 활동은 본질적으로 시간 안에서 이루어지는 사회적 활동이다. 하느

---

* 존 맥쿼리(1919~2007)는 성공회 사제이자 신학자다. 스코틀랜드 렌프루에 있는 독실한 장로교 집안에서 태어나 페이즐리 문법 학교, 글래스고 대학교를 거치며 철학과 신학을 공부했고 글래스고 대학교에서 박사 학위를 받았다. 동일 대학교에서 신학을 가르치다 1962년부터 1970년까지 유니온 신학교의 조직신학 교수로 활동했으며 미국에서 생활하는 동안 성공회 신자가 되어 1965년 사제 서품을 받았다. 1970년 영국으로 돌아와 옥스퍼드 대학교의 레이디 마거릿 교수가 되어 신학과 철학을 가르쳤다. 20세기 후반 영미권의 대표적인 조직신학자, 철학적 신학자로 꼽히며 하이데거의 『존재와 시간』Sein und Zeit을 영어로 번역해 소개한 이로도 명성이 높다. 주요 저서로 『실존주의 신학』An Existentialist Theology와 『그리스도교 신학의 원리』Principles of Christian Theology 등이 있으며 『20세기 종교 사상』(나눔사), 『하이데거와 기독교』(한들출판사), 『신과 인간 사이』(대한기독교서회) 등이 한국어로 소개되었다.

** 캐서린 라쿠나(1952~1997)는 로마 가톨릭 신학자다. 시애틀 대학교를 거쳐 포덤 대학교에서 박사 학위를 받았다. 1981년부터 노틀담 대학교에서 조직신학을 가르쳤다. 44세라는 비교적 이른 나이에 세상을 떠났지만 현대 삼위일체론에 중요한 업적을 남겼다. 그녀의 대표 저작은 『우리를 위한 하느님』God for Us이며 대한기독교서회에서 소개한 바 있다.

님의 사랑은 창조와 완전히 별개인, 삼위일체 그 자체에 있는 것이 아니다. 하느님의 사랑은 유한한 우주에 있는 창조된 인격체들과의 관계 가운데 움직인다. 그분은 이러한 관계를 맺을 때 필연적으로 수반되는 모든 위험과 고통을 사랑으로 감내한다. 우주는 하느님이 펼쳐내시는 이야기의 일부이며 삼위일체는 신적 존재가 자신이 아닌 것을 창조하고 이와 관계 맺는 방식이다. 즉 하느님은 피조물인 우주에게 자기를 내어주고 우주와 협력하며 우주를 자기와 통합한다. 하느님은 모든 피조물을 자신의 영원하고 무한한 생명에 연합시키기 위해 유한한 우주, 시간으로 들어왔다. 이것이 그리스도교 계시의 궁극적 신비이며 바로 이 점에서 그리스도교의 신론은 하느님과 피조물을 언제나 분리시키려 하는 모든 형태의 유일신론monotheism과 구별된다.

삼위일체 교리는 복잡하고 난해해 보인다. 하지만 인간이 하느님을 이해하기 위해 자신의 지성을 최대한으로 발휘해야 한다는 것은 그리 놀라운 일이 아니다. 하느님의 삼중 본성을 이해하려는 시도는 조잡하고 불완전해 보이지만, 삼위일체라는 개념은 근본적으로 매우 단순하다. 그리스도교인들은 언제나 하느님을 그 어떤 피조물보다도 위대한 분, 우주의 창조주로 여기고 그분을 예배한다. 그들은 인류를 증오와 탐욕에서 해방시키고 영원한 생명으로 인도하기 위해 우주로, 특히 예수라는 인격체 안으로 오신 하느님을 예배한다. 그리스도교인들은 피조물인 인격체들의 마음과 정신에 영감과 능력을 주며 그들을 하느님과 친밀하기 그지없는, 사랑으로 가득한 연합으로 인도하는 성령 하느님을 예배한다.

그러나 그들은 하느님이 예수 안에서, 예수를 통해 당신을 드러내셨다고 믿기 때문에 그분을 삼중의 하느님으로 이해한다고 이야기한다. 이 하느님은 모든 인간이 당신의 사랑을 깨닫고 거기서 영원한 기쁨을 누리기를 바라신다. 이것이야말로 삼위일체를 어떻게 해석하든 간에 모든 그리스도교인이 공유하는 근본적인 믿음이다.

10

교회

대다수 사람에게 그리스도교는 난해한 신학 체계가 아니다. 그들은 교회라는 특정 사회 기관으로 구현된 그리스도교를 접한다. 어떤 이들은 교회를 좋아하기도 하고 어떤 이들은 싫어하기도 한다. 하지만 교회가 인류에서 개인에게나 사회에게나 커다란 영향을 미친 독특한 공동체임을 부정할 수는 없다. 왜 교회가 있어야 하는가? 그리스도교 신앙에 관심이 있다면 간헐적으로 모여 이야기를 나누면 그것으로 충분하지 않은가? 세상에는 합리적이고 선하면서도 교회의 구성원이 아닌 이들이 많다. 심지어는 자신이 그리스도교인이라고 밝힌 이들 중에도 교회의 구성원이 아닌 이들이 있다. 그렇다면 교회가 중요한 이유는 무엇인가?

이를 이해하기 위해서는 그리스도교에서 하느님의 창조 목적과 그 목적을 이루기 위한 하느님의 활동을 어떻게 이해하는지를 살펴야 한다. 그리스도교인들은 하느님의 목적이 창조성을 지니면서도 자기를 성찰할 줄 아는 공동체를 발전시키는 데 있다고 본다. 인간은 홀로 사는 삶이 아니라 수많은 집단, 타인과 협력하며 살아갈 때, 어려움에 처한 이를 돕고, 창조의 선한 결과를 함께 이해하고, 그 진가를 알아보고 나눌 때 충만한 삶을 살 수 있다. 종교의 목표가 궁극적 실재인 하느님과 관계를 맺으며 충만한 삶을 누리는 것이라면 종교는 필연적으로 건강하고 창조적인 공동체를 형성하고 또 형성하기 위해 노력하기 마련이다.

그러나 현실에서 인간은 대체로 하느님의 목적에서 벗어나 이기주의, 타인에 대한 혐오와 증오에 빠진다. 선을 희생하면서까지 쾌락을 추구한다. 그리스도교인들은 이러한 상황에 대한 응답으로 하느님께서 일종의 '대항문화 공동체'counter-cultural community를 창조하셨다고 믿는다. 이 공동체는 인류가 자기중심주의와 혐오 및 증오의 힘에 저항하고 탁월한 창조, 보편적 사랑, 가치 있는 행복을 추구하도록 격려하는 사회다.

과거 하느님은 이스라엘의 열두 지파를 '언약 공동체'covenant community로 부르셨다. 그들은 하느님께 전적으로 헌신하고, 타락한 세상을 하느님의 본래 목적에 맞게 되돌리는 책무를 받았다. 언약에 따르면 이스라엘이 하느님의 가르침, 그들이 하느님과 연합할 수 있게 해주는 토라를 따르는 한 하느님은 이스라엘을 통해 세상을 충만하게 만드시겠다는 당신의 약속을 지키신다.

그리스도교의 관점에서도 하느님과 이스라엘 백성이 맺은 이 언약은 언제나 유효하다. 그러나 그리스도교인들은 하느님이 예수 안에서, 예수를 통해 새로운 언약을 맺으셨으며 새로운 언약 공동체를 빚으셨다고 믿는다. 이 새로운 공동체가 바로 교회다. 이스라엘 백성과 마찬가지로 교회는 하느님께 헌신하며 세상이 하느님과 화해를 이루게 하려 애쓰는 하느님의 백성이다. 이 공동체가 새로운 이유는 이스라엘 백성과는 달리 한 민족에 국한되지 않고 모든 민족, 모든 인종에 열려 있기 때문이다.

  또한, 교회는 하느님이 제정한 일련의 특수한 율법 대신 구성원들의 마음과 정신에 작용해 하느님과 연합하게 하는 그리스도의 영을 받았다. 그러므로 교회는 하느님이 예수를 통해 인류에게 주신, 성령의 살아있는 힘으로 유지되는 새로운 언약의 공동체다.

  그리스도교인이 된다는 것은 이 성령 공동체의 구성원 자격을 얻는다는 것을 의미하며 이러한 맥락에서 개인이 그리스도교인이면서 교회의 구성원이 되지 않는다는 것은 불가능하다. 교회는 생각이 같은 사람들이 자발적으로 모인 사교모임이 아니다. 교회는 하느님이 세상을 당신과 화해시키기 위해 부른 공동체이며 그렇기에 가장 다양한 사람을 포괄하는 공동체다. 더 나아가, 교회는 영원한 그리스도가 자신을 내어주는 활동, 화해하는 활동을 모든 시대, 모든 곳에 구현할 의무가 있다. 교회는 예수를 통해 온전히 구현되었던 하느님의 생명을 다시금 세상에 드러내야 한다. 이기적인 욕망을 저버리는 가운데 그리스도와 함께 죽고, 세상을 향해 성령의 생명을 전달함으로써 그리스도와 함께 부활한다. 그렇게 교회는 하느님의 승리에 동참한다.

그리스도교인들은 교회가 하느님이 이 세상과 화해하기 위해 세상에 임하심을 드러내는 수단, 하느님의 활동을 현실화하는 수단이라는 점에 동의한다. 그렇기에 교회는 세계 곳곳에 하느님이 주신 복음을 전하기를 힘써야 한다. 그러나 교회가 정확히 무엇이며 어떻게되어야 하는지에 대해서는 다양한 해석이 있다. 세상에 다양한 방식으로 그리스도의 영과 함께하는 공동체를 실현하기 위해 애쓰는 다양한 교회가 있는 이유는 바로 이 때문이다.

첫 번째 관점: 성사 공동체로서의 교회

첫 번째 주요 관점은 가장 큰 그리스도교 교단인 로마 가톨릭 교회가 내세우는 관점이다. 이 관점에 따르면 교회는 "그리스도의 몸"(1고린 12:27)이며 하느님이 이루어가시는 화해 활동을 매개하는 공동체다. 그렇기에 교회는 현실에서 분명한 통합성을 드러내야 한다. 이견해에 따르면 분열된 교회란 있을 수 없기에 교회의 통합을 분명하게 보여주는 상징과 보증이 있어야 한다. 그 상징과 보증이 바로 로마의 주교bishop인 교황Pope이다. 전통에 따르면 그는 베드로의 계승자다. 예수는 베드로Petrus가 반석petra이 될 것이며 그 위에 교회를 세우겠다고 말했다(마태 16:18).*

---

* "나도 너에게 말한다. 너는 베드로다. 나는 이 반석 위에다가 내 교회를 세우겠다. 죽음의 문들이 그것을 이기지 못할 것이다." (마태 16:18)

교황제에 대한 로마 가톨릭 교리는 수 세기에 걸쳐 상당한 발전을 이루었다. 핵심은 교황이 전체 교회의 최고 사목자이자 교사라는 것이다. 그가 신앙 및 도덕의 문제와 관련해 교황좌에서 엄숙한 규정을 내릴 때(이를 교좌선언ex cathedra이라고 한다) 이는 오류로부터 보호를 받는다(이를 무류성infallibitas이라고 한다). 또한 교회의 모든 중요한 결정은 교황 없이 할 수 없다. 그는 그리스도의 대리자Vicarius Christi이며 궁극적으로 교회의 모든 권위는 지상에서 그리스도를 대변하는 교황에게서 나온다. 하지만 교황은 신앙에 관한 문제를 홀로 규정하지 않는다. 그는 사도들의 계승자인 주교들의 공의회를 소집한다. 이 공의회의 결정을 교황이 비준하면 이는 전체 교회에 구속력을 갖는다. 주교들의 존재는 교회가 참된 '사도성'apostolicity을 지니고 있음을, 즉 최초의 사도들이 서품을 준 후 지금까지 이를 계승해 내려오고 있음을, 예수의 가르침에 바탕을 둔 사도들의 가르침을 이어받아 발전시킬 역할을 맡고 있음을 보증한다.

이 관점에서 교회는 하느님이 예수를 통해 주신 가르침을 보존하고 확장할 수 있는 가르침의 권한(이를 교도권Magisterium이라고 한다)을 갖고 있다(이 또한 하느님이 주셨다). 그러므로 신실한 가톨릭 신자들은 교회의 가르침을 신적 권위를 지닌 가르침으로 받아들일 의무가 있다. 그럼에도 이 교도권이 실제 가톨릭 교회 생활에서 가장 중요한 측면은 아니다. 대다수 가톨릭 신자들에게 가장 중요한 것은 교회의 성사적 삶sacramental life이다. 우선 삼위일체의 이름으로 아이의 이마에 물을 뿌리는 세례성사baptism를 통해 하느님은 아이를 구원받은 공동체로 받아들이고 원죄라는 죄악으로부터 아이를 정화하신다. 또한 견진성사confirmation를 통해 하느님은 주교가 후보자들의 머리에 손을 얹을 때 그들에게 그리스도교적 삶을 살아갈 수 있는 성령의 은총을 주신다. 그리고 혼인성사marriage에서 부부가 공동서약하고 사제가 축복할 때 하느님은 부부가 '한 몸'으로 연합을 이루도록 둘과 자신을 연결하신다. 고해성사confession에서 하느님은 사제를 통해 죄를 고백한 신자들에게 그 죄를 용서하셨음을 선언하신다. 그리고 병자에게 기도를 해주고 기름을 바르는 병자성사unction를 통해 신자의 영혼은 죽음을 준비한다. 성품성사ordination에서 사제들은 차례대로 손을 얹음으로써 미사 때 희생제물을 바칠 수 있는 권한을 갖게 된다.

가장 중요한 성사는 성찬, 즉 성체성사다. 사제는 미사 중에 빵과 포도주를 축성("이것은 내 몸이니 … 이것은 내가 흘리는 … 피니"라는 예수의 발언을 반복해서 이야기한다)하고 이를 통해 빵과 포도주는 신자들의 죄를 대속하기 위해 자신의 생명을 희생제물로 바친 그리스도의 몸과 피로 변화한다. 그렇게 축성된 빵과 포도주를 신자들이 받을 때 그리스도는 그들에게 자신의 영원한 생명을 불어넣는다.

이 모든 성사에서, 주교직과 사제직이라는 공인된 위계질서를 통해 하느님은 기름, 빵, 포도주와 같은 물질을 써서 자신의 은총을 신자들에게 전하며 이로써 신자들의 영혼은 죄로부터 정결하게 되고, 하느님과 연합하게 된다. 성사의 원리는 물질이 교회 성직자들의 활동을 통해, 예수에게서 나와 세상으로 흐르는 하느님의 임재와 힘을 표현하는 수단이 된다는 것이다. 성령이 역사 속에서 '육신' 혹은 물질의 형태를 입는다는 점에서 성사는 성육신의 연장이라고도 할 수 있다. 성찬은 이를 대표적으로 보여준다. 특히 성찬에서 그리스도는 인간의 노동과 고통의 상징인 빵과 포도주로 자신의 백성 가운데 임한다. 사제가 하느님께 빵과 포도주를 희생제물로 바치듯 하느님은 그리스도라는 인격체를 통해 신자들이 죄의 형벌에서 풀려나 당신에게 가까이 올 수 있도록 자기 자신을 희생제물로 바친다. 그러한 면에서 미사는 하느님이 인간의 삶을 죄를 용서하고 은총을 베풀어 인간의 삶을 거룩하게 만드는 참된 희생 제사다.

성사들을 통해 교회는 지상에서 활동했던 예수처럼 영원한 그리스도가 지상에서 현존하게 하며 물질을 영적인 것을 표현하는 도구로 만든다. 그리하여 교회는 예수가 이 세상에서 한 일, 즉 용서하고 화해하고 하느님과 연합하는 활동을 인류 역사가 끝날 때까지 한다.

전통적인 가톨릭 사상에서 교회는 '구원의 방주'ark of salvation다. 모든 사람이 구원을 받기 위해서는, 죄로부터 해방되기 위해서는, 하느님과 연합하기 위해서는 교회로 들어와야 한다. 하지만 동시에 가톨릭 교회에서는 가톨릭 신자가 아니더라도 그들이 전체 교회에 참여하고 있고 교회의 가르침을 적절하게 이해한다면 인간은 구원을 받을 수 있다고 언제나 이야기했다.

정교회 신자들은 교회를 구원의 방주로 본다는 점에서 로마 가톨릭과 견해를 같이한다. 정교회에서도 교회를 모든 사람에게 하느님의 은총을 전하는 도구, 성사 공동체, 하느님이 예수 안에서 예수를 통해 드러내고 입증한 신앙과 도덕에 관한 진리의 수호자로 받아들인다. 하지만 정교회 신자들은 교황이 전체 교회의 수장이라고 생각하지 않으며 주교들이 참여한 공의회에서 내린 결정만이 신앙과 도덕에 관한 교회의 입장을 올바르게 대변한다고 본다. 실제로 정교회는 주로 국교회 형태(이를테면 러시아 정교회 혹은 그리스 정교회)로 존재하며 총대주교가 각 관구를 지도한다. 정교회에서 로마의 주교는 콘스탄티노플 및 다른 지역들의 주교처럼 고대부터 이어져 내려온 총대주교 중 한 사람일 뿐이다. 비록 로마의 주교를 특별히 존중해야한다고 여기지만 말이다. 정교회의 입장에서는 서방 교회와 동방 교회가 분열되기 전 기원후 787년에 열린 제2차 니케아 공의회(제7차 공의회) 이후 온전한 의미에서 세계 교회 공의회는 열리지 않았다. 그래서 그들은 로마 가톨릭 교회가 교회의 권위와 관련해 전례 없고 받아들일 수 없는 교리를 도입해 하느님 아래 있는 모든 주교의 동등한관계를 무너뜨렸다고 보는 경향이 있다.

두 번째 관점: 성도의 교제로서의 교회

16세기 이후 로마 가톨릭의 다양한 교리와 관습에 '저항'protest하는 수많은 교회가 생겼다. 오늘날 우리는 이들을 개신교회protestant church 라고 부른다. 그들은 당시 가톨릭 교회가 부패하고 미신에 빠졌다고 진단했으며 순수했던 초기 그리스도교 신앙으로 돌아가야 한다고 주장했다. 새로운 교회들은 가톨릭 교회라는 통합된 제도를 떠났기 때문에 교회와 관련해 과거와는 다소 다른 교리를 발전시켜야 했다.

가장 커다란 변화는 교회를 눈에 보이는 제도, 기관이 아니라 눈에 보이지 않는 영적 통합체로 여기는 것이다. 참된 교회의 범위와 구성원을 알고 있는 이는 오직 하느님뿐이다. 보이지 않는 교회는 예수 그리스도를 주님이자 구원자로 예배하는 참된 제자들로 이루어져 있다. 이 관점에서는 예수 외에는 누구도 교회의 머리가 될 수 없으며 예수와 신자를 매개할 사제들의 위계 역시 필요하지 않다.

　물론 이러한 관점을 지지하는 그리스도교인들도 하느님이 예배를 드리며 그리스도교가 내세우는 미덕과 나눔과 사랑의 교제를 실천할 수 있는 공동체를 이루도록 부르셨다고 믿는다. 그러나 이 공동체는 기본적으로 지역의 개별 교회이며 이 교회가 다른 교회와 엮인다고 할지라도 느슨한 형태의 연합, 민족이나 국가, 혹은 특정 믿음과 실천을 공유하는 교회들의 연합체 그 이상은 아니다. 여기에 중앙집권화된 계층구조는 없다. 실제로 이 관점에 기반을 둔 교회의 경우, 진실로 그리스도를 따르는 사람은 다른 이들에게 무엇을 하라고 명령하는 것이 아니라 섬김의 부름을 받았다는 신약성서의 원리를 따라 지역 회중이 자신들을 섬길 목사를 청빙하곤 한다. 이러한 지역 공동체, 혹은 적어도 그리스도에 진실로 헌신하는 지역 공동체의 구성원들이 보이지 않는 교회invisible church를 형성한다. 그리스도의 몸으로서 그들은 이 세상에서 그리스도의 형상을 닮고 그분의 활동에 참여하도록 부름을 받았다.

　여기서 제도 교회는 신앙과 도덕 문제와 관련해 절대적인 권위를 갖고 있지 않다. 이 관점에서는 아무리 많은 교회가 한데 모여 협의를 한다고 해도 오류를 범할 수 있다. 물론 이러한 관점에서도 참된 사도적 신앙을 유지하는 데 큰 관심을 기울인다. 그러나 여기서 사도적 신앙은 서품을 통해 계승하는 방식이 아닌, 본래 사도들의 증언을 순수하고 오염되지 않은 형태로 보존하고 있는 성서를 중시하는 방식으로 유지된다. 대다수 개신교인에게는 오직 성서만이 모든 종교적, 도덕적 신념의 원천이자 시금석이다.

일부 개신교인들은 인간의 이성이 죄로 인해 타락했기 때문에 계시의 도움을 받지 않고 하느님에 대해 논증하는 '자연 신학'natural theology은 불가능하다고 여긴다. 윤리 영역도 마찬가지로 계시에 호소하지 않고 이성으로 파악할 수 있는 '자연법'natural law은 불가능하다. 이 관점에서 하느님의 진리에 접근할 수 있는 유일한 수단은 성서다. 성서는 모든 교회를 판단하는 기준이며 모든 교회는 성서 가르침대로 살아야 한다. 그렇기에 개신교회에서는 성서를 읽고 해설하는 설교대pulpit가 (아마도 한 달에 한 번쯤) 성찬을 할 때 '거룩한 식탁'이 되는 제대altar보다 강조되는 경우가 많다.

물론 교회가 분열되어서는 안 된다는 데는 개신교도 의견을 같이한다. 하지만 이러한 관점에서는 지역 교회들이 자율권을 갖는 것을 분열로 간주하지 않으며 가장 깊은 영적 통합과 양립할 수 있다고 여긴다. 여기서 참된 일치, 혹은 연합의 시금석은 공통된 인간 지도자를 받아들이는 것이 아니라 성서의 핵심 가르침을 받아들이는 것이다. 하지만 개신교회들의 성서 해석은 일치하지 않는다. 종교개혁 처음부터 다양한 집단이 있었고 중시하는 성서의 가르침이 달랐다. 개신교회 대부분은 자신을 성사 공동체, 성직자가 집전하는 의례들을 통해 하느님의 은총을 매개하는 공동체로 여기지 않는다. 물론 개신교회에서도 중시하는 성사가 있기는 하다. 개신교회들은 예수가 몸소 정한 성사는 세례와 성찬 둘뿐이라고 주장한다. 이 성사들에 대한 해석은 다양하지만, 일반적으로 개신교에서는 성사가 하느님의 은총을 전달한다는 사상(사효론ex opere operato*)을 거부한다. 세례의 경우 그리스도에 대한 신앙을 공적으로 밝히는 행동의 성격이 강하며 어떤 개신교회에서는 대상을 성인으로만 제한한다. 침례교회의 경우 올바른 세례는 물에 완전히 몸을 담그는 것이라고 말하기도 한다. 성찬은 보통 희생 제사가 아니라 인간의 죄를 사하기 위해 예수가 죽음을 맞이한 것을 기념하는 의례, 구원에 감사드리는 의례로 여긴다.

개신교회에서 교회와 관련해 가장 중요한 부분은 신앙(하느님의 은총이라는 선물을 개인이 의식하고 이를 기꺼이 받아들이는 것)을 받아들인 개인이 모여 지역 교회를 이룬다는 것이다. 교회는 이들이 교제를 나누는 곳이다. 구원은 하느님이 자유롭게 내려주신 은총으로 이루어지며 개인은 이를 신앙으로 받아들인다. 그렇기에 이 과정에는 본질적으로 외적인 의례가 필요하지 않으며 의례에 참여하는 것은 구원에 아무런 영향을 미치지 않는다. 그럼에도 불구하고 물로 세례를 받는 의례와 성찬에서 빵과 포도주를 나누는 행위는 신자 개인의 헌신, 그리스도의 생명을 자신의 삶에 받아들였음을 공적으로 고백하는 행동이자 이를 가리키는 상징이다.

---

* 성사의 은총은 그리스도의 행위인 성사적 예절에 내재하는 힘에 의하여 주어진다는 가톨릭 교회의 이론.

대다수 개신교인은 교회가 개인과 하느님 사이의 중재자 역할을 한다는 관념 자체를 반대한다. 교회는 흠 많은 죄인으로 이루어진 공동체다. 눈에 보이는 교회에서는 수많은 신자가 교제를 나눈다. 그곳에서 그들은 성서에 담긴 하느님의 말씀을 듣고, 예수 그리스도의 구원 활동에 대한 개인의 믿음에 깊이를 더하고, 세상을 향해 구원의 기쁜 소식을 선언한다. 그러한 면에서 교회는 신앙의 백성이 교제를 나누는 곳이다. 교회는 성서 가르침을 따라 살기를 결단한 이들의 모임이다. 그렇기에 교회는 각 지역 교회마다 다양한 형태와 관습을 지니고 있다. 교회는 세상에 하느님의 은총을 매개하도록 하느님이 지정한 곳이 아니며 신자들로 이루어진 어떠한 위원회도 신앙과 윤리 문제에 있어서 무오할 수 없다.

이러한 맥락에서 개신교에서는 모든 신자가 자신이 참여하고 있는 조직에 참여할 권리를 갖고 있으며 또 참여할 의무가 있다. 개신교에서는 하느님에게 삶을 헌신하기 위해 특별한 부름을 받은 성직자나 수도사, 수녀가 있다고 생각하지 않는다. 하느님은 모든 사람을 당신에게 헌신하는 삶으로 부르셨으며 그러므로 모든 사람이 자신의 생계를 꾸리면서도 하느님께 헌신하는 삶을 살아야 한다. 누군가 영웅처럼 가치 있는 삶을 살았다고 해서 그를 '성인'saint으로 지명할 필요는 없다. 모든 사람은 하느님의 은총으로 구원받으며 은총은 인간이 공로를 쌓는다고 해서 얻을 수 있는 것이 아니기 때문이다. 이는 하느님이 거저 주시는 선물이며 이 은총을 받아들인 그리스도교인은 1등 시민과 2등 시민으로 나뉘지 않는다. 마찬가지 맥락에서 교회는 누군가를 성인으로 지명하고 연옥의 형벌로부터 해방하고 하느님의 용서를 받기 위한 수단(보속penance)을 결정할 권한을 갖고 있지 않다. 이 모든 일은 오직 하느님이 기쁨으로 선을 이루셔야만 가능하다. 그리스도가 베드로에게(마태 16:19), 그리고 모든 사도에게(마태 18:18) 준 '열쇠의 힘'은 하느님께서 죄인인 우리를 용서하셨다는 복음을 선포하는 능력이다. 이 능력을 통해 모든 이를 향한 구원의 문이 열린다. 인간이 만들고 정한 구원의 조건은 이러한 능력을 갖고 있지 않다. 개신교 신자들이 보기에 교회는 하느님만이 지닌 권한과 권위를 갖고 있지 않다.

그러나 그렇다고 해서 개신교인들이 교회론을 중시하지 않는다고 보는 것은 잘못된 견해다. 개신교인들은 교회가 세상에 보이지 않는, 혹은 감추어진 그리스도의 몸이라고 생각한다. 그러므로 교회의 일치, 연합은 제도로서 이루어지는 것이 아니라 내적이고 영적인 것이다. 기쁨과 슬픔을 함께하는 교제, 제자들이 그리스도를 향한 헌신을 서로 격려하고 우애를 나누는 것을 뜻하는 '코이노니아'κοινωνία 개념은 개신교 신앙에서 필수적인 부분이다. 인격은 본질적으로 사회적이기 때문에 그리스도의 제자가 되는 것은 그리스도의 영이 주는 선물과 열매를 실현하는 공동체에서 사는 것을 뜻한다. 그러한 공동체는 신앙의 백성이 함께 모여 그리스도를 통해 이루어지는 새로운 삶에 관한 성서의 약속을 이해하는 가운데, 서로를 돕는 가운데 '아래서부터 위로'bottom up 성장한다.

개신교인에게 교회란 언제나 개인의 인격적인 신앙의 산물이다.

교회의 가르침은 언제나 성서의 계시에 종속되어야 하며 교회의 실천의 옳고 그름은 언제나 신자들이 성령의 열매(기쁨, 화평, 인내, 친절, 선함, 신실, 온유, 절제(갈라 5:22))를 맺고 있는지 아닌지로 판단해야 한다. 이러한 교회의 모습은 분명 사제의 권위를 중시하고 중앙집권적이며 성사를 실천하는 기관을 강조하는 전통적인 가톨릭 교회와는 확연히 다르다. 이 때문에 어떤 이는 가톨릭 교회와 개신교회를 다른 종교로 보기까지 한다. 그러나 둘 모두 창조주 하느님, 세상의 구원자인 그리스도, 그리스도를 교회에 현존하게 하는 성령에 대해 근본적으로 같은 믿음을 갖고 있다. 최근 교회에 대한 서로 다른 이해를 극복하기 위해 많은 시도가 이루어졌으며 어느 정도 성공을 거두기도 했다. 하지만 지난 200년에 걸쳐 교회와 관련해 앞의 두 관점과는 또 다른 관점이 발전했다. 이 새로운 관점은 가톨릭과 개신교라는 오래된 구분을 가로질러 그들을 새로운 맥락에서 볼 수 있게 해준다.

세 번째 관점: 소명의 공동체로서의 교회

이 관점에서 교회는 더는 인간들이 죄로부터 구원받고 영원한 생명을 찾을 수 있는 '구원의 방주'가 아니다. 그보다 교회는 다른 공동체와 마찬가지로 세상에서 특정 소명, 혹은 부름을 받은 공동체다. 하느님은 모든 사람을 구원하려 하지만 많은 경우 사람들은 구원이 무엇인지, 어떻게 구원을 받을 수 있는지 알지 못한다. 성령은 은밀하게 활동하면서 그들에게 하느님의 사랑을 받아들이거나 거부할 수 있는 선택권을 준다. 하지만 그들은 이를 알아차리지 못한다. 교회의 역할은 저 숨겨진 보편적인 성령의 활동을 알리고 사람들이 이를 알아차리고 의식하면서 반응할 수 있도록 하는 것이다. 달리 말하면 성령의 현존과 힘을 적절한 형태로 중재하는 것이다. 이는 예수를 통해 표현되었듯 자기를 내어주고 화해를 이루며 사랑으로 섬기는 모습으로 드러난다.

여기서 최초의 언약 공동체는 이스라엘이다. 이스라엘 공동체는 온 세상이 하느님의 사랑에서 단절되어 있을 때 홀로 구원받기 위해 선택받은 것이 아니다. 이스라엘 백성이 선택받은 이유는 토라를 통해 받은 하느님의 계시에 헌신하고 "땅의 제사장"(이사 61:6)이 되어서 온 세상 백성에게 하느님의 사랑과 자비를 선포하고 알리기 위해서였다. 교회는 새로운 언약의 공동체이며 예수를 통해 드러난 하느님께 헌신하도록 하느님이 선택한 백성이다. 교회의 소명은 저 계시를 온 세상에서 현실로 드러나게끔, 온 세상을 변혁하는 실재로 체험하게끔 적절하게 표현하는 것이다. 그러므로 교회는 세상을 향한 하느님의 목적에서 중요한 역할을 감당하고 있다. 그러나 교회는 여전히 다른 여러 종교 공동체들과 함께 하나의 종교 공동체로 존재한다.

다른 종교 공동체들에도 하느님의 본성에 대한 나름의 통찰이 있으며, 교회는 그들과의 차이와 다양성을 존중하며 공존하는 법을 익히고 동시에 자신이 지닌 하느님에 대한 고유한 이해를 심화해야 한다. 그리스도교의 계시가 진리라 할지라도 어떠한 변화도 없이, 하느님과 인간의 궁극적인 목적에 대한 다른 모든 이해를 반대해야 하는 것은 아니다. 그리스도교인들은 하느님께서 예수의 삶을 둘러싼 사건들을 통해 당신의 본성과 뜻을 드러내셨다고 믿는다. 그러나 이 계시의 의미, 하느님의 목적에 대한 이해는 다른 신앙 전통, 발전하고 있는 과학 지식과의 지속적인 상호작용을 통해 성장하고 발전해야 한다. 교회는 분명 예수 안에서, 예수를 통한 하느님의 자기 계시의 결정적인 순간을 보존하고 있고, 또 그래야 하지만 동시에 하느님에 대한 이해가 새로워지고 깊어지는 흐름에 발맞추어 변화하고 성장할 필요가 있다.

우리는 왜 하느님이 어떤 사람들을 교회의 구성원이 되라고 부르셨는지 알지 못한다. 하지만 다른 사람들은 멸망하고 교회만 영원한 생명을 누리게 하기 위함은 아니라는 것은 확실하다. 교회의 소명은 보편적이고 조건 없는 사랑의 성령을 알리는 것이다. 예수의 삶, 죽음, 부활을 선포할 때, 예수가 그랬듯 성사를 통해 다양한 순간, 다양한 곳에 우주적인 그리스도를 드러낼 때, 화해를 이루는 사랑을 실천함으로써 세상을 섬길 때 사람들은 성령을 알게 된다. 교회가 그리스도의 몸이라면 교회가 해야 할 일은 사랑하고 용서하며 치유함으로써 길을 잃고 절망에 빠진 이들을 회복시키는 것이다. 그러한 방식으로 교회는 성령의 힘을 통해 매 순간 세상에 임한 그리스도를 드러내야 한다.

교회는 어디에서든 동일한 복음을 선포하고 그리스도라는 동일한 실재를 매개하고 그리스도의 이름으로 다른 이들을 섬길 수 있도록 사랑과 교제를 나누며 하나가 되어야 한다. 아마도 이 때문에 교회는 한 사람의 지도자와 눈에 보이는 연합의 구조가 있는 것이 바람직하다고 생각하는 이들이 있을 것이다. 그러나 교회의 하나됨을 이루기 위해 좀 더 중요한 것은 신앙의 진리를 명제로 이론화하는 것보다는 예수 안에서, 예수를 통해 드러난 하느님의 실재를 표현하고 매개하는 상징, 이야기, 의례들에 모두가 더 큰 관심을 기울이는 것이다. 교회는 상징, 이야기, 은유, 의례를 활용함으로써 삶을 변혁하는 하느님 체험을 환기하고 유지하는 공동체들로 구성되어야 한다. 명제화된 교리(신앙의 교리)들은 이 하느님 체험을 성찰한 이론이자 은유로 표현한 것이라 할 수 있다. 교리들은 특정 시대의 문화의 철학과 세계관을 반영하기에 그 자체로는 무오하거나 수정 불가능한 것이 아니다.

교회는 신자들을 가르치는 권한을 가질 수 있다. 즉 교회는 권위를 담아 신자들에게 권고할 수 있다. 이 권고는 현대 신앙과 윤리 문제와 관련해 가장 탁월한 성찰을 담고 있어야 한다. 다른 한편으로 교회가 개인의 양심을 강제로 구속해서는 안 된다. 교회는 예수의 삶, 죽음, 부활을 통해 드러난 하느님의 본성과 목적에 헌신한다는 기치 아래 다양한 교리와 도덕적 신념이 있음을 받아들이고 이를 독려해야 한다. 과거의 규정들이 발전한 세상의 지식과 양립 불가능한 것으로 판명된다면 이를 수정하거나 때로는 규정을 거부해야 할 수도 있다.

교황이나 성서의 무오성에 대한 주장을 포기하라고 한다면 특정 전통에 있는 많은 그리스도교인은 이를 불편하게 여길 수 있다. 그러나 무오성의 적용 범위를 예수의 삶에 대한 사도들의 증언으로 한정하고 그 진리가 궁극적인 구원을 위해 필수적이라고 한다면 이 문제들에 대해서는 어느 정도 합의가 이루어질 수도 있다. 그러나 미래에 교회의 일치가 이루어지기 위해서는 해석과 신앙에 있어서 다원성을 허용해야 하며 자신의 양심에 따라 반대할 자유 역시 반드시 보호해야 한다.

교회에 대한 이 관점에서도 성사들은 매우 중요한 요소로 남는다. 성사는 성령이 예수 그리스도 안에서, 예수 그리스도를 통해 표현되었던 형태로 다양한 공동체에 현존할 수 있게 해주는 도구이기 때문이다. 그러나 이 관점에서 미사, 성체성사 혹은 성찬의 주된 목적은 참석한 이들의 죄악을 없애는 데 있지 않다. 예수가 자기를 희생제물로 바친 목적이 인류 역사에서 하느님의 통치를 드러내기 위한 것이었듯 성찬의 목적은 특정 공동체에서 구성원들이 사랑으로 세상을 섬길 수 있도록 힘을 불어넣어 줄 성령이 임하게 하는 데 있다. 타자를 위한 하느님의 자기희생과 죽음이 이길 수 없는 그분의 사랑을 나누는 가운데 신자들은 희생하는 사랑의 모범으로, 매개체로 세상을 살아갈 힘을 얻는다. 마찬가지 맥락에서 세례의 목적은 우리가 의식하면서 반응하기 전에 우리가 받은 하느님께서 당신의 사랑으로 우리를 구원하신다는 진리를 선언하는 데 있다. 이를 선언한 사람은 용서와 화해를 실천함으로써 그리스도를 세상에 드러내려는 이들의 공동체인 '그리스도의 몸'에 들어간다.

복음을 선포하고 하느님의 활동을 되새기고 드러내기 위한 또 다른 성사들이 있을 수도 있다. 오늘날 그 활동을 좀 더 온전히 이루려면 남녀 모두가 이 활동을 이끄는 이들, 성직자 혹은 목회자가 되어야 할 것이다. 그리하여 하느님 앞에서는 모든 인간이 평등하다는 것을 드러내는 일이 중요한 일이 될 것이다.

하지만 의심할 여지 없이 그러한 부름을 따르기란 매우 어려울 것이다. 현실에서 교회는 모든 인간 공동체가 그러하듯 양가성을 지니고 있고 죄 많은 공동체로 남을 것이다. 그럼에도 불구하고 교회는 새로운 상, 즉 "선택받은 백성"이 도피하는 장소이자 세상으로부터 분리된 안전한 피난처라는 옛 교회상을 거부하고 창조적이고 관조적이며 연민 어린 사랑의 공동체라는 새로운 교회상을 구축해야 한다. 교회의 소명은 전체 물질세계를 성령의 표현과 수단으로 바꾸는 데 있다. 바로 이러한 의미에서 교회는 그리스도의 몸이다. 교회는 하느님께서 시간 속으로 들어와 시간을 당신의 영원한 생명과 연합시키기 위해 사용하는 수단이다.

교회에 관한 이 세 번째 견해는 가톨릭이나 개신교 같은 새로운 전통을 형성하지 않는다. 이 견해는 가톨릭과 개신교 모두에게 적용할 수 있으며 어느 정도는 이미 존재한다고도 볼 수 있다. 그리스도교 공동체의 본성에 대한 세 가지 견해는 아마도 계속 공존할 것이다. 그러나 이 견해들은 상호작용하는 가운데 각각 수정될 것이다. 그렇게 그리스도교인들은 변화하는 세상에서 가장 적절하게 '그리스도의 몸'을 표현하려 노력하는 일을 이어나갈 것이다.

11

성서

그리스도교 교회는 무엇에 권위를 부여하느냐, 그리고 그 권위를 부여하는 것을 어떻게 실천하느냐에 따라 구별된다. 물론 모든 그리스도교인에게 신앙의 궁극적인 권위는 예수다. 그들은 하느님이 예수 안에서, 예수를 통해서 당신의 사랑과 구원으로 가는 길을 계시하셨다고 믿는다. 그러므로 그리스도교에서는 예수의 삶과 가르침에 대한 신뢰할 만한 증언, 후대에 전할 수 있는 증언이 다른 무엇보다도 중요하다. 모든 그리스도교인은 이러한 증언의 기본이 되는 원천이 성서라고 본다. 성서는 모든 그리스도교인의 기도와 묵상, 성찰의 기초다. 예수에 대한 사도적 증언을 보존하고 있다는 이유로 그리스도교 전통에서는 성서를 그 자체로 하느님의 영감을 받은 책으로 간주했다. 하지만 영감의 성격에 관해서는 다양한 해석이 있다.

성서는 사실 여러 권의 책을 묶어놓은 전집이다('성서'Bible라는 말 자체가 '책들'the books을 뜻하는 그리스어에서 유래했다). 그리고 장르도 다양하다. 성서에 포함된 책 중에는 이야기, 역사기록, 시, 편지, 잠언, 예언이 있다. 이 책들은 오랜 시간에 걸쳐 쓰이고 편집되었다. 기원후 2세기 성서는 현재 형태를 갖추기 시작했으며 4세기에 훨씬 더 많은 문헌 가운데 어떤 책을 성서로 간주할지에 대한 합의가 어느 정도 이루어졌다. 로마 가톨릭 교회와 다른 그리스도교 교회 사이에는 성서 정경으로 본 책에 약간의 차이가 있다(논쟁이 된 책들은 '외경'Apocrypha, 즉 '숨겨진 것들'이라는 명칭으로 대부분 구약성서 뒤에 배치되어 있다. 로마 가톨릭 교회는 이 외경들도 완전한 영감을 받은 문헌으로 보지만 다른 교회들에서는 외경을 부차적인 지위를 지닌 문헌으로 본다). 그러나 구약, 신약을 이루는 66개 주요 문헌은 모든 성서에 있다.

그리스도교인이 성서 중 가장 중시하는 부분은 신약성서다. 신약성서에는 예수의 삶과 가르침을 다룬 네 편의 복음서, 교회 형성기에 쓰인 다수의 편지, 요한묵시록(요한계시록)이라는 신비로운 상징으로 가득한 책이 있다. 네 편의 복음서는 내용이 꽤 다르다. 그 문헌들은 각기 다른 독자 집단을 위해 쓰였고 고유한 관점을 지닌 편집자가 자신의 관점을 반영해 이를 편집했다. 편지들 또한 다양한 저자가 상이한 독자 집단을 대상으로 썼으며 그리스도교 신앙이 무엇인지에 대해 다소 다른 관점을 보인다.

그러나 모든 책은 예수가 죄의 세력으로부터 인간을 해방시키고 예수를 따르는 이에게 영원한 생명의 길을 열어주는 메시아라는 점에 초점을 맞춘다. 성서는 예수에 관한 지식을 담고 있는 유일한 자료이자 그리스도교 형성기 예수를 따랐던 이들의 신앙을 담고 있는 유일한 자료다. 역사적 예수가 실제로 어떠했는지를, 복음서 이면의 역사를 밝히려는 시도는 추측을 넘어설 수 없다. 그리고 그 추측은 역사가들이 복음서의 진실성과 개연성에 대해 어떻게 생각하는지에 따라 달라진다. 분명한 점은 현재 우리가 보유한 성서가 그리스도교 초기 다수 집단이 예수의 생애와 가르침에 대해 어떻게 생각했는지, 예수에 대한 신앙이 그들의 삶에 어떠한 영향을 미쳤는지를 보여준다는 것이다. 성서가 어떠한 권위를 지니고 있는지에 대해서 그리스도교인들은 조금씩 견해를 달리 하지만 저 부분에서만큼은 모두가 동의한다.

첫 번째 관점: 성서는 신앙의 무오한 규범이다

성서는 그리스도교를 창시한 예수에 관한 정보를 담고 있는 유일한 자료이기 때문에 많은 그리스도교인은 예수 안에서, 예수를 통해 드러난 계시가 오염되거나 왜곡되지 않도록 하느님이 성서를 보호했다고 믿는다. 구약성서는 메시아의 도래를 예언하고 있기에 하느님의 구원 활동에서 예수의 역할을 이해하기 위한 필수적인 자료다. 신약성서는 그리스도의 이름으로 무엇을 믿고 실천해야 하는지 기본 윤곽을 제시한다. 모든 주요 그리스도교 전통에서는 성서가 성령의 영감을 받은 기록이라고 믿는다. 다양한 저자가 각 문헌을 썼고 다양한 집단이 이를 수집했지만, 성령은 하느님에 관한 결정적인 사유와 표현을 성서가 담고 있음을 보장한다.

종교개혁 시기 장 칼뱅과 같은 개신교인은 신앙의 유일한 규범은 성서이며 교회의 어떤 가르침이든 성서에 바탕을 둔 교리에 맞지 않으면 거부해야 하며 성서에서 발견할 수 없는 가르침은 선택사항으로 간주해야 한다고 주장했다. 로마 가톨릭 신자들은 성서와 함께 전통을 고려해야 한다고 주장했지만 '전통'이 정확히 무엇인지는 밝히지 않았다. 적어도 삼위일체 교리, 마리아 승천처럼 성서에 분명하게 담겨 있지 않은 내용을 신앙의 정식으로 만든 공의회의 결정들이 전통에 포함되는 것은 분명했다. 성령의 인도를 받아 성서를 해석하는 교회의 권위도 전통에 해당한다고 볼 수 있다.

로마 가톨릭 교회의 관점은 교리를 해석하거나 발전시키는데 상당한 자유를 허용한다. 물론 그러한 자유는 전적으로 가르치는 권한을 지닌 교회만 누리지만 말이다. 개신교인들 역시 성서가 그리스도교의 많은 교리를 분명하게 언급하고 있지는 않기에 교리와 관련해 논쟁을 벌이고 새로운 영역에서 다양한 견해를 자유롭게 개진할 수 있다. 다만 개신교인들은 이 중 어느 것도 계시의 권위를 갖고 있지는 않다고 본다. 그리스도교 신앙의 주요 요소들, 교리로 정립된 성육신, 삼위일체, 구원, 하느님의 본성 중 다수는 성서에서 체계적으로 다루고 있지 않다. 그러므로 성서의 무오성을 고수하는 개신교회에서 성서에 대한 해석의 차이 때문에 수많은 교단으로 분열하는 경향이 있다는 점은 그리 놀라운 일이 아니다.

성서는 분명 예수가 세상의 메시아이자 구세주라고 가르치고 있지만, 교리 문제들에 대해서 구체적이면서도 결정적인 하나의 견해를 제시하고 있지는 않다. 일부 그리스도교인들은 신앙의 핵심 사안에 대해 다양한 견해가 가능함을 받아들이기 어려워한다. 그러나 성서가 구원을 받는 데 필요한 단 하나의 도구라는 주장은 아이러니하게도 해석의 다양성을 열어놓는다.

어떤 의미에서 성서가 무오하다는 주장은 그리스도교 신앙에서 진리와 관련된 주요 문제들을 해결하는 데 별다른 도움을 주지 못한다. 성서의 계시란 여러 면에서 모호하고 구체적이지 않다. 그렇기에 성서가 무오하다는 신념은 결과적으로 하느님이 하나의 명확하고 구체적인 계시를 제공했다는 주장을 무력화한다. 하지만 성서의 모호함과 불명확함을 과장해서는 안 된다. 신약성서가 하느님의 사랑이 예수 안에서, 예수를 통해 표현되며 예수가 인류를 구원하기 위해 죽음을 맞이했고 그를 따르는 이들에게 영원한 생명을 주기 위해 부활했음을 선포하고 있다는 점에는 의심할 여지가 없다.

물론 많은 그리스도교인은 이 정도로 만족하지 못할 것이다. 그들은 성서가 곧 하느님의 말씀이라고 믿기에 어떠한 오류가 있다는 것도 인정하지 않는다. 그들은 성서에 담긴 역사 내용이 쓰인 그대로 일어났다고 본다. 그리고 예수의 모든 가르침과 사도들이 쓴 편지의 가르침은 하느님의 율법으로 간주하고, 있는 그대로 준수해야 한다고 여긴다. 이러한 관점에서 성서 본문은 하느님의 말씀이기에 이를 비판하는 것은 곧 하느님을 비판하는 것이다.

두 번째 관점: 성서는 계시를 증언한다

하지만 전통적인 교회에 다니는 많은 그리스도교인은 아무리 성서라 할지라도 엄격하고 철저한 의미에서 무오성을 지닌다고 주장하지는 않는다. 이를테면 오늘날 대다수 그리스도교인은 창세기에 기록된 창조 이야기를 과학적으로 정확하지는 않은, 시적이며 신화적인 이야기로 여긴다. 창세기 이야기는 물리적인 우주의 기원에 대한 세부 사항에 대해서는 틀릴 수 있지만, 상징적인 용어로 중요한 진실을 담은 영적 메시지를 전달한다.

세상의 종말에 대한 예언이나 신약성서가 상징적인 언어로 묘사한 영광 속에 돌아올 그리스도의 도래도 마찬가지로 말할 수 있다. 많은 학자는 네 편의 복음서를 당시 역사를 있는 그대로, 정확한 사실만을 담은 기록으로 읽어서는 안 된다고 이야기한다. 복음서는 기본적으로 그리스도교에서 예배를 드릴 때 쓰기 위한 문헌이며 많은 세부 사항은 영적 진리를 가리키는 상징으로 제시하고 있다. 전체 본문의 성격을 고려할 때 세부 사항의 정확성은 그리 중요한 요소가 아니다. 그래서 누군가는 다소 조심스럽게 성서는 하느님이 이루시는 구원을 알기 위한 내용만큼은 무오하다고 할지 모른다. 하지만 그 내용의 범위가 어느 정도인지는 여전히 모호한 상태로 남아 있다. 제2차 바티칸 공의회 문헌 중 계시 헌장 '하느님의 말씀'Dei Verbum(1965)으로 대표되는 로마 가톨릭 교회, 주류 개신교 교단들은 이 같은 입장을 취한다.

이렇게 신중한 입장을 취하는 신학적 이유는 꾸란과는 달리 그리스도교 전통에서는 성서가 하느님의 말씀을 단어 하나하나 받아쓴 것이라고 주장하지 않기 때문이다. 이른바 축자영감설을 지지하는 이들은 그리스도교인 중에서도 극히 소수다. 대다수는 성령이 저자들에게 자신의 말을 그대로 받아쓰게 했다고 보기보다는 그들이 쓴 글들이 한데 모여 영적 진리에 대한 통찰력을 전달하게끔 전체 과정을 이끌었다고 보는 견해가 일반적이다. 성서를 이루는 책들은 매우 다양한 성격을 지니고 있다. 어떤 책은 극도로 비관적이며(이를테면 전도서), 어떤 책은 순진해 보일 정도로 낙관적이다(시편 일부). 성령은 저자들의 개성과 신념을 묵살하지 않고 이들을 고스란히 살려서 하느님의 본성과 목적을 전체적으로 헤아릴 수 있게 해주는 문헌들이 형성되고 마침내 성서를 이루게 했다.

그리스도교 계시의 중심이 예수라면 예수가 (무함마드가 그랬듯) 책을 쓰지 않았으며 제자들에게 자신의 가르침을 받아 적게 해서 암기하게 한 적이 없었다는 사실은 시사하는 바가 있을 것이다. 그는 체계적이거나 상세한 가르침을 전하는 대신 모호한 비유나 인상적인 경구를 들어 가르침을 전했다. 이는 그리스도교 신앙이 일차적으로 교리나 명제가 아님을 보여준다. 그리스도교 신앙은 복음서가 암시하듯 예수 안에서, 예수를 통해 하느님의 인격적 실재를 드러낸 것이다. 그리스도교는 세대에 걸쳐 이러한 인격적 실재를 새롭고 생명력 있게 드러냄으로써 사람들이 이를 자신의 문화와 기질에 따라 받아들이고 해석할 수 있게 한다.

복음서는 예수가 이 세상에 하느님이 임했음을, 활동하고 계심을 보여준다고 증언한다. 복음서에서 예수는 자신을 만나는 이들에게 하느님 나라가 왔음을(인간의 삶을 하느님이 통치함을) 깨닫게 해준다. 이런 일이 오늘날에도 일어나려면, 성서는 하느님이 당신을 드러내신 그 사건들에 대한 신뢰할 만한 증언이어야 할 것이다. 그러나 그렇다고 해서 성서가 모든 세부 사항까지 무오할 필요는 없다.

그리스도교가 참된 가르침이려면, 예수의 죽음과 그가 부활해 제자들에게 나타난 사건은 실제로 일어난 일이어야 할 것이다. 그러나 어떤 제자가 가장 먼저 무덤에 도착했는지, 정확히 언제 도착했는지 등 복음서 저자들에게 이 이야기를 전한 이들의 기억 중 세세한 부분은 어느 정도 희미해졌을 수 있다. 그리스도교 신앙의 핵심이 되는 진리에 그러한 세부 사항은 그리 중요하지 않다. 성서는 하느님이 불러주신 말씀을 오류 없이 그대로 받아적은 책이 아니라 하느님의 영감을 받아 기록한 책이다. 복음서는 그러한 영감을 통해 예수의 삶, 특히 그의 죽음과 부활을 통해 드러난 하느님의 활동을 증언한다. 저자들이 기술한 사건들은 우리가 다 이해할 수는 없을지 몰라도 이후 모든 그리스도교 사유의 기초가 되는, 변치 않는 핵심을 형성했다. 이 관점에서 성서의 기록이 무조건 맞다는 이야기는 틀렸다. 그러나 예수라는 인물에게서 고통받고 치유하며 사랑하는 하느님이 드러났으며 성서 저자들이 풍부한 상상력을 발휘해 그 하느님을 대체 불가능한 방식으로 표현해냈다는 점에서, 성서는 올바르며 규범이 될 수 있다.

세 번째 관점: 성서는 계시 경험을 기록한 책이다

어떤 그리스도교인들은 더 나아가 다른 종교 경전에 오류가 있듯 성서도 무오성을 기대할 이유가 없다고 말한다. 실제로 성서에는 오류가 있을 수 있다. 마귀들의 존재 여부에 대해, 그리고 이에 상응해 이들을 쫓아내는 의식이 실제로 효과가 있는지에 의문을 던질 수 있다. 더 나아가 성서에 나타난 도덕적 인식도 잘못이 있을 수 있다. 여성이 남성에게 순종해야 한다는 가르침은 그 대표적인 예다. 성서 저자들의 신념은 당시 문화의 제약을 받았다. 이러한 관점을 지지하는 이들은 복음서가 신화와 전설의 요소를 포함하고 있지만, 예수의 성격, 가르침, 활동은 전반적으로 정확하게 기록되었다고 본다. 좀 더 급진적인 그리스도교인들은 복음서 대다수 기록이 전설이며 초기 그리스도교 공동체 체험을 이후 그리스도교 공동체가 성찰한 산물이라고 여긴다. 이들에게 신앙의 핵심은 예수의 죽음, 그리고 그가 하느님에 의해서 부활했다는 믿음이 촉발한 새로운 삶과 자유의 경험이다. 그들은 초기 그리스도교인들이 바로 이를 보여주었다고 생각한다. 이러한 맥락에서 역사적 예수 이야기는 저 원체험을 환기하고 유지하며 후세대도 반복해서 이를 체험할 수 있게 해주는 신화 혹은 상징이다. 이러한 관점을 취하는 이들에게 그리스도교의 체험은 종교 체험의 한 형태다. 그리고 신앙으로 이해한 예수의 삶은 이 체험의 기초를 이룬다. 성서는 이 독특한 체험에 대한 구체적인 기록이다. 초기 그리스도교 교회는 예수와의 만남을 통해 일어난 체험을 기록으로 남겼다. 이러한 관점은 이른바 자유주의 개신교liberal Protestantism라고 불리며, 슐라이어마허의 작업은 이러한 관점이 형성되는 데 커다란 공헌을 했다.

지금까지 소개한 성서에 대한 세 가지 이해는 매우 달라 보일 수 있다. 하지만 이 이해들을 모두 그리스도교 신앙의 탐구로 볼 수 있게 해주는 부분이 있다. 이 이해들 근간에는 공통된 흐름이 흐르고 있다. 네 편의 복음서가 기술한 예수 생애에 대한 기록을 무오하다고 볼 수도 있고, 그보다는 예수 안에서, 예수를 통해 드러난 하느님의 활동에 대한 표현으로 볼 수도 있고, 하느님에 대한 새롭고 활기 넘치는 체험을 신화적으로 표현한 것으로 볼 수도 있다. 하지만, 이러한 차이를 넘어 모든 그리스도교인은 복음서들이 예수를 세상에 새로운 빛을 가져다준 존재, 하느님의 사랑이 이룰 궁극적인 승리에 대한 희망을 불러일으키는 존재, 하느님의 사랑에 대한 새로운 이해의 원천이자 기원으로 제시하고 있다는 점에 동의한다. 그러한 측면에서 성서는 그리스도교 신앙, 그리고 이에 바탕을 둔 이해의 규범이며 바로 그 이유로 언제까지나 그리스도교에서 가장 중요한 자료이자 영감의 원천으로 남을 것이다.

12

예수의 가르침

성서는 예수를 하느님에 대한 새로운 이해와 하느님과 관계 맺는 새로운 방식을 창시한 이로 제시한다. 그러므로 예수의 가르침을 이해하는 것은 매우 중요하다. 그리스도교에 관한 개론서인 이 책에서 그의 가르침을 충분히 다루기란 불가능하다. 여기서는 이른바 '산상수훈'sermon on the mount(마태 5~7)이라고 불리는 가르침에 집중해 복음서에서 제시하는 예수가 전한 가르침의 주요 특징을 이야기해 보겠다. 산상수훈은 복음서 저자가 예수의 가르침 중 서로 연관이 있는 말들을 모아 하나의 긴 설교로 편집한 것으로 공관복음에 나온 설교에서는 가장 긴 편이다.

분명한 사실은 예수가 하느님 나라가 가까이 왔다고 가르쳤다는 것이다. 하지만 이 선언이 정확히 무엇을 의미하는지는 확실하지 않다. 이스라엘 다윗 왕조가 부활한다는 뜻인가? 그리하여 이스라엘 땅을 점령하고 있던 로마 군대를 쫓아낼 것이라는 뜻인가? 아니면 현재 상황을 종결하고 심판의 날을 알리는, 거대한 변환을 일으키는 초자연적 사건을 뜻하는가? 아니면 인간의 마음을 하느님이 통치한다는 것에 대한 일종의 은유인가? 자신을 통해서 하느님이 인간에게 다가가 그들을 통치하게 되었다는 말인가? 아니면 돌판에 새겨진 율법이 아니라 마음에 새겨지는, 더 내적이며 영적인 형태의 하느님과 인간 사이에 언약이 이루어졌다는 뜻인가(예레 31:33)?* 아니면 인류 역사에서 하느님의 영이 깃든 새로운 공동체(교회)를 예견한 것인가?

예수의 핵심 가르침이 이토록 불확실하다는 것이 이상해 보일 수도 있다. 그러나 복음서가 기술한 예수의 가르침은 대부분 불확실하다. 이를테면, 그는 유대인의 율법인 토라를 중시했는가? 아니면 토라가 중요하지 않다고 가르쳤는가? 신약성서는 둘 다라고 말하는 듯하다. 마르코 복음서(마가복음)는 예수가 "모든 음식은 깨끗하다고 하셨다"(마르 7:19)고 기록하면서 그가 유대교의 음식 관련 율법을 무력화한 것 같은 인상을 준다. 그러나 마태오 복음서(마태복음)는 예수가 율법을 새로운 방식으로 해석할 수 있는 권한을 갖고 있다고 주장하면서 그가 청중에게 율법의 모든 부분을 준수하라고 요구하는 모습을 보여준다(마태 5:18).** 그러므로 두 가지 해석은 모두 가능하다. 요

---

* "그 날 내가 이스라엘 가문과 맺을 계약이란 그들의 가슴에 새겨줄 내 법을 말한다. 내가 분명히 말해 둔다. 그 마음에 내 법을 새겨주어, 나는 그들의 하느님이 되고 그들은 내 백성이 될 것이다." (예레 31:33)

** "내가 진정으로 너희에게 말한다. 천지가 없어지기 전에는 율법은 일점일획도

점은 예수가 토라를 준수하는 것에 대해 어떻게 생각했는지 우리는 분명하게 알지 못한다는 것이다.

예수가 언급한 몇 안 되는 윤리적 문제인 이혼도 예수가 어떠한 결론을 내렸는지는 분명하지 않다. 그는 이혼과 재혼을 허락했는가, 아니면 금지했는가? 마태오와 바울 모두 이혼이 가능한 상황(이는 유대교 문맥에서는 재혼도 가능하다는 이야기다)에 관해 이야기한다(이를테면 간음이나 성적 부정이 발생했을 경우나 상대편 배우자가 그리스도교인이 아닌 경우). 이와 달리 마르코는 이혼을 금지한 것처럼 보인다(마르 10:11, 12). 그러므로 교회마다 이혼에 관해 다른 입장을 보인다는 것은 그리 놀라운 일이 아니다. 대체로 로마 가톨릭 신자들은 예수가 이혼을 금했다고 생각하고 로마 가톨릭 교회에서는 이혼을 금한다(물론 현실에서는 결혼을 실제로 하지 않았다고 보고 무효라고 판결하는 절차가 있기는 하다). 대다수 개신교회와 동방 정교회에는 예수가 이혼을 허용했다고 여기기에 특정 상황에서는 이혼 및 재혼을 허용한다.

그러므로 각 교회가 어떻게 해석하든 간에 결과적으로 성서만으로는 예수가 그를 따른 이들에게 정확히 어떻게 살라고 가르쳤는지를 명확히 알 수 없다는 점을 인정해야 한다. 물론 그렇다고 해서 예수가 무엇을 가르쳤는지 전혀 알 수 없다고 말한다면 이는 어리석은 일일 것이다. 최소한 우리는 복음서들로부터 초기 그리스도교인들이 예수가 무엇을 가르쳤다고 보았는지를 안다. 이 기록들은 다양한 관

없어지지 않고, 다 이루어질 것이다." (마태 5:18)

점에서 예수의 가르침을 제시하지만 어떤 가르침의 의미는 꽤 분명해 보인다.

비록 예수가 자신의 가르침을 모호하게 만들기 위해 비유로 가르쳤지만(마르 4:11~12), "나라"란 누군가 들어갈 수도 있고 배제될 수도 있는 상태임은 분명하다.* 하느님 나라에 들어가려면 교만하지 말아야 하며 돈을 탐해서는 안 되고, 마음을 정결히 하며 친구와 원수 모두를 긍휼히 여겨야 한다. 그리고 가족을 사랑하는 것보다 하느님의 통치를 더 중시해야 한다. 이는 불안에서 나오는 모든 소유욕에서 벗어나는 것을 뜻한다. 토라에 적힌 내용을 지키는 것으로는 충분하지 않다. 예수는 하느님을 향한 사랑, 그분이 창조하신 피조물에 대한 사랑을 이기적인 욕망이나 가족, 혹은 자기가 속한 집단에 대한 헌신보다 우선시하도록 우리의 마음이 새롭게 변화되어야 함을 가르친다.

예수가 모든 이를 사랑하라고 명령하신 하느님을 향해 전적이고도 철저한 헌신을 요구했다는 점에는 의심의 여지가 없다. 그가 전한 가르침의 핵심은 진정으로 하느님께 헌신한다면 자신이 처한 특정 도덕적 문제들은 자연스럽게 해결할 수 있게 된다는 것이다. 이것이 사실이라면 예수가 제자들이 암기하거나 적어놓도록 일련의 규칙이

---

* "예수께서는 이렇게 대답하셨다. "너희에게는 하느님 나라의 신비를 알게 해주었지만 다른 사람들에게는 모든 것을 비유로 들려준다. 그것은 그들이 보고 또 보아도 알아보지 못하고 듣고 또 들어도 알아듣지 못하게 하려는 것이다. 그들이 알아보고 알아듣기만 한다면 나에게 돌아와 용서를 받게 될 것이다.'" (마르 4:11~12)

나 계명들을 제시하지 않았다는 사실은 어느 정도 이해가 된다. 유대교 토라에는 613개의 계명이 있다. 여기에는 무엇을 먹을지, 안식일에 무엇을 해서는 안 되는지, 어떻게 제물을 드려야 하는지에 관한 매우 세부적인 규칙들이 포함되어 있다. 복음서에 따르면 예수는 이 중에서 주요 계명은 지켜야 한다고 말했으며 그중 하느님을 사랑하고 이웃을 사랑하는 것이 가장 중요한 두 계명이라고 말했다(마태 22:37~40).* 그는 상황을 고려하지 않고 무작정 규칙을 지키는 것보다 인간의 필요를 우선시했다는 점에서 당대 종교 지도자들과는 분명한 차이를 보였다. 산상수훈에서 예수는 여러 계명이나 전통을 받아들인 다음 그 내적 의미를 파고들어 매우 급진적인 해석을 펼친다. 그렇다면 예수는 자신의 해석을 문자 그대로, 율법과 같은 규칙으로 삼기를 바랐을까? 모든 그리스도교 교회에서는 신자들이 산상수훈을 따라 살아야 한다고 가르친다. 하지만 교회들끼리도, 신자들 가운데서도 그 가르침을 어떻게 받아들여야 하는지에 대해서는 서로 다른 견해를 갖고 있다.

첫 번째 관점: 영웅적인 도덕 규칙

산상수훈을 최대한 문자 그대로 따른다면 어떻게 될까? 다른 사람에 대한 분노와 경멸은 금지된다(어떤 사본에 따르면 정의를 요구하는 분

---

* "예수께서 그에게 말씀하셨다. '네 마음을 다하고, 네 목숨을 다하고, 네 뜻을 다하여, 주 너의 하느님을 사랑하여라' 하였으니, 이것이 가장 중요하고 으뜸가는 계명이다. 둘째 계명도 이것과 같은데, '네 이웃을 네 몸과 같이 사랑하여라' 한 것이다. 이 두 계명에 온 율법과 예언서의 본뜻이 달려 있다." (마태 22:37~40)

노는 예외다). (아마도 배우자를 제외한) 다른 사람을 성적 욕망의 대상으로 보는 것도 금지된다. 이혼도 금지된다. 맹세하고 욕하는 것이 금지되며 원수에게 복수하려 하거나 원수를 증오하는 것도 금지된다. 다른 사람들에게 과시하기 위해 공공장소에서 기도하고 금식하는 것이 금지되며, 먹거리와 입을 거리를 걱정하는 것도 금지된다. 다른 사람들을 판단하는 것도 금지된다. 적극적인 차원에서 보자면 개인은 자신이 상처를 주었을지도 모르는 사람들과 화해해야 한다. 그리고 신실하고 진실해야만 한다. 악한 사람에게 대적하지 말고 "다른 쪽 뺨을 돌려대어"야 하며 무언가 달라는 사람에게는 이를 주어야 하고 누군가 2km를 가자고 하면 4km를 같이 가주어야 한다. 원수를 사랑하고 모든 이에게 선을 베풀어야 한다.

산상수훈이 제시하는 인간 삶의 이상에 경탄하지 않는 이는 별로 없을 것이다. 그러나 이를 자신의 삶에 적용하기란 어렵다. 이를테면 달라는 사람에게 주어야 하고 악한 사람에게 대항해서는 안 된다는 명령을 어떻게 따라야 하는가? 이를 곧이곧대로 따르면 우리는 이내 빈털터리가 될 것이며 극악무도한 독재자나 압제자들의 노예가 되어 학대를 당하거나 살해당할 것이다. 하지만 그리스도교 역사에서는 언제나 이러한 명령을 곧이곧대로 따라야 한다고 주장하는 이들이 있었다. 산상수훈을 따라 살다 무일푼이 되고 조롱받으며 노예로 팔린다면 이는 집도, 소유물도 없이 조롱을 받으며 죽음을 맞이한 주님을 따라 십자가의 길을 걷는 것이라고 그들은 이야기했다. 이러한 관점에서 그리스도교인은 "적은 무리"(루가 12:32)를 이루도록 부름받은 이들이며 세상은 그들을 멸시하고 학대할 것이다. 아마도 반죽의 누룩처럼 그들은 세상에 서서히 영향을 미쳐 마침내 인간의 폭력적인 본성과 갈등을 극복할 수도 있다.

전쟁, 혐오, 탐욕이 가득한 역사에서는 언제나 "그리스도를 위하여 바보"(1고린 4:10)가 될 준비가 된, 평화와 청빈에 헌신한 영웅적인 제자들의 무리가 있었다. 궁극적으로 하느님은 조롱당할 수 없는 분이기에 그들은 자신들의 죽음을 실패로 여기지 않았다. 그들은 하느님이 결국에는 당신의 방식으로 모든 것을 선하게 하시리라는, 섭리에 대한 신뢰를 바탕으로 그분의 명령을 따라야 한다고 믿었다. 분명 현실을 고려한다고 해서 무조건적 사랑을 말하는 하느님의 명령을 기각할 수는 없다. 그리고 이를 철저하게 추구한다면 폭력, 탐욕, 증오, 욕망에 대한 생각은 불가능하다.

하지만 이러한 길이 모든 사람에게 열려 있지는 않다. 이 문제는 널리 알려져 있다. 법의 테두리 안에서 가능한 많은 돈을 모은 다음 이를 아무한테나 나누어주는 것보다는 책임감 있고 신중하게 사용할 때 더 많은 선을 이룰 수 있다. 살인자와 강간범의 경우, 그들에게 저항하고 그들의 죄를 선고하며 처벌해 감옥에 넣는 것이 그들을 무차별적으로 사랑하고 아무런 조치도 취하지 않는 것보다 더 많은 생명을 구할 수 있다. 이렇게 생각하면 모두가 청빈과 평화주의를 따르는 것은 그리 좋은 일이 아닐 수도 있다. 책임감을 가지고 부를 축적하고 활용하는 것, 악을 억제하기 위한 어느 정도의 무력 사용을 지지하는 게 나을 수도 있다. 국가의 정치에 참여하면 부와 폭력을 책임감 있게 사용할 의무가 있기 때문이다. 이럴 경우 산상수훈은 어떻게 받아들여야 하는 것일까?

두 번째 관점: 완벽을 위한 조언

광범위하게 채택하고 있는 관점은 모든 사람이 지켜야 할 도덕적 규율과 그리스도교 신앙의 완성이라는 더 높은 길을 구분하는 것이다. 전자는 모든 사람이 따라야 하지만 후자는 그 길로 부름받은 사람에게만 구속력을 갖는다. 도덕적 규율의 예는 무고한 인간의 생명을 빼앗지 말라는 명령, 개인의 이익을 위해서 도둑질을 하지 말라는 명령 등이다. 이는 절대적인 도덕적 명령들이며, 이를 어길 경우 어떠한 방식으로도 정당화될 수 없다. 그리고 누구든 노력한다면 지킬 수 있다. 완성을 위한 권고의 예로는 개인의 재산을 갖지 말라는 명령, 어떠한 이유로든 다른 사람에게 폭력을 가해서는 안 된다는 명령이 있다.

이러한 해석에 따르면 어떤 이들은 완성의 길을 걷도록 부름받는다. 수도사와 수녀, 소수의 평신도 공동체가 그 대표적인 예다. 대다수 그리스도교인은 누군가 이 권고를 따를 때 이를 존중해야 하지만 자신도 반드시 그 길을 걸어야 하는 것은 아니다. 이러한 해석은 주로 가톨릭 전통에서 한다. 개신교 전통에서는 이를 비판적으로 보는 경향이 있다. 이러한 해석은 일부 그리스도교인들을 다른 그리스도교인들보다 더 높은 수준에 있다고 판단하며 이를 바탕으로 일종의 영적 위계질서를 만들어낸다고 보기 때문이다. 그렇기에 대다수 개신교 교단에는 수도회나 수녀회가 없다. 이들은 그리스도교인이라면 온전히 세상에 참여해야 하고 특권을 지닌 고립된 생활을 해서는 안 된다고 생각하는 경향이 있다. 이들은 가정에서, 정치 현장이라는 복잡한 현실에서 책임을 지기 위해 분투하는 평범한 그리스도교인들보다 수도사나 수녀를 더 높은 자리에 두는 방식으로 산상수훈을 해석하는 것을 불쾌하게 여긴다. 대다수 개신교인은 어떠한 방식으로든 산상수훈이 제시하는 까다로운 계율을 따르기를 원하며 이를 특정 부류의 사람들만 따라야 한다고 생각하지 않는다.

개신교에서 영향력 있는 해석은 마르틴 루터Martin Luther가 제시한 해석이다. 그는 예수의 말을 전폭적으로 받아들여야 하며 모든 사람이 예외 없이 따라야 한다고 이야기했다. 하지만 여기에는 반전이 있다. 루터는 산상수훈을 문자 그대로 따르기란 불가능함을 인정했다. 그에 따르면 예수의 명령은 우리에게 '불가능한 가능성'impossible possibility을 제시한다. 우리는 예수의 가르침을 따라야 하지만 그렇게 할 수 없다. 이는 많은 사람이 자명한 도덕의 공리라고 여기는 것, 즉 우리는 우리가 해야 할 일을 할 수 있다는 주장을 정면으로 반박하는 것이다. 루터는 우리가 하느님으로부터 소외되었기 때문에 우리의 의지가 근본적으로 잘못되었다고 보았다. 우리는 하느님이 우리에게 주신 의무를 따르지 않고 거부한다. 그렇기에 하느님의 시선에 우리는 죄인이다. 달리 말하면 우리의 본성이 부패했기에 우리는 도덕적으로 무능하다.

우리가 도덕적으로 완전히 무능한 존재임을 받아들이면 신경증과 우울증을 낳을지도 모른다. 그러나 루터의 관점에서 이는 엄청난 해방감을 선사한다. 인간이 무능하다는 사실에서 이야기가 끝나지 않기 때문이다. 하느님은 대가 없이 인간의 죄를 용서해주시며 당신과의 관계를 회복시켜 주신다. 우리 자신의 무능함을 깨달을 때 도덕적으로 완전하기 위해 분투해야 한다는 강박에서 벗어나고, 선을 이루기 위해 충분한 노력을 기울였느냐는 끊임없는 회의감에 빠지지 않게 되며, 어쩌다 옳은 일을 했을 때 생길 수 있는 독선의 위험에서 자유롭게 된다. 우리가 도덕적인 존재가 되기 위해 기울이는 노력은 언제나 충분할 수 없다. 이를 받아들인다면 우리는 곤경에서 벗어나게 된다. 우리가 스스로는 할 수 없는 일들을 하느님이 우리 안에서 하실 것이기 때문이다. 그분은 조건 없이 우리를 용서하신다. 그분은 우리를 온전히 성스럽게 만드실 수 있다.

이렇게 루터는 토라의 모든 계명을 지키려 끊임없이 분투하는 것에서 해방되었다는 바울의 고백을 다시 붙잡았다. 바울은 자신이 토라의 모든 계명을 지킬 수 없음을 깨달을 때, 즉 율법에 순종한다고 해서 결코 하느님 앞에서 의롭게 될 수 없음을 알 때 오히려 자유롭게 된다고, 자신을 완전히, 그리고 대가 없이, 자유롭게 용서하시는 하느님에게 투항할 수 있다고 생각했다. 그러므로 바울은 하느님을 받아들이는 일은 "율법의 행위", 도덕적 노력의 문제가 아니라 값없이 주는 은총, 하느님의 용서를 통해 이루어진다고 보았다(로마 2~8장 참조).

이러한 관점에서 볼 때 산상수훈은 우리의 도덕적 무능함, 우리가 하느님의 용서가 필요한 이들임을 깨닫게 하는 데 주된 목적이 있다. 도덕은 여전히 유효하지만 도덕이 우리에게 요구하는 바는 우리가 상상한 것보다 훨씬 더 엄격하다. 그러므로 중요한 것은 우리의 도덕적 성공이 아니라 하느님의 용서라는 은총을 받아들이는 것이다.

물론 이러한 관점은 사람들이 도덕을 전혀 중요하지 않은 것처럼 보게 할 위험이 있다(바울도 이를 알고 있었다). 우리가 은총으로 구원을 받는다면 별다른 죄책감 없이 죄를 저질러도 되지 않겠는가? 언뜻 어려워 보이는 이 문제에 대한 답은 간단하다. 우리가 진정 은총으로 구원을 받는다면 하느님의 힘이 우리 안에서 작용해 사랑과 평화, 인내, 기쁨, 선함과 같은 성령의 열매를 빚어낼 것이다. 이는 우리가 필사적으로 노력하여 얻어낸 결과가 아니라 하느님께 돌이킬 때 우리 마음에 들어오는 하느님의 사랑이 빚어낸 결과다. 도덕은, 그 자체로는 우리를 정죄할 뿐이다. 우리를 이 유죄판결에서 해방하고 자유를 누리며 사랑할 수 있게 해주는 힘은 하느님의 은총이다.

세 번째 관점: 이상을 추구하는 가르침

산상수훈이 경건한 계층으로만 해방된다는 이야기나 불가능한 도덕적 요구라는 것을 받아들일 수 없는 이들은 또 다른 방식으로 이를 해석할 수 있다. 예수의 저 가르침을 일종의 과장법으로 보는 것이다. 이러한 관점에서 그가 산상수훈과 같은 가르침을 전한 이유는 사람들이 어떤 규칙을 곧이곧대로 따르게 하기 위해서가 아니라 자신의 주장을 사람들의 뇌리에 남게 하기 위해서다.

예수가 자주 과장법을 사용했다는 점에는 의심의 여지가 없다. 그는 부자가 하느님 나라에 들어가는 것이 낙타가 바늘구멍을 통과하는 것보다 어렵다고 했다(마태 19:24).* 눈이나 손으로 죄를 짓게 한다면 그 눈을 뽑고 손을 잘라 버려야 한다고 말하기도 했다(마태 5:29~30).** 이 말들을 기억할 수 있는 이유는 이 말들이 과장되었기 때문이다. 하지만 이 말들의 정확한 의미를 파악하기란, 이 말들을 분명한 원칙으로 만들기란 불가능하다. 예수는 부자는 천국에 갈 수 없다고 말하지 않았다. 그렇다면 부자였던 아브라함부터 문제가 된다. 예수는 하느님에게는 모든 일이 가능하다는 말을 덧붙였다. 죄를 짓게 한다면 눈을 뽑고 손을 잘라 버려야 한다는 이야기는 참회하는 이들의 신체 일부를 절단하기 위해 교회에 외과 의사가 있어야 한다는 이야기가 아니다. 이 말들은 아마도 부로 인해 우리가 영적 유혹에 휘말릴 수 있으며 우리가 보고, 하는 것에 주의를 기울여야 한다는 뜻일 것이다. 그러나 우리가 정확히 어느 정도 부를 모아야 하는지, 무엇을 보는 것을 얼마나 경계해야 하는지를 정해주는 규칙이란 없다. 그러므로 산상수훈은 엄밀한 의미에서 도덕적 규칙들이 아닌 과장법으로 이루어진 가르침이라 할 수 있다.

그렇다면 달라고 하는 이에게 주고, 한쪽 뺨을 맞으면 다른 쪽 뺨

---

* "내가 다시 너희에게 말한다. 부자가 하느님 나라에 들어가는 것보다 낙타가 바늘귀로 지나가는 것이 더 쉽다." (마태 19:24)

** "네 오른 눈이 너로 하여금 죄를 짓게 하거든, 빼서 내버려라. 신체의 한 부분을 잃는 것이, 온몸이 지옥에 던져지는 것보다 더 낫다. 네 오른손이 너로 하여금 죄를 짓게 하거든, 찍어서 내버려라. 신체의 한 부분을 잃는 것이, 온몸이 지옥에 던져지는 것보다 더 낫다." (마태 5:29~30)

을 내밀라는 가르침은 어떻게 보아야 하는가? 대다수 그리스도교인은 이를 분명 의미심장한 가르침으로 받아들이겠지만, 절대로 어겨서는 안 되는, 엄격하게 준수해야 할 규칙으로 보지는 않을 것이다. 그리고 사회생활 규칙보다는 삶의 이상으로 받아들일 것이다.

사회생활 규칙은 모든 사람이 따라야 하는 규칙이며 모든 사람은 다른 이들이 이를 준수하기를 기대할 수 있다. 그리고 그러한 규칙을 어기는 이는 누구든 처벌을 받아야 한다. 이와 달리 삶의 이상은 개인이 다다르기를 바라는 이상이다. 한 사람 한 사람은 그 이상을 따르려 노력하지만 언제나 그래야만 하는 것은 아니다. 그리고 다른 사람이 그 이상에 부응하며 살기를 강요할 수 없다. 누군가 그렇게 하지 않는다고 해서 처벌을 해야 하는 것도 아니다.

이를테면 나는 철저하게 진실해야 한다는 이상적 원칙을 가질 수 있다. 이 이상을 따르기 위해서는 절대 고의로 거짓말을 하지 않아야 하며, 진실을 숨겨서도 안 되며, 철저하게 열린 사고와 행동을 해야 한다. 그래야 기만하지 않고 동기와 의도를 숨기지 않을 수 있다. 이 정도가 되면 나는 철저한 진실함이라는 이상은 실천에 옮기기 매우 어려움을 깨닫게 된다. 내가 중요한 직책에 누군가를 임명하는 위원회의 위원으로 있다고, 그리고 나는 위원들이 각 지원자에 대해서 어떻게 생각하는지를 알고 있다고 가정해보자. 지원자 중 한 사람이 나에게 위원들이 자신에 대해 어떻게 생각하는지 알려달라고 한다. 이때 나는 답변을 거절할 수 있고 현실에서는 그렇게 해야 한다. 하지만 이는 진실을 숨겨서는 안 된다는 이상에 부합하지 못하는 행동이다. 진실을 숨기는 것이라고도 할 수 있다. 진실을 알리는 일이 오히려 해롭기 때문이다. 혹은 진실을 드러내지 않겠다고 약속했기 때문이다. 아마도 인간 사회에서 절대적인 진실함은 불가능할 것이다.

그럼에도 불구하고 절대적인 진실함은 이상이 될 수 있다. 나는 이를 이상으로 두고 가능한 한 사람들 앞에서 진실하기 위해 노력할 수 있다. 좀 더 열린 태도, 투명한 태도를 갖기 위해 고민해볼 수 있고 사회 또한 그렇게 되도록 애를 쓸 수 있다. 하지만 언제나 그러한 이상에 부응하지는 못할 것이며 그렇게 하는 일이 옳지 않을 때도 많이 있을 것이다. 이와 관련해 다른 사람들이 나를 비난할 위치에 있지는 않다. 인간 사회에서는 거짓말을 하지 않고 법을 준수하면 그것으로 의무는 다한 것이다. 그러나 많은 그리스도교인은 기본적인 의무를 지키는 것만으로는 충분하지 않다고 여긴다. 우리가 정말 진리, 선, 아름다움을 위해 최선을 다했는지 아닌지는 알 수 없다 해도 우리는 그 이상에 따라 살기 위해 최대한 분투해야 한다.

절대적인 진실함은 산상수훈에 담긴 여러 원칙 중 하나다. 지금까지 살펴본 바에 따르면 우리는 이 원칙을 두 가지 차원으로 나누어 볼 수 있을 것이다. 하나는 개인의 이익을 위해 거짓말을 해서는 안 된다는 소극적인 원칙이고 두 번째는 언제나 정직해야 한다는 적극적인 원칙이다. 대다수 그리스도교인은 언제나 정직하게 살 수는 없으며 아주 가끔은 그렇게 해서는 안 되는 상황에 처할 것이다. 하지만 모든 그리스도교인은 언제나 주어진 상황에서 최대한 정직하기 위해 애써야 한다.

이는 이웃을 내 몸처럼 사랑하라는 권고에 대해서도 마찬가지로 적용할 수 있다. 예수가 모든 인간이 우리의 이웃이라고 말했다는 점 (루가 10:29~37)을 염두에 둔다면 이웃을 내 몸처럼 사랑해야 한다는 가르침은 다른 사람의 이익보다 나의 이익을 내세워서는 안 된다는 가르침으로 받아들일 수 있다.* 의무로서 이는 불가능해 보인다. 이를 의무로 받아들인다면 다른 사람에게 먼저 표를 사주지 않고는 영화관이나 극장에 갈 수 없을 것이다. 또한 세상에 단 한 명이라도 굶주리고 있다면 결코 근사한 식사를 해선 안 될 것이다.

여기서 우리가 얻을 수 있는 의무(실제로 모든 사람에게 요구해야 하는 의무)는 의도적으로 무고한 이에게 해를 입혀서는 안 된다는 것, 합리적인 수준으로 베풀 수 있어야 한다는 것이다. 그러나 다른 사람을 자신처럼 사랑하는 것은 하나의 이상이다. 이는 우리가 다른 사람의 필요를 고려해야 하며 모두의 유익을 위해 수고해야 함을 상기시켜 준다. 하지만 이 명령은 우리가 이를 이루기 위해 얼마나 많은 노력

---

* "… 율법교사는 자기를 옳게 보이고 싶어서 예수께 말하였다. "그러면, 내 이웃이 누구입니까?" 예수께서 대답하셨다. "어떤 사람이 예루살렘에서 여리고로 내려가다가 강도들을 만났다. 강도들이 그 옷을 벗기고 때려서, 거의 죽게 된 채로 내버려 두고 갔다. 마침 어떤 제사장이 그 길로 내려가다가 그 사람을 보고 피하여 지나갔다. 이와 같이, 레위 사람도 그곳에 이르러 그 사람을 보고, 피하여 지나갔다. 그러나 어떤 사마리아 사람은 길을 가다가, 그 사람이 있는 곳에 이르러, 그를 보고 측은한 마음이 들어서, 가까이 가서, 그 상처에 올리브기름과 포도주를 붓고 싸맨 다음에, 자기 짐승에 태워서, 여관으로 데리고 가서 돌보아주었다. 다음 날, 그는 두 데나리온을 꺼내어서, 여관 주인에게 주고, 말하기를 '이 사람을 돌보아주십시오. 비용이 더 들면, 내가 돌아오는 길에 갚겠습니다' 하였다. 너는 이 세 사람 가운데서 누가 강도 만난 사람에게 이웃이 되어 주었다고 생각하느냐?" 그가 대답하였다. "자비를 베푼 사람입니다." 예수께서 그에게 말씀하셨다. "가서, 너도 이와 같이 하여라.'" (루가 10:29~27)

을 기울여야 하는지, 언제 쉬고 얼마만큼 즐기는 시간을 갖는 것이 타당한지에 관해서는 이야기하지 않는다.

보편적인 사랑이라는 이상은 어떤 완전함의 기준을 우리에게 제시한다. 우리는 이 이상에 결코 도달할 수 없다. 그러나 이 이상은 언제나 우리가 실제로 도달할 수 있는 수준보다 좀 더 나아갈 수 있게 해준다. 또한 이 이상은 우리가 죄인이며 죄로 가득한 세상에서 살고 있음을 깨닫게 해준다. 달리 말하면 우리는 하느님의 사랑으로 충만한 삶을 살고 있지 않다. 하느님은 우리를 사랑하시지만, 우리는 그 사랑을 받아 이를 다른 사람과 나누려 하지 않고, 우리 자신을 내어 주려 하지 않는다. 또한, 우리는 하느님의 지혜와 능력으로부터 단절되어 있기에 얼마나 사랑해야 하는지, 어떻게 사랑해야 하는지 알지 못한다. 기쁨에 가득 차 인간답게 사랑하는 법을 알지 못한다. 이러한 사랑, 지혜, 힘은 오직 하느님에게서 온다. 하느님의 지혜만이 우리에게 그 방법을 알려줄 수 있다. 하느님의 힘만이 우리가 참된 사랑을 할 수 있게 해준다. 우리가 압도적인 사랑의 힘으로 채워지지 않는다면 다른 사람을 온전히 사랑할 수 없다. 그러한 사랑은 오직 하느님만이 주신다. 우리는 하느님과 깊은 관계를 맺고 있지 않기에 사랑은 우리에게 불가능하지만, 우리에게 끊임없이 도전을 주는 이상이 된다.

이러한 관점에 따르면 산상수훈은 우리가 도덕을 넘어 하느님과 관계하도록 이끈다. 산상수훈은 우리가 하느님으로부터 얼마나 멀어졌는지를, 얼마나 용서가 필요한 존재인지를 보여준다. 또한, 도덕적인 노력으로는 결코 인간이 자신의 근본적인 현실로부터 소외된 상황을 치유할 수 없음을 깨닫게 해준다. 산상수훈은 하느님의 사랑이 무엇인지를 보여준다. 이 사랑은 자기를 내어주며 보편적이며 무조건적이다. 이 사랑이야말로 참된 사랑이다. 그러므로 산상수훈은 그리스도교인으로 산다는 것은 좀 더 도덕적인 삶을 사는 것이 아님을 알려준다. 그리스도교인의 삶은 끊임없는 참회(인간의 연약함과 무능력에 대한 깨달음)의 삶이자 오직 은총에, 하느님의 능력에 의지하는 삶이다. 은총 없는 참회는 쓰라리고 슬픈 깨달음만을 안겨줄 뿐이다. 그러나 그리스도교에서 제시하는 참회는 하느님의 용서와 사랑에 대한 깨달음에 바탕을 두기에 자유롭고 기쁜 마음으로 이루어진다.

이러한 관점으로 달라는 사람에게 주고 한쪽 **뺨**을 맞으면 다른 쪽 **뺨**을 돌리라는 명령을 본다면 이 명령들은 이제 우리에게 자유롭게 베풀며(그러나 얼마나 많이, 누구에게, 언제 베풀어야 할지를 명시하지는 않는다), 복수에 대한 충동을 내려놓으라는(그러나 정의를 이루기 위해 무력을 금하지는 않는다) 가르침으로 해석할 수 있을 것이다.

이렇게 본다면 예수는 토라를 폐기하지 않았다. 토라에는 보복에 대한 조항(눈에는 눈, 이에는 이)과 선조들의 부가 하느님이 주신 축복의 징표라는 생각이 담겨 있지만, 예수는 이를 없애려 하지 않았다. 이는 토라의 계명 가운데 아주 작은 것 하나라도 어겨서는 안 된다는 그의 말에서 분명히 알 수 있다.

이러한 맥락에서 예수는 토라의 계명들이 일종의 이중적인 차원을 갖고 있음을 보여주었다고 할 수 있다. 표층적인 차원에서 토라의 계명들은 노력하면 누구나 지킬 수 있는 의무들이다. 그러나 내적인 차원에서 토라는 우리의 이상을 가리킨다. 이 이상에는 다른 사람에 대한 완전한 존중, 헌신, 열려 있고 투명한 마음, 자비, 무소유 등이 있다. 바로 이러한 차원에서 예수는 인간이 어떻게 살아야 하는지, 신성한 삶이란 무엇인지를 보여준다. 그는 신성한 삶을 우리에게 가져와 우리의 연약함과 무능력을 깨닫게 하며 하느님의 사랑을 나누는 길에 참여하게 한다. 이 길은 궁극적으로 우리를 하느님 나라라고 부르는 공동체의 구성원에 적합한 사람으로 만들어 주는 길이다. 이 나라는 전적으로 하느님의 사랑이 지닌 힘에 기대어 살아가기에 저 숭고한 이상들이 온전히 실현된다.

그렇다면 이러한 관점에서 "회개하여라. 하느님 나라가 가까이 왔다"는 예수의 선언은 무슨 뜻일까? "하느님 나라"가 하느님의 능력에 기대어 살아가는 공동체를 뜻한다면 이 나라는 인간의 자유와 죄의 역사가 종말에 이를 때까지는 실현되지 않은 채 미래의 가능성으로 남아 있을 것이다. 그러한 면에서 하느님 나라는 이 시공간을 넘어선 영역, 즉 부패와 고통과 죄를 넘어선 영역에 있다고도 할 수 있다. 그러나 예수는 "하느님 나라는 수백만 년 뒤에 이루어질 것이며 이 세계 어디에도 없다"고 말하지 않았다. 그는 하느님 나라가 "가까이 왔다"고 말했다. 역사를 넘어서야 완성될 수 있는 하느님의 통치는 예수의 말을 통해, 인류가 그의 말을 들으며 그의 임재를 느끼며, 회심함으로써 가능한 하느님께 의지하는 가운데 이루어진다. 그러한 면에서 하느님의 사랑이 지닌 능력을 받아들이는 마음 속에서 하느님 나라는 시작되었다고도 할 수 있다. 그러나 그 나라는 모든 피조물이, 그리고 창조세계가 하느님의 능력으로 새로워질 때, 역사적 시간을 넘어서서 완성될 것이다.

지금까지 살펴보았듯 산상수훈에 대한 주요 해석들은 서로 다르다. 하지만 모든 관점은 예수의 가르침이 경이롭고 심오하며 사람들의 통념, 도덕적 전제들에 도전한다는 점, 사람들의 도덕적 행위와 하느님의 사랑을 연결하도록 이끈다는 점에 동의한다. 그리스도교인은 사랑의 영의 인도를 받아 살기를 추구한다. 그 영은 하느님의 영이며 예수의 삶과 가르침을 본받을 수 있게 하는 영이다. 모든 그리스도교인은 하느님이 자신들에게 이 영을 주신다고 믿는다. 예수는 사랑의 영으로 충만한 삶의 본이다. 그리스도교인의 목적은 어떤 특별한 도덕적 규칙을 따르는 데 있지 않다. 그리스도교인의 목적은 예수라는 본을 닮는 삶, 자신을 내어주는, 기쁨으로 가득 찬 사랑의 영으로 충만한 삶이다.

13

그리스도교와 윤리

그리스도교의 목적은 특별한 도덕 규칙을 제공하는 것이 아니다. 하지만 그리스도교는 도덕과 연관이 있고 선한 삶을 살려는 시도, 선한 삶을 살게 해주는 시도와 분리되지 않는다. 대다수 유신론자와 마찬가지로 그리스도교인들은 하느님이 어떤 목적을 가지고 인간 세계를 창조하셨으며 올바르게 사는 것이 그 목적을 실현하는 데 도움이 된다고 믿는다. 그 목적이 사랑과 정의의 공동체를 창조하는 것이라면 그 목적을 실현하기 위한 실천에는 개인이 자신이 속한 공동체에서 사랑과 정의를 실천하는 것도 포함될 것이다.

그리스도교에서 하느님을 향한 예배와 도덕은 분리되지 않는다. 하느님에 대한 헌신은 사회에 있는 정치 문제, 도덕적인 삶의 원칙과 무관한 사적 행위가 아니다. 하느님에 대한 헌신은 하느님에 대한 순종을 수반하며 이는 하느님의 목적을 실현하려 애쓰는 것, 사회에서 정의와 사랑을 실천하는 것으로 이어진다.

구약성서에서 토라는 사회에서 사람들이 함께 사는 데 필요한 원칙들을 제시한다. 이 원칙들의 의도는 이스라엘 백성을 하느님께 헌신하는 특별한 공동체, 정의와 자비의 표본으로 만드는 것이었다. 음식법과 정결법은 이를 준수하는 유대인들에게 삶 전체가 하느님의 주관 아래 있음을, 그분은 몸과 마음의 온전함을 바라시는 분임을 상기한다. 희생 제사와 축제에 관한 법들은 하느님과 올바르게 관계 맺는 법, 즉 그분께 올바르게 예배드리고 감사드리며 기쁨을 나누는 법(자신이 소유한 것을 가난한 사람, 이방인과 나누는 법)이 무엇인지 대략적으로나마 보여준다. 빚 탕감과 노예 해방에 관한 율법은 우리가 소유한 것들은 사실 하느님에게 빌린 것이기에 타인을 섬기는 데 쓰여야 함을 깨닫게 해준다. 정의와 범죄에 대한 처벌에 관한 율법은 인간 생명을 존중해야 한다는 사실을 알려주며 정직함, 공정함, 약속 준수의 중요성을 알려준다. 친절과 자비에 관한 율법은 모든 생명은 하느님이 주셨기에 우리는 이를 그분이 주신 선물로 귀히 여겨야 함을 상기시켜준다.

그러므로 토라는 율법주의적이며 억압적인 규정들의 모음이 아니다. 토라는 자신의 피조물들이 노예 상태에서 해방되어 삶을 충만히 누리기를 바라는 하느님에 대한 합당한 반응의 모습을 보여준 책이다. 예수는 토라를 준수하도록 교육받았다. 의심할 나위 없이 그의 가족은 토라를 준수하는 유대인이었다. 사도 중 다수는 토라를 준수했으며 베드로는 토라 때문에 처음에는 이방인들에게 복음을 전하기를 꺼렸을 뿐 아니라 그들과의 식사를 피하기까지 했다. 그러나 좀 더 중요한 사실은 그리스도교 교회가 첫 세대가 끝나기 전에 토라를 준수하는 관습을 포기했다는 것이다. 그 뒤로 그리스도교인들은 일상 전반을 규제하는, 하느님의 계시에 기반을 둔 법체계를 가져본 적이 없다. 하지만 많은 그리스도교인이 성서 가르침과 일치하는 도덕적 결정을 내리려 하며, 가능한 한 성서에서 일정한 도덕 원칙을 도출하려고 노력한다. 문자로 명시한 율법을 포기한 상황에서 성서에서 어떤 도덕 원칙을 도출하는 작업은 섬세함과 분별력을 요구한다. 성서는 해석이 필요하다. 비록 적잖은 그리스도교인이 올바르게 볼 수만 있다면 성서는 스스로 의미를 밝힌다고 생각하지만 말이다.

첫 번째 관점: 윤리의 토대로서의 성서

그리스도교인들이 신약성서를 성서 나머지 부분을 해석하는 실마리로 삼는 것은 당연한 일이다. 그리스도교는 예수가 구약의 희생 제사를 완성했다고 해석했다. 그리고 유대민족을 특별한 백성으로 구별하기 위한 음식법과 정결법은 이방인들을 교회로 받아들임으로써 폐지되었다. 이렇게 구약성서의 모든 계명은 신약성서에 비추어 재해석되었다. 그리스도교는 구약의 613가지 계명을 철저하게 바꾸었다. 이방인이 다수를 이루는, 교회라는 새로운 공동체는 도덕적 삶의 원천을 성문화된 율법이 아닌 예수의 삶에서 찾았다. 토라가 중요성을 상실했다는 이야기가 아니다. 그리스도교인들은 자신들의 가장 중요한 도덕적 영감의 원천인 예수가 토라를 완성했다고 보았다. 토라의 계명들은 윤리적인 성찰을 돕는 지침으로 남지만 하나의 원칙으로 요약될 수 있다고 그리스도교인들은 생각한다. 그 원칙이란 바로 하느님을 온 마음을 다해 사랑하고 이웃을 자기 몸처럼 사랑하는 것이다(로마 13:8~10).*

칼뱅은 토라에 나오는 음식법과 정결법은 예수를 통해 완성되었기 때문에 더는 구속력이 없으나 십계명(출애 20:1~17)은 여전히 중요한 도덕 지침으로 남는다고 보았다. 이 계명들은 매우 엄격한 의미로 해석해야 한다고 그는 주장했다. 이러한 맥락에서 우리는 불법적으로 살인을 해서는 안 될 뿐만 아니라 인간의 생명을 보존하기 위하여 적극적으로 노력해야 한다. 도둑질을 삼가야 할 뿐만 아니라 적극적으로 우리의 소유를 이웃과 나누어야 한다. 십계명의 모든 명령은 이렇게 적극적인 차원으로 해석해야 한다고 칼뱅은 생각했다.

전통적인 개신교인들은 신약성서에 나오는 많은 권고를 절대 수정하거나 거부해서는 안 되는, 반드시 따라야 할 명령으로 간주한다. 하느님에게 순종하라는 명령 다음으로 중요한 명령은 인간의 생명을 존중하라는 명령이다. 인간은 하느님의 형상을 따라 창조되었기 때

---

* "남에게 해야 할 의무를 다하십시오. 그러나 아무리 해도 다할 수 없는 의무가 한 가지 있습니다. 그것은 사랑의 의무입니다. 남을 사랑하는 사람은 이미 율법을 완성했습니다. "간음하지 마라. 살인하지 마라. 도둑질하지 마라. 탐내지 마라." 한 계명이 있고 또 그 밖에도 다른 계명이 많이 있지만 그 모든 계명은 "네 이웃을 네 몸같이 사랑하여라." 한 이 한마디로 요약될 수 있습니다. 이웃을 사랑하는 사람은 이웃에게 해로운 일을 하지 않습니다. 그러므로 사랑한다는 것은 율법을 완성하는 일입니다." (로마 13:8-10)

문에 인간을 파괴하는 것은 하느님의 형상을 파괴하는 것이다. 더욱이 모든 인간의 삶은 예수가 자신을 희생함으로써 구원한 삶이기 때문에 매우 큰, 무한한 가치를 지니고 있다. 인간은 영원한 삶을 누리도록 창조되었으며 그 영원한 삶의 성격은 이 세상에서의 삶을 어떻게 사느냐에 따라 달라질 수 있다. 이러한 맥락에서 이 세상에서의 삶은 인간이 하느님에게 돌아갈 기회의 장이며, 하느님이 준 생명을 빼앗지 않는 것은 궁극적인 중요성을 지닌다.

낙태와 안락사 같은 어려운 문제와 관련해 성서는 어떤 구체적인 지침을 제시하지는 않는다. 그러나 대다수 전통적인 그리스도교인은 인간의 생명을 직접 빼앗는 일은 언제나 잘못이라고 주장한다. 그러나 판단을 내리기 어려운 경우도 있다. 이를테면 낙태를 하지 않는다면 산모의 목숨이 위태로워지는 경우가 그 예다. 이때 낙태를 하면 산모의 생명을 보전할 수 있다. 어떤 환자가 지나친 고통을 느끼며 죽어가는 경우도 마찬가지다. 이때 안락사는 극심한 고통을 조금은 줄여줄 수 있다. 현재 이러한 문제들은 광범위하게 논의 중이고 성서에만 의존해서는 이를 해결할 수 없다. 분명한 점은 하느님이 선물한 인간 생명의 존엄성을 훼손하는 일은 허락할 수 없다는 것이다. 그리스도교인들이 곳곳에서 가난한 이들을 위해 병원, 호스피스, 집을 짓는데 전력을 기울인다는 점은 결코 우연이 아니다. 그리고 과거에 그리스도교인들은 노예제 폐지를 적극적으로 지지했다. 노예제가 인간에 대한 참된 존중과 양립할 수 없다고 여겼기 때문이다.

그리스도교는 언제나 인간 생명의 존엄성을 강조했고 이는 매우 중요한 도덕적 통찰을 머금고 있다. 현대에 이르러서는 동물의 생명 역시 존중할 만한 가치가 있고 그들의 삶에 관심을 기울여야 함을, 잔인하게 대해서는 안 된다는 생각이 힘을 얻었다. 성서는 동물에 대해서는 별로 언급하지 않지만, 인간에게 지구를 돌볼 책임이 있다고 말한다(창세 1:28).* 그러므로 동물에게 관심을 갖는 것은 당연한 일이다. 인간처럼 동물도 하느님이 숨결을 불어 넣은 생명체다. 그리스도교 윤리 사상은 오랜 기간 이 부분에 대해서는 별다른 관심을 보이지 않았다. 하지만 보편적인 사랑은 인간뿐만 아니라 동물에게도 적용해야 한다. 물론 이성적이고 윤리적 책임을 질 수 있는 존재라는 점에서 인간은 특별히 존중해야 할 가치가 있다.

일부 신약성서 저자들의 신념 때문에 발생한 도덕적 난제들도 있다. 아내는 남편에게 순종해야 한다는 견해(에페 5:22), 일부일처의 결혼만을 허용하고 이혼과 성관계는 허용하지 않는다는 견해(1고린 7:10~11), 동성애 행위는 죄라는 견해(1고린 6:9~10)가 그 대표적인 예다. 신약성서에 이러한 견해들이 있다는 점은 의심의 여지가 없다. 문제는 이 견해가 영원히 절대적인 구속력을 갖는 도덕 원칙이냐, 아니면 문화적으로 특정한 신념이냐는 것이다.

이를 절대적인 원칙으로 삼는 그리스도교인들은 언제나 있을 것이다. 그리고 그들은 그것이 성서의 가르침임을 강조할 것이다. 그러

---

* "하느님이 그들에게 복을 베푸셨다. 하느님이 그들에게 말씀하시기를 "생육하고 번성하여 땅에 충만하여라. 땅을 정복하여라. 바다의 고기와 공중의 새와 땅 위에서 살아 움직이는 모든 생물을 다스려라" 하셨다." (창세 1:28)

나 이것이 정말로 온전한 성서의 가르침인지는 생각해 볼 필요가 있다. 신약성서에서 이야기하는 여성의 종속성은 노예의 종속성과 유사해 보이기 때문이다. 신약성서는 결코 노예제를 비판하지 않지만, 시간이 흘러 그리스도교인들은 노예제가 인간의 존엄성에 대한 존중과 양립할 수 없다고 여기게 되었다. 그러한 보편적 존중의 원칙을 따라 여성은 남성과 동등하게 존중해야 한다. 남성이 아무리 어리석고 여성이 아무리 현명하더라도 여성과 남성을 모두 존중해야 한다는 원칙과 여성이 남성에게 순종해야 한다는 견해는 양립할 수 없다. 그리고 이는 신약성서 저자들도 예수의 명령이 암시하는 보편적인 사랑과 모든 인간에 대한 존중을 충분히 헤아리지 못할 수 있음을 보여준다. 그들은 모든 인간이 (설령 사악하다 할지라도) 국가권력에 복종해야 한다는 가르침이 지닌 문제를 보지 못했듯 노예제의 부당함 또한 보지 못했다.

달리 말하면 신약성서 저자들도 예수의 삶과 가르침에 담긴 윤리적 의미를 온전히 이해하지는 못했으며 이를 파악하려 애썼다. 로마인들에게 보낸 편지에서 바울은 그리스도가 율법을 완성했기 때문에 우리는 이제 율법이 아닌 성령으로 살아야 한다고 말한다(로마 10:4).* 그렇기에 그리스도교인에게 무엇이 도덕적으로 올바른 삶이냐는 문제는 앞으로도 오랜 기간에 걸쳐 해결해야 할 문제일 것이다. 우리는 아직 예수의 삶과 가르침에 담긴 의미를 온전히 이해하지 못했다. 구

---

* "그리스도께서 나타나심으로 율법은 끝이 났고 그를 믿는 사람은 누구든지 하느님과 올바른 관계를 가지게 되었습니다." (로마 10:4)

약성서의 계율들이 그리스도교인에게 잠정적이듯 신약성서에서 제시하는 윤리적 견해도 잠정적인 것으로 이해해야 한다.

이혼과 동성애에 관한 신약성서의 가르침도 마찬가지다. 구약성서 시대에는 일부다처제가 기본이었다. 결혼은 중매를 통해 이루어졌고 첩을 갖는 것도 흠이 되지 않았다. 현대의 일부일처제는 성서 시대에는 통용되지 않았다. 구약성서에서 신약성서로 발전했듯 교회의 역사에서도 많은 발전이 있을 수 있다. 다만 이 발전은 언제나 인간을 더 사랑하고 인간의 존엄성을 더 존중하는 방향으로 이루어져야 하며 이기적인 탐욕이나 욕망의 구실을 정당화하는 식으로 나아가서는 안 된다. 결국 이것이 최후의 시험이 될 것이다.

사회 윤리와 관련해서도 성서의 입장은 명확하지 않다. 어떤 구절은 세상을 포기하고 정치와 철저하게 거리를 둔 채 가난한 삶, 완전한 비폭력의 삶을 권하는 것처럼 보인다(야고 4:4).* 그러나 구약에서는 부를 하느님의 축복으로 여기며 하느님은 이스라엘 백성에게 가나안을 점령하라는 명령을 내리기도 한다. 모세는 하느님의 명령에 따라 사법부를 세우고, 사회가 공정하게 돌아갈 수 있도록 법을 제정했다. 게다가 군국주의적인 로마 제국에서 약소 집단으로 있던 그리스도교의 위상은 신약 시대 이후 상당한 변화를 겪었다. 그리스도교는 로마 제국의 국교가 되었고 교회의 지도자들은 지배층의 일원이

---

* "절조 없는 사람들! 이 세상과 짝하면 하느님을 등지게 된다는 것을 알지 못합니까? 누구든지 이 세상의 친구가 되려고 하는 사람은 하느님의 원수가 됩니다." (야고 4:4)

되었다. 신약의 원칙은 과거와는 사뭇 다른 맥락에 놓이게 되었다.

지금까지 다룬 바를 염두에 두었을 때 정치사상과 관련해 성서는 우리가 (세상과 영원한 파멸의 운명에 놓인 세상의 구조에 속하는) 모든 정치 과정과 철저하게 거리를 두어야 한다고 보는 그리스도교인들이 있다는 사실은 그리 놀랍지 않다. 한편 성서는 사회에서 발견되는 불의와 기득권에 대해 (가난한 사람들의 이름으로 왕들에 맞섰던 예언자들을 본으로 삼아) 저항할 것을 요구한다고 보는 이들도 있다. 어떤 그리스도교인들은 미덕을 증진하고 악덕을 처벌하는 차원에서 가족, 사유재산, 현재 확립된 제도를 영구히 보존하려는 보수적인 입장을 취하기도 한다. 이 모든 견해는 성서에서 어느 정도 근거를 찾을 수 있다. 그리고 이 중 어떠한 견해를 참된 성서의 견해로 받아들이는지는 예수를 이 세상의 권력자들에게 살해당하는 것을 받아들인 이로 보느냐, 아니면 정의의 이름으로 활동한 예언자적 혁명가로 보느냐, 정의롭고 도덕적이며 경건한 공동체로서 교회를 세우고 수호하려던 인물로 보느냐와 일부 관련이 있다.

이를 두고 누군가는 성서가 단 하나의 분명한 정치사회 윤리를 갖고 있지 않다고 이야기할 수 있다. 하지만 분명 성서는 사회가 정의와 연민을 실현해야 한다고 요구하고, 공적 삶에서 최고도의 성실함, 정직함, 이타성을 발휘해야 한다고 이야기하며, 어떤 정치 체제를 지지하든 가난하고 혜택받지 못한 이들에게 친절하게 대하고 그들을 존중해야 한다고 말한다. 달리 말하면 성서는 다양한 정치적 견해를 허용하면서도 동시에 이 사회에 꼭 필요한 가치가 무엇인지 성찰하게 만든다. 그리고 이러한 맥락에서 성서는 사회생활과 어떠한 방식으로든 밀접한 연관이 있다.

도덕과 관련한 견해의 근거를 성서에 두려 하는 그리스도교인들은 성서 본문을 어떻게 해석해야 할지, 성서가 분명하게 이야기하지 않는, 새로운 윤리 문제들과 관련해 어떠한 결론을 내려야 할지를 두고 많은 결정을 내려야 한다. 어떤 이들은 신약성서가 명시한 규칙을 고수하려 할 것이다. 어떤 이들은 문자는 사람을 죽이고 성령은 사람을 살린다는 바울의 가르침에서 성서를 어떻게 해석해야 할지, 도덕적 판단을 내릴 때 성서를 어떻게 참조할지에 대한 실마리를 얻을 것이다(2고린 3:6).* 교회 초기 사도들이 토라를 새롭게 해석했듯 그들은 새로운 상황을 헤쳐나가기 위해 성령의 인도를 구할 것이며 새로운 맥락에서 특정 규칙을 개정할 것이다.

두 번째 관점: 윤리의 토대로서의 자연법

그리스도교 교회의 역사에서 도덕적인 가르침이 성서에서 직접 파생된 적은 거의 없다. 그렇게 하기에는 성서 본문들은 복잡하고 (일부는) 잠정적이라는 사실을 교회는 언제나 알고 있었다. 적어도 가톨릭 전통에서는 도덕적 가르침의 근거를 '자연법'Natural Law에서 찾았다. 자연법은 계시의 도움 없이 인간의 이성만으로도 알 수 있는 도

---

* "하느님께서 우리에게 새 언약의 일꾼이 되는 자격을 주셨습니다. 이 새 언약은 문자로 된 것이 아니라, 영으로 된 것입니다. 문자는 사람을 죽이고, 영은 사람을 살립니다." (2고린 3:6)

덕 원칙들로 이루어져 있다. 이 관점에 있는 사람들은 그리스도교의 대다수 견해는 도덕 원칙들이며 이는 이성으로 알 수 있고 그 참됨 여부와 위상은 종교에 의존하지 않는다고 말한다. 하느님은 인간이 도덕 원칙의 구속을 받게 만드셨으며 계시를 통해서 기존의 도덕 법칙과 충돌하지 않으면서도 새로운 내용을 추가하실 수 있다.

토마스 아퀴나스는 『신학대전』Summa Theologiae 문항 94에서 자연법의 고전적인 공식을 제시했다. 그에 따르면 자연법은 하느님이 자연 질서를 창조했다는 사실에 근거를 두고 있다. 그렇기에 자연법의 바탕에는 자연이 하느님의 창조 목적을 표현한다는 믿음이 자리잡고 있다. 여기서 인간은 피조물들의 자연적인 성향을 파악함으로써 하느님의 창조 목적이 무엇인지를 헤아려 볼 수 있다. 하느님은 피조물이 자신의 고유한 목적을 이루도록 각 피조물의 성향을 빚어내셨기 때문이다. 이를테면 모든 생물은 자신을 보존하고 번식하려는 성향을 지니고 있다. 무리를 지어 살며 이성을 지닌 피조물의 경우 앎과 행복을 추구한다. 자연법을 지지하는 그리스도교인들은 이러한 성향에 기초해 도덕이 확립된다고 본다. 자연 그대로의 생명체의 1차 목적은 자신을 보존하는 데 있으므로 생명의 보존은 자연적인 선이자 목적이 된다. 인간은 일반적인 원리를 따라 의식적으로 행동할 수 있는, 이성을 지닌 주체이기 때문에 가능한 한 생명을 보존하려 애써야 한다. 살아있는 유기체가 번식하는 일은 자연스러우면서도 선한 일이므로 인간 또한 좋은 환경에서 자손을 낳고 양육하려 애써야 한다. 이성을 지닌 동물인 우리는 사회 활동을 하며 풍부한 앎과 행복을 추구한다. 정신이 온전한 사람이라면 이러한 추구가 바람직하다는 것을 부정하지는 않을 것이다. 우리가 이를 자연스러운 선으로 받아들이는 것은 분명 옳다.

이 모든 원칙은 다소 일반적이며 좀 더 면밀하게 정의할 필요가 있다. 하지만 중요한 점은 그리스도교의 도덕은 인간의 자연적인 욕망에 기초하고 있다는 것이다. 이 관점에서 선한 것은 불명확하고 찾기 어려운 것이 아니다. 모든 인간이 자신의 본성에 대해 충분히 생각해 본다면 이를 분명하게 알 수 있다. 도덕은 하느님이 임의로 정한 명령이 아니다. 이는 인간의 (물론 하느님이 창조한) 본성을 충족하는 가장 바람직한 길이다.

로마 가톨릭 윤리의 기본 원리는 인간이 자연의 목적을 거스르거나 회피해서는 안 되며 하느님이 창조하신 자연 질서의 목적을 분별한 다음 이를 따라 나아가도록 격려해야 한다는 것이다. 일반적인 수준에서 이는 그리 어렵지 않다. 문제는 이를 좀 더 구체적으로 논의하기 시작할 때 발생한다. 특수하고 예외적인 상황에서는 어떻게 대처해야 하는가? 그러한 상황에서는 자신이 지닌 이성을 활용한다고 해서 모두가 동의할 수 있는 답을 제시할 수는 없을 것이다. 그렇기에 이 지점에서 로마 가톨릭 교회는 성령이라는 선물에 호소한다. 로마 가톨릭 교회는 교회를 진리로 인도하는 성령이 교회의 교도권에 자연법을 해석하고 정의할 권한을 부여한다고 이야기한다.

오늘날 사회에서는 절대 원칙, 즉 생명을 보존해야 할 의무가 무고한 인간의 생명을 보존하는 데 한계가 있다는 문제를 제기하고 있다. 하지만 여기에 대해 교회, 특히 가톨릭 교회에서는 절대로 무고한 인간의 생명을 빼앗아서는 안 된다고 가르친다. 어떠한 이유로든 우리는 인간의 생명을 앗아갈 수 없기에 낙태와 안락사는 금지된다. 번식의 의무는 일부일처제 결혼으로 제한된다. 그리고 모든 부부의 성행위는 번식의 가능성에 열려 있어야 한다(그러므로 피임은 금지된다). 그리고 결혼을 벗어난 번식은 없어야 한다. 사회영역에서 가톨릭 교회는 '보조성의 원리'Subsidiaritats Prinzip(사회에서 상위 권위자, 혹은 상위 집단이 하위 권위자, 혹은 하위 집단의 권리를 존중해야 한다는 원리)와 재산권의 원리, (정의와 공정성에 따라 다스리는) 권위에 대한 순종의 원리 등을 내세운다. 여기서 정의의 자연법 혹은 동등한 인간들 사이에서 공정함을 유지해야 한다는 원칙은 종종 국가, 정부의 실정법과 충돌할 수 있다. 이때 교회는 정부와 갈등을 빚게 되고 그리스도교 윤리는 잠재적으로 급진적인 정치적 의미를 지니게 된다. 교회는 이를 바탕으로 국가, 정부를 비판할 수 있다. 마지막으로 행복을 추구하는 욕망은 공동선의 제한을 받는다. 교회는 인간의 최고 행복이 일시적인 쾌락이 아니라 하느님을 사랑하고 그분에게 순종하는 것임을 끊임없이 상기한다.

자연법의 매력은 도덕이 경전의 해석에 지나치게 의존하게 만들지 않는다는 점에 있다. 이 관점에서 도덕이란 원칙적으로 누구나 알 수 있다. 물론 이 경우에도 난점은 있다. 실제로 로마 가톨릭 신자들은 다른 사람들, 심지어 다른 그리스도교인과도 도덕적 판단에서 상당한 차이를 보여준다. 모든 합리적인 인간이 알 수 있는 도덕 원칙이 실제로 있다고 주장하기란 결코 쉬운 일이 아니다. 생명을 보존하는 일이 선하다는 일반적인 주장에는 특별히 반박할 여지가 없다. 그러나 인간의 생명만을 보존해야 한다거나 어떠한 상황에서도 무고한 생명을 빼앗을 수 없다거나, 낙태가 무고한 인간의 생명을 빼앗는 것이라는 생각에 모두가 동의하지는 않는다. 그리고 바로 이 지점에서 로마 가톨릭 교회는 교도권의 중요성을 내세운다.

가톨릭 전통이 내세우는 자연법은 하느님이 자연이 일정한 질서를 갖도록 창조하셨기 때문에 이를 망가뜨리지 말고 보존해야 한다는 신념에 바탕을 두고 있다. 그러나 오늘날 이를 두고 적잖은 이들은 자연 질서는 자연 선택과 무작위적 돌연변이의 힘의 지배를 받기에 자연 질서를 바탕으로 한 도덕은 구속력이 없다고, 혹은 자연 질서에서 도덕을 끌어낼 수는 없다고 본다. 또한, 사회에 유익이 된다면 그러한 힘들에 변경을 가해도 된다고 말한다. 자연의 목적이 화산 활동을 일으키고 암세포를 생성해 인간 생명을 파괴할 수 있다면 이를 바꿔서는 안 될 이유가 무엇인가?

전통적인 가톨릭 신학자들은 이 지점에서 삶을 향상하는 자연, 그리고 무질서와 기능 장애를 초래하는 자연을 구분한다. 보존해야 하는 것은 전자이지 후자가 아니다. 그리고 여기서 가톨릭 전통은 계시와 권위에 의존한다. 자연의 보존이 삶의 향상이라는 목적이 있다고 믿기 위해서는 먼저 선한 창조주에 대한 믿음이 필요하기 때문이다. 또한 어떤 행위(이를테면 피임)가 자연의 목적에 어긋나는지를 결정하기 위해서는 교회의 교도권이라는 권위가 필요하다. 물론 가톨릭 관점에서 이는 이치에 어긋나지 않는다. 창조주는 실제로 존재하며 그분은 신앙과 도덕과 관련해 사람들을 가르칠 수 있는 권한을 교회에 주었기 때문이다.

그렇기에 가톨릭 전통에서는 그리스도교인과 성서의 계시에만 한정되지 않는 (상대적으로) 광범위하며 보편적인 도덕을 만들 수 있었다. 이 도덕을 토대로 교회는 오랜 기간 인간의 복지와 사회 정의가 어떻게 이루어져야 하는지 발언했으며, 결의론(일반 원칙을 특정 사례에 적용하는 것)에서 법과 정치사상의 주요 전통들을 발전시켰다. 가톨릭 교회는 언제나 정의와 사랑의 하느님의 이름으로 인간 생명의 존엄, 결혼의 불가침, 아이를 양육할 수 있는 안정된 가정의 중요성, 공동선을 위해 일하는 정부의 필요성을 천명했다.

자연법에 기반을 둔 사유는 모든 사람은 서로에게 지고 있는 의무를 제시하는 특성 때문에 손쉽게 보편적 인권을 형성할 수 있다. 여기서 '나'는 가능한 한 '나'로 유지되도록 다른 사람들에게 도움을 받을 권리가 있다. 여기에는 생명권, 재산권, 자유가 포함된다. 이러한 맥락에서 로마 가톨릭의 사회교리는 모든 인간이 존엄, 존중, 자유, 생명에 관련된 기본적인 권리를 누려야 함을 강조하면서 인권을 중시한다. 하느님은 모두에게 이러한 권리들을 존중할 의무를 주셨다.

가톨릭 신자들은 종종 보수적이고 위계적인 정부를 지지하는 경향을 보인다. 가톨릭 교회 자체가 보수적이고 위계적인 기관으로 보이기 때문이다. 이 때문에 역사에서 무신론을 내세운 공산주의와 사회주의는 가톨릭 교회를 탄압하곤 했다. 하지만 가톨릭 교회는 사회

지위에 상관없이 모든 인간을 존중하고 배려해야 한다는 보편 인권의 중요성을 지지할 수밖에 없기 때문에 기득권을 마냥 옹호하지 않으며 약자에 대한 억압을 용인하지 않는다. 그렇기에 때때로 가톨릭 사회사상은 해방신학Liberation theology이 그랬듯 정치적으로 급진적인 성향을 보이기도 한다. 해방신학은 1968년 콜롬비아 메데인에서 열린 제2차 라틴 아메리카 주교회의 이후 교회가 가난한 이들에 대한 부유층의 제도화된 폭력을 본격적으로 비판하면서 등장했다. 구스타보 구티에레즈Gustavo Gutierrez*와 같은 해방신학자들은 하느님이 이스라엘 백성을 이집트로부터 해방한 것, 사회에서 소외된 이들을 돌보는 예수의 모습에서 영감을 받아 가난한 이들 사이에서 하느님의 활동을 발견할 수 있으며 교회는 사회 구조의 변혁에 앞장서야 한다고 주장했다.

그러므로 로마 가톨릭 사회사상은 개인의 재산소유권을 금하는 (그러므로 개인의 책임과 청지기 직분도 부정하는) 공산주의와 끊임없이 빈곤층을 생성하는 무절제한 자본주의 사이에 서 있다. 가톨릭 사회사

---

* 구스타보 구티에레즈(1928~)는 로마 가톨릭 신학자이자 도미니코회 수도사다. 페루의 수도 리마에서 태어나 산마르코스 국립대학교 의대에 들어갔으나 신학으로 진로를 바꾸어 리마 가톨릭 신학교와 칠레 산티아고 신학교를 거쳐 루뱅 대학교에서 철학과 심리학을, 리옹 대학교에서 신학을 공부했다. 이후 리마 교황청 가톨릭 대학교에서 신학과 사회과학을 가르치는 동시에 리마 빈민 구역인 리막에서 사목 활동을 했다. 사목 활동 경험을 바탕으로 여러 남미 신학자들과 함께 해방신학을 이끌었으며 현재는 노틀담 대학교에서 석좌교수로 활동하고 있다. 주요 저서로『해방신학』a Teología de la liberación,『우리는 우리 자신의 우물에서 마신다』Beber en su propio pozo,『하느님 이야기와 무고한 이들의 고통』Hablar de dios desde el sufrimiento del inocente 등이 있으며『해방신학』(분도출판사),『해방신학의 영성』(분도출판사) 등이 한국어로 소개되었다.

상은 보편적 인간 복지에 대한 노력과 자유를 누리는 가운데 부를 창조하고 유지할 수 있는 권리 보장의 균형을 맞추려 한다. 20세기 이후 점점 더 가톨릭은 위계질서를 지지하는 정치 이념들로부터 멀어져 모든 인간이 하느님의 자녀로 풍요로운 삶을 누릴 수 있는 사회 원리를 고민하고 있다.

전반적으로 가톨릭 윤리는 성 문제와 관련해 매우 보수적인 입장을 취한다. 성관계는 결혼한 배우자와 번식을 위해서만 허용한다. 하지만 정치 이론의 영역에서 가톨릭 윤리는 전복적인 사상의 가능성을 품고 있다(아퀴나스는 불의한 법은 법이 아니며 따를 필요가 없다고 말했다). 오늘날 세계 곳곳에서 가톨릭 교회는 정의의 실현을 외치며 특히 개발도상국에서 신음하는 약자들에게 관심을 기울이며 많은 국가가 자행하는 착취와 폭력에 저항하고 있다. 성 문제와 관련해 가톨릭 교회가 위반을 비난하기보다는 결혼의 미덕, 충실한 관계의 가치를 알리는 데 좀 더 초점을 맞춘다면 세상 사람들은 가톨릭 교회의 사회, 정치적 증언에 대해서도 좀 더 관심을 갖게 될 것이다. 그리고 그 결과 현대 세계는 인간의 존엄, 개인의 권리를 존중하는 방식으로 좀 더 나아갈 수 있을 것이다. 가톨릭은 참된 인간성의 번영, 정의와 평화의 확립을 위해 모든 사람이 서로를 돕고 서로에게 관심을 기울이기를, 그러한 가운데 자유롭고 책임감 있는 인간으로 성장하기를 요청한다. 이는 가톨릭 윤리 전통에 담긴 힘이다.

세 번째 관점: 윤리의 근거로서 인격주의

오늘날 많은 그리스도교인은 전통적인 자연법 윤리에 불편함을 느낀다. 이는 어느 정도는, 과거 교회가 권위에 힘입어 제시한 도덕적 주장들에 대한 회의에서 나온다. 이를테면 과거 교회는 자연법에 어긋난다는 이유로 예방 접종을 비난한 적이 있고 죽음은 이단에 대한 하느님의 처벌이라고 이야기했다. 가톨릭 교회의 공식 입장은 피임을 금지하지만 현실에서는 대다수 그리스도교인도 이를 무시한다. 그리고 적잖은 그리스도교인이 특정 제도 기관이 무오한 도덕적 가르침을 전할 수 있는 권한이 있다는 주장을 성서가 뒷받침할 수 있는지 의구심을 보인다.

좀 더 심각한 문제는 가톨릭 전통이 자연법을 생물학적으로만 해석하는 경향을 보인다는 것이다. 그 대표적인 예는 번식을 목적으로 하지 않는 성관계를 비도덕적 행위로 간주하는 것이다. 분명 번식은 성관계의 주요 목적이다. 그러나 인간의 생물학적 구조에는 좀 더 다양한 측면이 있다. 몸은 영혼이나 인격을 위해 존재하며 인격이 언제나 몸의 통상적인 흐름을 따라야 할 필요는 없다고 이야기할 수도 있다. 인간과 인간의 관계에서 성적 결합은 좀 더 깊은 인격적 연합을 표현한다. 달리 말하면 성관계는 사랑을 표현한다. 이러한 맥락에서 특정 시기, 신중히 고려하여 아이를 낳지 않겠다는 판단을 내린 후에 성관계가 서로에 대한 사랑을 합당하게 표현하는 방식이 될 수는 없는가? 더 나아가 성관계를 맺을 때 일어나는 즐거움이 그 자체로 가치가 있다고 평가할 수는 없는가? 번식이 불가능한 상태거나 번식을 의도하지 않은 경우라 할지라도 말이다.

이러한 맥락에서 어떤 그리스도교인들은 도덕과 관련해 좀 더 인격적인 접근을 선호한다. 물론 이들도 자연 질서가 목적을 지니고 있다는, 선한 하느님의 창조물이라는 자연법 전통의 주장에 동의한다. 그러나 이들은 이 목적을 자연법 전통과는 조금 다르게 이해한다. 이들은 하느님의 목적이 우주의 물리적 과정을 통해 정의와 사랑의 공동체를 건설할 수 있는, 이성을 지닌 인격체를 창조하는 것이라고 본다. 여기서는 그러한 공동체와 개인의 번영에 도움을 주는 것이 선이고 방해하는 것이 악이다.

여기까지는 자연법 전통과 크게 다르지 않다. 그러나 그다음 세 번째 관점은 정확히 무엇이 개인과 공동체에 번영에 도움을 주는지를 묻는다. 자연 과정에 순응하는 것이 개인과 공동체에 번영에 도움을 주는가? 아니면 때로는 더 커다란 번영을 위해 자연 과정을 변경할 수 있는가? 이를테면 피임을 생각해 보자. 인류는 인구가 과도하게 많지 않을 때 더 번영할 수 있다. 책임감을 가지고 이미 있는 아이들에게 더 관심을 기울일 수 있기 때문이다. 부모들 또한 부부관계를 가지면서 예정되지 않은 출산을 두려워할 필요가 없을 것이다. 현대 사회의 가장 커다란 문제 중 하나는 인구과잉이다. 10대가 제대로 보살핌을 받지 못한 채 임신을 하거나, 낙태를 하거나, 원치 않는 아이를 낳는 일은 인생에서 일어날 수 있는 비극 중 하나다. 이러한 세상에서 하느님이 인간이 책임감 있고 신중하게 아이를 낳고 그 아이를 올바르게 양육하기를 바라신다고 생각하는 것은 결코 이상한 일이 아니다. 동시에 원치 않는 임신을 막을 수 있는 수단을 발견한다면 즐거움을 나누고 사랑을 표현하는 성관계를 막을 이유가 특별히 없다.

어떤 그리스도교인들은 하느님이 가능한 많은 영혼을 창조하기를 바라신다고, 모든 영혼이 육체를 입고 탄생하기를 바라신다고, 그러므로 우리가 감히 그분의 계획을 막아서는 안 된다고 생각한다. 그러나 어떤 그리스도교인들은 이미 존재하는 영혼들의 안녕이 아직 존재하지 않는 다음 세대보다 중요하다고 생각한다. 이런 입장을 지지하는 이들은 인위적으로 임신을 막지 않는 부부 관계만이 옳다는 주장은 전혀 현실성이 없다고 여길 것이다. 또한 그들은 생물학적 단계에서 우연이나 사고로 발생하는 해로운 유전학적 변이, 그 부정적 결과마저 모두 하느님의 뜻이라고 여길 수는 없다고 생각한다.

이 문제는 매우 어렵지만, 핵심을 말하면 전통적인 도덕주의자moralist들은 자연의 목적을 망가뜨려서는 안 된다고 말하는 반면 인격주의자personalist들은 자연 자체에 도덕적 목적이 있다는 생각을 반대한다. 하느님은 목적을 갖고 자연을 창조하셨지만, 그 자연은 여전히 형성되는 과정에 있으며 무수히 많은 무작위적이고 우연한 사건들을 포함한다. 아직 최상의 상태에 있지 않은 것이다. 그러므로 우리는 인격체들의 번영을 돕는 의도에 따라 자연에 변화를 줌으로써 하느님의 목적을 실현할 수 있다. 이는 생물학적 과정이 인류의 번영을 가로막을 때 이에 역행할 수 있음을 뜻한다. 암세포의 성장이 아무리 자연적인 것이라 할지라도, 암세포를 파괴하는 것을 주저해서는 안 된다. 이와 비슷한 맥락에서 임신 중에 엄마와 배아 모두가 죽음의 위험에 처하게 되었을 경우, 혹은 배아가 엄마의 생명을 위협할 경우 낙태를 허용할 수 있다.

오늘날에는 인간의 유전 구조를 변경할 수 있게 됨에 따라 매우 어려운 도덕적 문제들이 새롭게 등장했다. 특정한 인간을 낳기 위해, 유전적 결함을 제거하며 특수한 유전적 성질을 향상하기 위해 유전 구조에 변화를 주어도 좋은가? 유전 구조를 설계할 수 있다면 어느 정도까지 가능한가? 인간의 생물학적 기초를 바꾼다는 생각에 두려움을 느끼는 것은 자연스러운 일이다. 하지만 우리는 그러한 생각이 하느님이 정한 구조를 침해하는 데서 나오는 두려움인지, 아니면 아직은 결과를 예상할 수 없다는 데서 나오는 두려움인지 따져보아야 한다.

많은 경우 자연 질서는 극도로 해로운 변이들이나 (백혈병 같은) 유전적 질병을 생산한다. 그러므로 인격주의자들은 그러한 질서를 바꿀 힘을 지니고 있는데도 자연을 그대로 놔두는 것은 무책임한 일이라고 주장한다. 심각한 유전학적 질병이 미치는 영향은 실로 끔찍하기 때문에 이를 초래하는 유전자를 제거하거나 대체할 수 있다면 그렇게 해야만 할 것이다. 물론 예상치 못한 부작용이 있을 수 있다. 하지만 그러한 부작용의 가능성은 예상 가능한 해악보다 크다고 할 수 없다. 그러나 인간의 좋은 특성(이를테면 높은 지능)을 취하기 위한 시도는 유전자 조작이 일으킬 수 있는 예상치 못한 부작용을 넘어서는 분명한 유익을 약속하지 않는다. 그러므로 유전학적 질병을 제거하기 위한 소극적 유전자 스크리닝은 허용하되 적극적인 유전자 선택은 인간의 성장과 발달에서 구체적으로 어떤 유전자들이 어떠한 역할을 하는지 좀 더 분명하게 파악할 때까지는 보류하는 것이 신중한 접근일 것이다. 누군가는 이러한 접근도 이미 자연의 흐름에 역행하는 의학의 개입이라고 반대할 것이다. 하지만 인격주의자는 그리스도를 통한 계시의 도움을 받아 인간의 탁월성을 증진하는 것을 지지한다. 비록 자연이 이를 허락하지 않을지라도 합당한 목적을 실현하기 위해 자연 과정에 기꺼이 변화를 줄 수 있다고 여긴다. 인류의 번영이라는 목적에 맞게 자연을 활용할 수 있는지를 고려한다는 측면에서 인격주의는 이미 자연법을 넘어섰다고 할 수 있다.

이처럼 전통주의와 인격주의는 생명, 죽음, 성과 관련된 관습을 두고 의견의 차이를 보인다. 하지만 그리스도교 인격주의자들은 전통주의자들처럼 인간이 하느님의 형상으로 창조되었기 때문에 특별히 존중할 만한 가치가 있다고 본다. 그리고 인격주의자들 또한 생명을 보존하고 파괴를 막기 위해 애를 쓸 것이다. 다만 그들은 인간의 생명이나 아직 태어나지 않은 인간의 생명(배아)을 앗아갈 수 있는 매우 특수한 상황이 있음을 인정한다. 이를테면 너무나도 심각한 부상을 입어 죽음을 앞둔 이가 극심한 고통을 호소하며 안락사를 요청할 수 있다. 성폭행으로 임신을 하게 된 어린 소녀가 자신과 태아의 생명이 모두 위험하다고 판단할 경우 낙태를 요청할 수 있다. 어떤 군인이 적에게 포로로 잡혀 기밀을 밝히라며 고문당할 경우 그는 수많은 동료를 살리기 위해 자결을 택할 수도 있다.

위에서 언급한 상황은 모두 매우 어려운 도덕적 난제들이며 사람들이 어떠한 결정을 해야 할지 몰라 당혹감을 느낀다 해도 이상한 일이 아니다. 어떠한 선택을 하든 반대편 측면에서 생각해 볼 여지가 충분히 있기 때문이다. 이러한 상황에서 인격주의자는 손쉬운 해결책이 있다고 이야기하지 않는다. 그리고 어떠한 경우든 무고한 생명을 빼앗아서는 안 된다는 원칙을 완고하게 적용하는 것에 만족스러워하지 않을 것이다. 또 다른 예를 들어보자. 거짓말하고 훔치는 것은 일반적으로는 명백히 잘못된 것이다. 하지만 생명을 구하기 위해서 거짓말하고 훔치는 것이 정당화되는 경우가 있다. 인간이 처한 도덕적 상황은 도덕 절대주의자가 가정하는 것처럼 단순하지 않으며 모호하다. 하지만 그렇다고 해서 모든 도덕적 당위는 임의적인 것이라고, 선과 악을 구분하는 선이란 없다고 할 수는 없다.

그리스도교 사회 윤리에 관한 첫 번째, 두 번째 관점을 지지하는 이들이 그러하듯 그리스도교 인격주의자들도 특정 정치 사안에 대해 모두가 동일한 입장을 보이지는 않는다. 분명 그들은 보편적 인간 복지를 장려하는 사회 제도를 선호할 것이고 개인의 자유, 평등, 민주적인 정치 참여 가능성에 높은 가치를 둘 것이다. 그러나 개인이 속한 역사, 사회적 상황에 따라 그러한 가치를 추구하기 위해 적절한 방법은 다를 수 있다. 군부 정권, 자본가들의 힘이 지나치게 강한 국가에서는 정치, 경제적으로 억압받는 이들을 자유롭게 하고 그들이 사회 구조에서 일정한 발언을 할 수 있게 하는 것이 가장 중요한 과제일 수 있다. 시민들이 다양한 방식으로 자기만의 즐거움을 추구할 수 있는 부유하고 자유로운 국가에서는 안정된 가정을 강화할 수 있는 기관을 설립하고 낙후된 지역의 문제를 시민들에게 알리고 대책을 세우게 하는 것이 중요한 과제일 것이다. 대다수 사람이 동의하는 이상이 있으며 도덕적으로 허용할 수 있는 행위의 한계들도 분명 있다. 그러나 이에 대한 구체적인 적용은 그리스도교인마다 다를 수 있다. 전반적으로 선의를 가진 사람들 사이에서도 논쟁은 불가피하다. 달리 말하면 인간의 자유를 극대화하면서 가난과 부당한 불평등을 제거하기 위해 애쓰는 선한 그리스도교인은 진보가 될 수도 있고 보수가 될 수도 있다.

성적 문제와 관련해 배우자에 대한 충실함, 배우자를 향한 사랑의 표현에만 성관계가 종속되어야 한다는 생각이 그리스도교의 입장이라면 번식의 가능성과 무관하게 성관계를 통해 사랑을 표현하는 것이 죄가 아니라면, 장기적인 동성애 관계도 허용할 수 있을 것이다. 그러한 관계는 동성애 지향성을 지닌 개인들에게 유익할 수 있기 때문이다. 그리고 혼외 성관계는 현대 사회에서는 흔한 현상이므로 교회는 이를 단순히 금지하기보다는 상대에 대한 신의와 충실함의 가치를 되새기는 길을 모색하는 것이 더 적절할 수 있다.

전통적인 그리스도교인들에게 이러한 제안은 세속화된 세계에 투항하는 것으로 보일지 모른다. 하지만 이러한 노력은 빠르게 변화하는 세상에서 개인의 번영과 공동체의 핵심 가치를 보존하기 위해 새로운 사회, 경제, 생물학적 가능성을 받아들이는 것일 수도 있다. 이 세 번째 관점을 지닌 이들에게 그리스도교 윤리란 특정 원칙이나 규칙을 준수하는 행위이기보다는 탐구하는 활동에 가깝다. 이들을 움직이는 원리는 '규칙을 어기지 말라'가 아니라 '서로에게 관심을 기울이는 공동체에서 모두가 번영할 수 있는 새로운 방식을 신중하게 탐구하라'다. 다른 누구보다 도덕률에 대한 엄격하고 전통적인 종교적 해석을 거부한 이, "안식일이 사람을 위하여 생긴 것이지, 사람이 안식일을 위하여 생긴 것이 아니다"(마르 2:27)라고 말한 이는 예수였다. 예수의 저 말은 그리스도교 윤리를 사랑을 향한 모험으로 보는 이들의 좌우명이라 할 수 있다. 그리스도교 인격주의자들은 어떠한 상황이든 연민과 친절을 베푸는 것, 즉 법을 엄격하게 준수하는 것보다 사랑을 더 중요하게 여긴다.

이처럼 그리스도교인들은 변화하는 세상에서 다양한 방식으로, 다양한 수준으로 성서, 교회의 전통적인 가르침, 사랑의 요청에 대한 인격적인 체험에 호소한다. 피임, 낙태, 성 문제와 같은 특정 문제에 대해 커다란 견해차가 있음에도 불구하고 이 모든 밑바탕에는 공통된 믿음이 있다. 즉 그리스도교인들은 모두 하느님은 사랑이시며 인간이 사랑을 체험하고 표현하게 하심을 믿는다. 그리고 사랑은 인종이나 신조의 제한을 받지 않는 타인을 향한 존중과 연민을 요청한다고 믿는다. 정확히 어떠한 실천을 요구하는지는 언제나 불분명함에도 불구하고 사랑은 그리스도교인들의 궁극적 가치로 그들이 보편적인 인류애에 헌신하게 만드는 토대다. 그리스도교인들은 자기를 내어주는 사랑이 지닌 윤리적 중요성을 인정하고 이를 진리로 받아들이며 이를 현실화하려 노력한다. 그리스도교는 언제나 정의와 인류의 번영을 위해 헌신해야 한다고 강조한다. 동시에 누군가 실패하고 잘못을 저지른다 할지라도 그를 정죄하거나 비난하기보다는 연민을 보이고 용서를 베풀어야 한다고 말한다. 인간은 일정한 도덕적 성취를 이룬다고 해서 결코 만족하거나 안식을 누릴 수 없음을 알고 있기 때문이다. 이러한 방식으로 그리스도교는 현대 세계에 윤리적 통찰을 선사하고 이해를 발전시키는 데 중요한 역할을 맡고 있다.

14

그리스도교와 문화

그리스도교는 도덕의 형태와 성격에 영향을 주었고 자신을 받아들인 문화권에 커다란 영향을 미쳤다. 또한 그리스도교는 문학, 예술, 음악, 과학 분야에서도 영향력을 행사했다. 성서는 그 자체로 역사기록, 법전일 뿐 아니라 이야기와 시를 담고 있는 위대한 문학 작품이다. 그리스도교 전통에 따르면 하느님의 영은 다윗이 시를 쓰도록, 브사렐이 성전을 설계하도록 영감을 주었다. 히브리 종교가 문서화 될 때부터 이는 힘 있는 이야기, 아름다운 시와 노래, 나무와 돌로 만든 탁월한 조각들과 일정한 연관이 있었다. 예수는 시편을 암송하는 문화에서 자랐고 본인도 인상적이면서도 통찰이 담긴 이야기를 전했다. 예수에 관한 기록들은 그가 얼마나 씨를 뿌리는 시기, 추수하는 시기를 포함해 자연 세계에 대해 잘 알고 있었고 또 사랑했는지를 보여준다. 그는 매년 열리는 축제들에 참여했는데 이 축제들에서는 보통 안무가 포함된 의식을 진행했고 곳곳에 화려한 장식을 달았다. 전통에 따르면 예수는 정교하게 무언가를 만들 수 있는 목수였다. 시각적 자극과 청각적 자극을 받아 초월적인 아름다움에 대한 감각이 일어나는 복합적인 현상, 즉 예술은 성서 종교와 매우 밀접한 연관이 있었다. 성서는 자연 세계와 별이 빛나는 하늘을 하느님의 경이롭고 탁월한 장인정신을 드러내는 것으로 그리며 지혜와 이해를 추구하는 활동을 하느님을 합당하게 찬미하는 방식으로 묘사한다. 하지만 그리스도교와 예술, 과학의 관계는 항상 단순하지 않았다. 그리스도교와 예술, 과학의 관계도 세 가지 유형으로 나누어 설명할 수 있으며 이 유형들은 대체로 연대순과 겹친다.

첫 번째 유형은 예술과 과학이 그리스도교가 추구하는 목적과 가치에 종속되는 것이다. 여기서 그리스도교 신앙은 건축, 그림, 음악, 문학을 통해 자신을 표현하려 하지만 동시에 그 표현 형태가 그리스도교의 이념에 부합하기를 바라기 때문에 예술을 일정 부분 통제하거나 검열을 한다. 그리스도교는 유럽에 최초로 대학교를 설립했으며 천문학과 같은 자연 세계에 대한 연구를 장려했다. 그러나 그때도 교회는 과학 활동이 자신의 통제 아래서 유지되도록 노력했다. 가장 널리 알려진 사례는 16세기 가톨릭 교회가 갈릴레오Galileo를 가택 연금한 사건이다. 물론 이는 천문학과 교회의 갈등이라기보다는 아리스토텔레스 천문학과 코페르니쿠스 천문학의 갈등에 더 가깝지만 말이다. 오늘날에도 일부 개신교 신자들은 성서의 가르침과 맞지 않는다는 이유로 진화론을 거부하며 이따금 과학을 교리에 맞게 하려는 시도를 벌이곤 한다.

두 번째 유형은 그리스도교인들이 대부분의 외적 표현을 배척하면서 그림, 조각, 정교한 건물과 음악, 풍부한 상상력이 담긴 소설을 모두 금하는 것이다. 이러한 유형에 속한 이들은 지극히 단순하고 근엄하며 내적인 예배에 중점을 두며 재산이 있으면 화려한 건축물을 세우는 대신 가난한 이들을 위해 쓴다. 또한, 과학과 관련해서는 자연에 대한 경험적 연구가 종교적 관점을 결여하고 있다고 생각한다. 14세기 본격적으로 과학 실험이 진행될 때 이를 하느님의 신비에 침범하려는 시도라고 주장한 그리스도교인들이 그 대표적인 예다. 유전자 조작이 하느님의 특권을 빼앗는 것이라고 보는 일부 그리스도교인들의 주장은 그 현대판이라 할 수 있다. 종종 예술가들과 과학자들은 이러한 그리스도교 엄숙주의를 과장해 비판한다. 이러한 관점을 지닌 예술가들은 그리스도교가 어떠한 기쁨도 없는 부정적인 삶의 방식이라고 말하며 과학자들은 그리스도교를 헛된 미신들의 결정체로 본다.

세 번째 유형은 예술이 그리스도교와는 별도로 발전하는 것이다. 때로 예술은 그리스도교를 대체하고 사람들에게 미적 감수성과 종교성을 심어준다. 자연에 대한 사랑, 음악에 대한 열렬한 관심 저변에는 이러한 심미적 종교성이 깔려있다. 과학자들도 종교의 대용품을 내놓는다. 일부 다윈주의자들이 자신들의 믿음을 전하는 방식은 흡사 열정적인 복음주의자들과 유사하며 의심할 여지없이 종교적이다.

이 집단 또한 종교처럼 엄격하게 준수해야 하는 교리체계와 사제 역할을 하는 이들이 있다.

그리스도교 신앙은 이렇게 자율적으로 발전한 예술과 과학을 활용해 자신의 이상을 표현할 수 있다. 심지어 그리스도교 신앙은 새로운 예술과 발전한 과학을 바탕으로 자신의 체계를 어느 정도는 재편할 수 있다. 이 세 가지 유형 모두가 그리스도교 역사에 나타났으며 그러한 면에서 그리스도교와 문화의 관계는 입체적이다. 대체로 둘은 상호작용하며 자신의 창조성을 더 풍부하게 발휘했다.

첫 번째 관점: 신앙에 봉사하는 예술과 과학

그리스도교 역사 초기에 주요한 예술 활동은 교회와 대성당을 건축하는 것이었다. 4세기 말 그리스도교인들은 순교자들의 성유물relic을 보관하고, 갈수록 정교해지는 전례를 수행할 공간을 확보하기 위해 로마 법정을 본뜬 바실리카를 짓기 시작했다. 12세기에 이르자 유럽 그리스도교인들은 창조주와 그가 만든 교회의 힘과 장엄함을 증언하는 차원에서 거대한 성당을 만들었다. 다양한 상징으로 가득 차 있는 이 건물은 보통 십자가 모양을 하고 있으며 동쪽 끝에는 제대가 있다. 창문과 벽에는 성서의 주요 장면이 새겨져 있으며 높은 아치형 천장과 첨탑이 하늘을 향해 뻗어 가는 모습을 하고 있다. 피라미드가 죽음에 대한 고대 이집트인들의 관심과 파라오의 불멸을 향한 희망을 표현했듯 거대한 성당은 초월자이자 창조주인 하느님이 성도들 가운데 임해 그들의 안녕을 위해 몸소 희생하는 것을 표현하고 재연한다. 이 공간은 이런저런 상징들을 활용해 개인 신앙의 성장을 도모하는 공간이거나 사람들이 모여 교제하는 공간이 아니다. 적어도 그것이 이 공간의 본질은 아니다. 이 공간은 성사적 공간sacramental space, 즉 하늘과 땅이 만나는 지점이다. 여기서 창조주는 불멸이라는 약으로 신자들을 치유하고 그들을 신성한 생명의 삶으로 인도한다.

동방 정교회에서는 회중으로부터 일정한 거리를 두고 성화들로 덮은 거룩한 가림막인 성화벽iconostasis이 있고 그 벽 너머에는 성체가 있다. 회중이 촛불과 성화들 사이로 이동하면 성화벽의 거대한 문이 열리고 회중은 빵과 포도주를 축성하는 모습을 보게 된다. 장엄한 분위기 가운데 천상의 신비에 참여함을 상징하는 차원에서 회중은 축성된 빵을 받는다. 이 전례에는 객관성이 있다. 전례는 고유한 질서를 따라 진행되며 효력을 발휘한다. 회중은 왔다 갔다 하면서, 돌아다니며 이야기를 나누기도 하고, 찬송하기도 하며 일정한 기도문을 함께 읽기도 한다. 이러한 과정에서 사람들은 이 모든 일을 하느님이 진행하고 있음을 의식한다. 전례 가운데 사람들은 다양한 방식으로 하느님의 활동에 참여한다. 그리고 이로써 물리적인 건물은 하느님의 구원 활동이 지역 공동체에 그 모습을 드러내는 장소가 된다. 정교회 전례는 성육신하여 온 인류를 치유하는 그리스도를 강조하는 경향이 있다. 그리스도는 물질을 거룩하게 하는 이다. 전례에 참여하는 이들은 성인들, 특히 그의 어머니인 복된 동정녀 마리아의 중재를 통해 그의 은총을 받는다. 그렇게 그들의 죄는 용서받고 치유된다.

로마 가톨릭 교회에서도 회중에게서 멀리 떨어져 있는 제대에서 빵과 포도주를 축성한다. 이때 사제들은 회중으로부터 등을 돌려서 제대를 바라본다. 화려한 장식이 되어 있는 의복, 정교한 음악, 향, 촛불, 길고 좁은 창문들을 뚫고 들어오는 햇빛, 이 모든 것은 신자들의 경외감과 신비에 대한 감각을 고무한다. 축성의 순간, 종이 울리고 사제들은 무릎을 꿇는다. 모여 있는 모든 이가 육신이 되신 하느님을 경배한다. 여기서 중심 상징은 하느님이 언제나 신비와 낯선 빛이면서도 물질이라는 형태로 자신의 백성에게 온다는 것이다. 그중에서도 성도들, 특히 신심이 깊은 이들은 거룩한 빵과 포도주를 먹고 마시고 하느님의 생명을 받아들이기 위해 제대로 나아간다.

라틴 전통, 서방 교회 전통에서는 그리스도의 희생을 가리키는 십자가를 강조하는 경향이 있다. 11세기 이후 서방 교회에서는 세상의 죄로 인해 고난을 받은 그리스도를 강조하기 위해 수없이 많은 십자고상十字苦像, Crucifix을 제작했다. 서방 교회에는 보통 성화가 없지만 대신 조각상, 특히 복된 동정녀 마리아상이 있다. 또한 서방 교회는 스테인드글라스를 활용해 창에 새긴 거룩한 문양들이 빛을 받아 빛나게 함으로써 창조주의 창조와 구원 활동을 체험할 수 있게 했다. 그리고 서방 교회에는 수많은 성지가 있다. 이곳의 제대에는 성인의 유품이 있으며 신자들은 성지를 순례하며 곳곳에 설치된 예배소에서 개인 기도 시간을 가진다.

성당에서 하는 장엄하면서도 화려한 전례든, 성지에서 이루어지는 개인의 소박한 경건 활동이든 여기에는 주교에서 사제로, 사제에서 회중으로 흐르는 은총의 위계질서가 있다. 주교좌에 앉아 있는 주교, 제대 옆에 있는 사제, 그리고 둘로부터 거리를 두고 앉아 있는 평신도 회중은 그 자체로 교회라는 몸에서 각 지체의 기능과 위치를 가리키는 상징이다. 그렇기에 서방과 동방에 있는 대성당들은 거룩하면서도 위계질서가 있는 힘의 중심지다. 이 힘은 제자들을 하느님의 용서와 은총에 기대어 살아가는 공동체를 이루도록 하느님이 주셨다. 하지만 어떤 그리스도교인들, 특히 개신교인들에게 이러한 그리스도교적 삶에 대한 이해는 낯설다. 때때로 그들은 웅장한 대성당은 과시적이라고 생각한다. 그리고 회중이 진심으로 참여하든 안 하든 간에 계속 진행되는 전례 형식에 불편함을 느낀다. 칼뱅과 루터는 모든 신자가 하느님의 말씀을 좀 더 의식하고 이해하며 받아들이기를 바랐고 그러한 맥락에서 예배를 단순화했다. 그렇기에 개신교회는 건축학적으로 덜 화려하고 별다른 성화나 조각상을 설치하지 않는다. 지중해 지역 가톨릭 대성당이 자아내는 바로크풍의 화려함은 개신교회에 없다. 대신 개신교회에는 고유한 아름다움, 단순미가 있다. 개신교회는 신앙을 표현하는 시각 상징들을 강조하지 않는 반면, 성서에 담긴 말씀과 이에 기반을 둔 설교를 강조한다. 그렇기에 설교를 하는 강대상을 돋보이게 하며 어떤 때는 제대보다 더 높이 배치해놓기도 한다. 성찬을 좀 더 소박하게 기념하는 차원에서 제대를 '거룩한 식탁'으로 대체할 때도 있다. 오르간이 발명되자 수많은 개신교회에서는 이를 적극적으로 사용했는데, 이러한 맥락에서 개신교는 '봄sight의 종교'라기보다는 '들음의 종교'라 할 수 있다. 개신교회는 개인 경건 생활보다는 함께 설교를 듣고 기도하며 찬송하는 것을 강조한다.

개신교 신자들은 신비와 경외감을 일으키는 예식보다는 하느님을 향한 단순한 마음을 더 중시한다.

개신교 신자들은 "새긴 우상"을 만들지 말라는 성서의 금지 조항 때문에 조각상에 부정적이다(출애 20:4).* 그러나 공식적으로 하느님을 묘사하는 것을 금지한 히브리 예술과는 달리 그리스도교인들은 초기부터 신성을 재현하기 위해 그림을 그렸다. "새긴 우상"을 만드는 것을 금하는 조항을 어떤 이들은 신성을 재현하는 모든 예술을 금하는 것으로 받아들였다. 그러나 그리스도교에서는 예수가 "보이지 않는 하느님의 형상", 영원한 하느님의 역사적 표현이라는 믿음을 성찰하면서 변화를 겪었다. 하느님이 인간의 형태를 취하셨으므로 예술을 통해 그 형태를 묘사하는 것은 허용할 수 있다고 초기 그리스도교인들은 생각했다. 그러한 묘사는 이 세상에 임한 하느님을 더 분명하게 알리는 기능을 할 뿐 아니라 물질세계가 영적 실재를 표현할 수 있음을 상기한다.

3세기와 4세기 무덤에서는 젊고 수염이 없는 목동 예수 그림이나 영광의 보좌 위에 앉아 있는 예수 그림이 흔히 발견된다. 동방 교회에서는 예수, 마리아, 성인들을 자주 그림이나 조각으로 묘사했고 특히 그리스도의 젊음과 생명력, 영광 속에 있는 그의 모습, 그를 따르는 이들에게 영원한 생명을 주는 그의 능력 등을 강조했다. 상대적으로 십자가는 그리 강조하지 않았다. 십자가 사건을 끔찍하고 유혈이

---

* "너희는 위로 하늘에 있는 것이나 아래로 땅 위에 있는 것이나, 땅 아래 물 속에 있는 어떤 것이든지 그 모양을 본떠 새긴 우상을 섬기지 못한다." (출애 20:4)

낭자한 사건으로 이해했기 때문이다. 7~8세기 동방 교회의 '성상 파괴론자'iconoclast들은 성상을 일종의 우상으로 보고 성상을 공경하는 관습에 반대했다. 그러나 많은 논쟁 끝에 기원후 843년 동방 교회에서는 교회 회의를 열어 '(성상을 공경하는) 정통의 승리'Triumph of Orthodoxy를 선언했다. 이 선언은 분명하게 성상이 공경의 대상이 될 수 있음을 밝혔다. 이후 성상은 동방 교회 전례의 필수 요소가 되었다.

성상은 창조 질서가 거룩함을, 혹은 잠재적으로 거룩함을 지니고 있음을 표현하며 시각적 예술작품이 초월적인 영적 실재에 대한 지식을 전달할 수 있음을 일깨운다. 시간이 흐르며 성상을 그리는 법에 대한 매우 엄격한 규제가 이루어졌다. 물질이 거룩함을 투명하게 반영할 수 있다는 믿음은 여전했지만, 교회는 이를 표현하는 성상의 형식을 제한했으며 통제했다. 결과적으로 이는 종교 예술과 세속 예술이 별도로 발전하는 계기가 되었다. 권위를 지닌 교회가 제도를 통해 예술작품이 '올바른' 도덕, 종교적 의미를 표현하도록 검열하려 할 때 참된 예술적 창조성을 억누를 위험이 있다. 물론 교회가 이렇게 했던 이유는 예술적 창조성이 아름다움뿐만 아니라 (가학증, 피학증으로 가득한 음란물처럼) 타락과 부패를 표현하는 데 쓰일 수 있음을 알고 있었기 때문이다. 여기서 균형을 이루기란 결코 쉬운 일이 아니다. 그렇기에 정교회 세계에서는 종교 예술에서 전통을 유지하는 방식을 택했다.

두 번째 관점: 신앙으로부터 분리된 예술과 과학

서로마제국에서 부족들 사이에서 일어나던 전쟁이 끝나고 어느 정도 사회가 안정되자 예술에 대한 더 복잡한 태도가 등장했다. 14세기 후반 유럽에서는 고대 그리스·로마 예술의 이상과 그리스도교의 주제가 융합된 새로운 예술이 탄생했다. 이를 우리는 르네상스Renaissance라고 부른다. 예술가들은 모든 그림을 일종의 상징으로 간주하고 양식화되고 추상화된 그림을 그리려는 경향에서 벗어나 좀 더 역동적이고 유동적이며 인간 삶을 보이는 그대로 담아내려 했다. 물론 주제들은 여전히 종교적이었고 그림 곳곳에는 종교적 상징이 가득했지만, 예술가들은 그러한 가운데서도 인간이라는 존재를 좀 더 강조하려 했다. 그들은 그리스도교 신앙 또한 인간 세계에 대한 사랑을 회복한 문화 전통 아래 놓여야 한다는 새로운 신념을 갖고 있었다.

이는 4~5세기 신학자들이 플라톤주의의 영향을 받아 그리스어로 그리스도교 교리를 정식화하며 염두에 두었던 과제와 정확히 일치한다. 당시에는 급진적이고 혁신적이었던 이 교리들은 성상 예술이 정형화된 틀로 자리 잡은 것처럼 개혁할 수 없는 교리들로 고착화되었다. 르네상스 시기 네덜란드, 그리고 이탈리아에서는 예술, 문학, 음악이 재탄생했다. 기존의 예술 전통들은 사람들이 영적 실재를 감지하는 것을 목표로 했다. 예술가들은 지상에 있는 사물을 영적인 것을 가리키는 상으로 전환하려 노력했으며 그 연장선에서 특수한 인간성을 추상화했다. 그러나 르네상스 시대 예술가들은 더는 이러한 목표를 추구하지 않았다. 대신 그들은 영적인 것들을 인간으로 온전히 구현하려 했다. 프라 안젤리코Fra Angelico와 보티첼리Botticelli는 무인격적이고 전통적인 성상을 고전적인 인문주의의 영향 아래 개별 인물로 대체했다. 특정 형태에 관한 고전주의적 관심과 사물이 정확히 그 개별성 속에 초자연적 운명을 품고 있다는 그리스도교 신앙이 융합되어 그리스도교 인문주의Christian humanism가 탄생했다. 그리스도교 인문주의자들은 영적인 것은 물질적인 것과 대립하는 것이라고, 모든 감각의 즐거움을 부정해야 얻을 수 있는 것이라고 여기지 않았다. 특정 소재에서만 아름다움을 발견할 수 있다고 생각하지도 않았으며 교양 있는 소수만 이를 누릴 수 있다고 보지도 않았다. 그들은 인간 세계를 이루는 모든 특수한 것들이 무한한 가치를 머금고 있다고 보았다. 하느님이 그 모든 것에 신성한 생명을 주었기 때문이다. 예수의 인성이 신성한 생명을 만나 변모되었듯 시간에 매인 것들도 영원의 차원에 오르게 되었다고 그리스도교 인문주의자들은 이야기했다. 이렇게 세계를 이해하기에 인문주의는 더는 그리스도교 신앙과 충돌하지 않았다. 하느님이 인간을 통해 의도한 독특한 현실, 인간을 통해 이루신 바를 찬미해야 하는 것, 인간을 멸시해야 할 대상이 아닌 신성을 발현하는 특별한 존재로 존중하는 것이야말로 신앙의 역할이라고 그리스도교 인문주의자들은 생각했다.

르네상스 미술 작품들에서, 단테Dante, 페트라르카Petrarch, 보카치오Boccaccio의 문학 작품에서, 초서Chaucer와 셰익스피어Shakespeare의 작품들에서 우리는 권위를 지닌 교회의 제한을 받았던 창조적 사유가 해방되었음을 감지할 수 있다. 이 작품들은 모두 교회 제도, 혹은 교회가 선언하는 바에 별다른 관심을 기울이지 않으며 경의를 표하지 않는다. 그리고 이 작품들은 모두 감각 세계의 모호함과 비극성을 예리하게 관찰하면서도 그 선함을 찬미한다. 분명 초점이 인간, 개인으로 이동했다. 그러나 그러한 와중에도 초월적인 차원은 폐기되지 않았다. 그리스도교 인문주의자들은 인간의 삶을 숭고해지려는 분투, 선과 악의 싸움, 근본적으로 선하나 심각한 결점을 지닌 인간 본성에 대한 내적 투쟁의 장으로 여겼다. 그들은 개별성을 찬미했으며, 심판을 두려워하면서도 선이 궁극적으로 승리할 것이라는 희망을 품고 있었다. 이 시기 유럽에는 중앙집권적인 제도에서 벗어난, 인간 삶에 대한 새로운 전망이 제시되었다. 초월적인 차원에 대한 그리스도교 인문주의 시인과 화가들의 새로우면서도 세심한 해석, 성육신에 대한 새로운 이해가 이 전망을 가능케 했다.

어떠한 면에서 이러한 전망은 그리스도교의 탄생기에 이미 제시되었다고 볼 수 있다. 네 편의 복음서는 역사적 사실에 근거하지만 일종의 소설novel로 볼 수도 있다. 복음서는 예수의 삶과 고난을 너무나도 짜임새 있고 감동적으로 묘사한다. 족장들의 삶을 다룰 때, 복음서가 예수의 삶을 다루며 택한 이야기 전달 방식은 서사Narrative다. 예수도 종종 서사를 활용해 가르침을 전하곤 했다. 그렇기에 서사는 그리스도교 문화의 특징이 되었다. 즉 그리스도교에서는 처음부터 인간 실존 깊은 곳에 자리한 진리는 이야기를 통해 드러나야 한다고 보았다. 이때 이야기는 신들gods, 혹은 태고의 존재들이 머무르고 있는 신비로운 영역에 관한 공상적인 이야기가 아니다. 오히려 이야기는 어떠한 방식으로든 초월적인 차원과 접촉했던 평범한 인간들의 삶을 다룬 이야기다. 그리스도교가 교리를 통해 제시하는 하느님은 인간이라는 형태로 성육신한 하느님이다. 이는 곧 일상적인 것the mundane과 성스러운 것the sacred이 분리되지 않음을 뜻한다. 하느님의 본래 의도에 맞게 있다면 일상적인 것은 거룩한 것을 전달하는 매개가 된다. 물론 거룩한 것을 온전히 담아내기에 일상적인 것은 너무나 연약하며 무능하다. 이러한 생각은 수많은 그리스도교 문학 작품에 나타난 비극적 전망의 원천이다.

누군가는 결국 모든 일이 행복한 결말을 맺는 '신성한 희극(신곡)'Divine Comedy의 형태를 띄기 때문에 비극적인 그리스도교 전망이란 불가능하다고 주장할지 모른다. 그러나 피조물이 자신의 가능성을 실현하는데, 자신이 되어야 할 모습이 되지 못하는 데서 비극이 발생한다. 비극은 본래 있었던 무언가를 상실했음을, 자기애에 빠진 이들의 부주의와 냉담함으로 무고한 사람들이 고통받고 있음을 알려준다. 어떠한 선善은 결코 회복할 수 없다고, 만물이 회복되기를 바란다 할지라도 인간의 죄악이 초래한 고통으로 인한 상처, 그 상처에 새겨진 기억은 언제나 남아 있을 것이라고 비극은 말한다. 물론 사르트르와 카뮈Camus의 작품들처럼 제도 종교를 거짓된 해방구로 묘사하는 문학 작품들도 많다. 그러나 인간 상황에 대한 이들의 분석은 깊은 차원에서 그리스도교적 견해와 유사하다. 심지어 이 작품들이 공통으로 보이는 제도 종교에 대한 적대감 역시 그리스도교의 통찰과 완전히 무관하거나 대립하지 않는다. 예수를 죽인 것은 종교 기득권층이었기 때문이다. 그리고 저 작품들 역시 허무에 굴복할 수밖에 없는 세상에서 사랑과 연민을 통한 역설적인 구원의 가능성을 그린다.

유럽 문학에서는 부활과 영생보다는 타락과 십자가에 좀 더 관심을 보이는 경향이 있다. 부분적인 이유는 도스토예프스키Dostoevsky가 말했듯 선을 묘사하기란 매우 어렵기 때문이다. 어쩌면 성육신을 이야기하는 그리스도교의 차안성worldliness이 부활과 영원이라는 '다른 세계'를 묘사하기 어렵게 만드는 것일지도 모른다. 사실 누구든 그러한 세계에 관해서는 실마리, 어둠 속에서 희미하게 빛나는 빛만 보여줄 수 있을 뿐이다. 예수의 부활에 대해 정확히 알 수 없듯 우리는 인간의 부활이 정확히 어떨지 알 수 없다. 그래서 문학은 회복하는 사랑, 자기희생의 힘, 불완전하지만 충만한 삶을 향한 질긴 희망에 대해 좀 더 많이 이야기한다. 셰익스피어의 『리어왕』King Lear, 도스토예프스키의 『카라마조프가의 형제들』The Brothers Karamazov, 카뮈의 『페스트』The Plague 등의 작품에서 사랑은 구원의 힘이지만 인간에게 구원은 감추어졌으며 심지어 불확실하다.

이는 예수가 십자가에서 용서를 선언함과 동시에 처절하게 울부짖으며 죽었다는 사실을 반영한다. 그다음 일어난 일(부활)은 더는 객관적인 의미에서 역사에 해당하지 않으며 오직 신앙을 바탕으로 한 내적 체험으로만 이해할 수 있다. 그렇기에 그리스도교 문화권에서 고전 반열에 오른 문학 작품들은 사후 세계를 분명하게 묘사하지 않으며 인간 세계에서 일어나는 기적적인 일들에 별다른 관심을 두지 않는다. 오히려 이 작품들은 삶의 파편성과 인간의 실패와 연약함, 그럼에도 불구하고 매혹적인 인간의 모습과 독특한 개성, 대체할 수 없는 인격에 관심을 기울인다. 그리스도교의 영향을 받은 작가들은 인간의 삶 한가운데서 격렬한 도덕적 갈등이 일어남을, 무한을 향한 열망에 기대어 어떠한 결단을 내릴 수 있다는 점을 받아들인다. 그렇기에 이러한 생각을 반영한 작품들은 용서와 회심의 가능성, 인간의 연약함 가운데서 나타나는 화해의 가능성을 제시한다. 물론 화해가 완벽하게 이루어지지는 않는다. 하지만 인간의 존엄성에 대한 흔들리지 않는 믿음, 선을 향한 꺼지지 않는 희망, 인간이 스스로 달성할 수 없는 구원에 대한 소망이 언제나 작품들에 묻어있다. 그리스도교 이후 세계는 그리스도교로부터 인간 영혼에 대한 믿음을 유산으로 물려받아 개인의 개성에 커다란 관심을 기울이며 위에서 언급한 주제들을 예리하게 표현했다.

달리 말해 그리스도교는 문학에 어떤 기풍을 선물했다. 이 기풍의 특징으로는 차안성, 개인에 대한 관심, 인간의 연약함과 소외에 대한 관심, 도덕적 선택의 중요성, 초월의 순간과의 모호한 만남 등을 들 수 있다. 그리스도교의 영향을 받은 문학 작품들은 있는 그대로의 세계에 관심을 기울이면서도 이 세계를 변화시킬 구원을 갈망한다. 괴테와 셰익스피어의 희곡, 디킨스의 소설은 이를 분명하게 보여준다. 이 작품들은 노골적으로 경건하거나 종교적인 작품은 아니지만, 인간 실존이 지니는 비극성과 숭고함, 이해하기 어려운 인간 본성의 초월적 성격을 충분히 의식하고 있다. 심지어 단테와 밀턴Milton의 종교적인 작품들도 인간의 개성에 관심을 기울인다. 낭만주의자들의 시는 자연에 영적 가치를 부여한다. 그러므로 그리스도교의 영향을 받은 유럽 문학 작품들은 노골적으로, 분명하게 그리스도교의 주제를 다루지는 않지만 모두 영적 실재를 담고 있는 일상, 그 일상을 살아가는 인간, 그 인간이 속한 세상에 커다란 관심을 기울인다. 성육신 사상, 그리고 물질 세계에 성령이 묻어 들어가 움직이고 있다는 사상은 유럽의 문학적 상상력에 커다란 영향을 미쳤다.

1455년 인쇄기가 발명되고 난 뒤 문학 작품은 훨씬 더 광범위한 독자층을 갖게 되었으며 다양한 성서 번역본들이 제작되었다. 15세기 독일에서만 열여덟 개의 번역본이 나올 정도였다. 고풍스러운 라틴 미사, 아름다운 수도원에 더해 수백 가지 언어로 된 성서가 그리스도교의 유산이 되었다. 특히 제임스흠정역 성서는 (비록 어느 정도 오역이 있기는 했으나) 그때까지 어떠한 작품도 담아내지 못한 영어의 아름다움을 보여주었다. 그리스도교 신앙은 대중의 감성에도 호소력을 발휘하는 문학 형식으로 표현되기도 했는데 성가와 묵상집이 그 대표적인 예다. 그리고 이 언어들을 음악으로 만드는 것은 자연스러운 일이었다. 16세기부터 교회에서는 로마 가톨릭과 개신교를 가리지 않고 새로운 화음을 연구했다. 그 결과 새롭고, 강한 호소력을 갖춘 교회 음악 작품들이 나왔다.

중세에는 시편 낭송과 성찬 전례 덕분에 합창과 '다음_{多音} 노래'polyphonic singing가 발전했다. 서방 교회에서 이러한 교회 음악은 팔레스트리나Giovanni Pierluigi Da Palestrina의 음악에서 정점을 이루었다. 그는 엄숙하면서도 복잡한 화음을 활용해 전통적인 라틴어 본문이 잔잔한 분위기 가운데 아름다운 소리로 울려 퍼지게 했다. 많은 사람은 여전히 팔레스트리나의 음악(사색적이면서도 고요한 분위기, 그리스도교 전례 본문으로 이루어진 아름다운 가사)을 종교 음악의 전형으로 본다.

어떤 이들은 이탈리아 대가들의 그림과 조각상으로 가득 찬 고딕 양식의 대성당에서 팔레스트리나의 음악이 울려 퍼지는 엄숙한 전례야말로 참된 그리스도교 예배라 여길 것이다. 그러나 어떤 이들에게 이러한 예배는 단순한 신앙을 배신하는 행위이자 가난한 이들에게 줄 수 있는 돈을 낭비하는 것으로밖에 보이지 않을 것이다. 12세기 클레르보의 베르나르두스Bernard of Clairvaux는 친구 생 티에리의 윌리엄William of St Thierry에게 편지를 썼다.

> 헛되고 헛되도다. 교회는 모든 면에서 휘황찬란하게 빛나지만 가난한 이들은 배고픔에 허덕이고 있다네.

세 번째 관점: 신앙에 대한 대안으로서 예술과 과학

유럽 계몽주의가 시작되면서 예술이 그리스도교에 봉사하기를 원하는 사람들과 예술을 단순한 마음으로 드리는 예배와 가난한 사람들을 섬기는 활동으로부터 멀어지게 만드는 사치스러운 방향으로 본 사람들 사이에 논쟁이 일어났다. 교회는 (플라톤이 시와 음악이 숭고한 주제들만을 다루도록 제한해야 한다고 했듯) 그리스도교에 적합한 그림과 음악만을 만들도록 예술가들을 통제했다. 그러나 예술은 이미 자율적인 문화를 형성하고 있었다. 이제 바흐Johann Sebastian Bach의《마태오 수난곡》St Matthew Passion이나 헨델George Frideric Handel의《메시아》Messiah처럼 그리스도의 삶과 수난이라는 주제로 사람들의 마음 깊은 곳까지 파고드는 작품은 나오지 않는다. 이미 바흐와 헨델도 무곡舞曲, 오페라 등 세속적인 음악을 만들고 있었다. 이후 세대인 모차르트Wolfgang Amadeus Mozart, 하이든Franz Joseph Haydn, 베토벤Ludwig van Beethoven 또한 탁월한 종교 음악을 작곡했지만, 사람들은 그들을 (특별한 종교적 의미가 없는) 교향곡을 작곡한 이들로 기억한다. 문학, 그림과 마찬가지로 음악도 종교에서 벗어나 자신만의 길을 걸어가기 시작했다. 작곡가들은 새로운 화음을 만들었고 끊임없이 형식을 발전시켜 나가는 데서 즐거움을 누렸다.

음악 형식의 새로운 발전, 세속적인 주제들에 대한 관심, 회의주의 철학 사조들의 부상은 곧 종교적 삶과의 점진적인 단절을 뜻했다. 물론 17~18세기 유럽 사람들은 여전히 세계가 합리적인 창조주의 작품이라는 믿음을 갖고 있었다. 근대 과학의 위대한 창시자이자 오늘날 유니테리언과 유사한 이해를 갖고 있던 경건한 그리스도교인 아이작 뉴턴Isaac Newton은 '자연이라는 책'Book of Nature에서 하느님의 영원한 법을 읽어낼 수 있다고 주장했다. 뉴턴뿐만 아니라 당시 지식인들은 세계가 이성적인 구조를 갖고 있기에 이성을 통해 이해할 수 있다고, 그리스도교는 전적으로 합리적인 신앙이라고 확신했다. 실제로 (교회의 주도로 만든) 최초의 유럽 대학교들은 이러한 신념을 공유했으며 교회는 우주에 대한 과학적 탐구를 장려했다. 오늘날 사람들은 갈릴레오와 가톨릭 교회, 다윈과 일부 그리스도교 사상가 사이에 일어난 논쟁들에 대해 과학과 (미신으로 가득 찬) 종교의 대결로 보려는 경향이 있다. 그러나 당시 교회에는 천문대, 천문학자, 실험실, 생물학자들이 있었고 논쟁은 꽤 합당한 방식으로 이루어졌다. 좀 더 중요한 점은 그리스도교 신앙은 우주를 이성적인 하느님(혹은 이성적인 원리인 로고스)이 자유롭게 창조 활동을 한 결과물로 본다는 것이다. 그러므로 우주는 스스로의 힘만으로는 존재할 수 없는 우연한 존재이지만, 엄연히 지적 체계를 갖고 있으며 하느님의 형상으로 만들어진 인간은 이를 이해할 수 있다. 그러한 믿음이 경험 과학을 가능케 했으며 뉴턴과 멘델Gregor Mendel 같은 그리스도교인 과학자들은 물리학, 천문학, 생물학의 최전선에서 중요한 성과를 이룩할 수 있었다. 과학의 발전 과정에서 논쟁은 언제나 일어나기 마련이며 과학이 생기와 창조성을 유지하기 위해서 논쟁은 일어나야 한다. 이는 자명한 학문의 이치다. 간과해서는 안 될 점은 지난 3세기 동안 그리스도교 정신은 과학의 진보에 영감을 주었다는 것이다. 그리스도교인들은 언제나 하느님이 당신의 지혜로 우주를 합리적인 구조를 지닌 아름답고 질서정연한 체계로 창조했다고 믿었다. 17세기 후반 등장한 대표적인 철학자, 과학자인 로크John Locke, 라이프니츠Gottfried Wilhelm Leibniz, 뉴턴은 모두 우주는 합리적이며 이성을 지닌 인간은 이를 이해할 수 있다는 낙관적인 시각을 갖고 있었다. 비록 전통적인 그리스도교의 신비로운 요소들(이를테면 삼위일체, 성육신, 미사)에 대해서는 의구심을 갖고 있었지만, 창조세계의 합리성이라는 교리에 대한 신앙은 단 한 번도 흔들리지 않았다.

그러나 유럽 사회는 이내 흔들리기 시작했다. 로마 가톨릭과 개신교는 종교 전쟁을 벌였고 사람들은 점차 구체제, 부를 상속받고 특권을 누리는 이들을 향해 분노를 표출했다. 그리고 이는 프랑스 혁명으로 이어졌다. 이성을 최대한 발휘하자 오히려 이성의 신뢰성이 무너지는 것처럼 보였다. 1781년 칸트Immanuel Kant는 『순수이성비판』Kritik der reinen Vernunft을 통해 감각 경험의 영역에서 적절한 범위를 넘어 이성을 썼을 때 필연적으로 모순을 낳을 수밖에 없다고 주장했다. 다소 특이하게 자신을 최초의 그리스도교 철학자로 생각했던 헤겔Georg Wilhelm Friedrich Hegel은 더 나아가 이성의 모순은 인간의 이해로는 파악할 수 없는 실재의 본성에 대한 실마리라고, 더 고차원적인 형태의 합리적 직관을 통해서만 이 실재를 이해할 수 있다고 주장했다. 음악과 문학에서 일어난 낭만주의 운동은 예술을 종교의 차원으로 끌어올렸다. 예술가들은 더 비범한 방식으로 자연 세계의 아름다움을 포착했다. 화가들은 숨을 멎게 하는 산의 풍경, 천둥 번개를 동반한 하늘을 그렸다. 시인들은 꽃과 언덕이라는 유한한 소재를 활용해 무한에 대한 감각을 불러일으켰다. 리하르트 슈트라우스Richard Strauss나 바그너Wilhelm Richard Wagner와 같은 음악가들은 감정을 고양하는 교향시를 작곡했다. 이 모든 시도는 그리스도교의 교리를 전혀 고려하지 않았다. 각 예술 장르는 초월적인 영적 경험을 가능케 하는, 신성을 감지할 수 있게 해주는 관문을 자처했다.

하지만 종교가 된 예술은 성인이나 학자를 배출하지 않았다. 그 위험은 독일 민족사회주의자들이 바그너의 음악을 활용하면서 분명해졌다. 신성에 대한 감각, 신비로운 전체에 대한 감각, 자연과 하나되었다는 느낌은 너무나도 쉽게 '민족정신'에 대한 맹목적 충성으로 연결되었다. 다윈, 마르크스Karl Marx가 강조했던 권력 및 생존 의지와 동맹을 맺은 것이다. 이를 염두에 두면 그리스도교는 여전히 예술에 무언가를 줄 수 있는 것처럼 보인다. 한때 그랬듯 예술에 전통의 규칙을 부과해야 한다거나 사치스러운 활동으로 간주하고 비판해야 한다는 이야기가 아니다. 그리스도교는 예술가들이 유한한 형태들 가운데서 초월에 대한 감각, 깊이에 대한 감각을 익히도록 격려할 수있다. 또한, 예술가들에게 우리가 자기를 내어주는 예수의 사랑, 만물에 형태와 질서를 부여하는 성령의 지혜를 좀 더 깊이 이해할 수 있도록 도움을 요청할 수 있다.

마찬가지로 그리스도교는 우주를 과학적으로 이해하는 활동에도 중요한 메시지를 전달할 수 있다. 과학은 생명 존중을 요청하는 도덕적 제약을 경시하며 우리가 살고 있는 지구 자체를 치명적인 위험에 빠뜨릴 가능성이 있다. 도덕적 지혜의 통제를 받지 않는 지식을 추구했던 파우스트처럼 과학은 자연을 지배하는 힘을 탐하되 그 윤리적 책임은 지려 하지 않을 수 있다. 그러한 와중에 그리스도교는 인간 생명과 하느님의 창조를 풍요롭게 하는 만물이 지닌 가치에 대한 감각을 키워줄 수 있다. 또한, 그리스도교는 과학이 근본적으로 지혜를 추구하는 것임을, 그 지혜의 목적은 모든 생명체의 안녕임을, 과학 지식은 하느님의 존재와 아름다움을 표현하는 창조세계가 좀 더 온전해지고 건강해지는 데 쓰여야 함을 일깨울 수 있다. 그리스도교는 과학에 하느님의 목적과 섭리를 상기시켜줌으로써 우주를 단지 우연과 필연의 결과로 보는 데서 나오는 무의미함과 환멸에 저항할 수 있게 해준다.

분명 오늘날 제도 교회는 더는 예술과 과학을 통제하지 못한다. 그러나 그리스도교 교회들은 여전히 자연 세계에서 하느님의 지혜, 아름다움, 사랑의 표지를 찾아내려 하고 있으며 사람들에게 자신들이 들은 자연의 소리, 자신들이 본 풍경을 형상화해 눈과 귀를 즐겁게 할 뿐 아니라 모든 아름다움과 진리의 원천인 창조주 하느님을 묵상할 것을 장려하고 있다. 그리스도교가 비잔티움제국과 서로마제국에서 전 세계로 확산되면서 유럽만이 아닌 다양한 문화권들도 창조된 우주가 머금고 있는 미적 잠재성에 대해 새로운 통찰을 갖게 될 수 있을 것이다. 이와 맞물려 그리스도교 예술, 음악, 과학은 시간이 지날수록 훨씬 더 보편성을 갖게 될 것이다. 그리스도교는 좀 더 자유롭게 은유와 심상을 활용할 수 있게 될 것이며 예술이 (윌리엄 블레이크William Blake의 말을 빌리면) "손바닥으로 무한을 쥐고, 찰나의 순간에 영원을 담"도록 장려할 것이다.

과학과 예술은 모두 창조적인 인간 정신, 혹은 영의 표현이다. 우리는 이 정신, 혹은 영으로 창조적인 사랑으로 우주를 빚어낸 하느님의 정신, 혹은 영인 성령을 알게 된다. 그리스도교인들은 이 성령을 예수를 통해 새롭고 더 인격적인 형태로 알게 된다. 그러므로 인간의 정신이 하느님의 정신, 즉 성령의 영향을 받는 한 그리스도교 예술과 과학은 성령의 창조에 협력해 새롭게 우주의 형식들을 다듬어가는 고유한 역할을 감당할 것이다.

15

기도

지금까지 그리스도교가 윤리, 예술, 과학에 미친 영향을 살펴보았다. 그리스도교가 이들과 맺은 관계 방식은 다양하지만 적어도 그리스도교가 이들에게 깊은 영향을 주었다는 사실만큼은 부정할 수 없다. 어떤 이들은 그리스도교가 도덕적 가르침, 예술적 성과, 과학 탐구에 미친 영향만으로도 그리스도교를 높이 평가할 것이다. 그러나 누가 어떻게 그리스도교를 보든 간에 그리스도교의 핵심은 기도, 즉 인간이 지성과 감정을 발휘해 하느님과 의식적인 관계를 맺는 것이다. 그리스도교의 기도는 공적 예배, 개인 기도, 침묵이 주를 이루는 관상이라는 세 가지 주요 형태로 나뉜다. 이는 곧 기도의 본질과 관련해 세 가지 주요 관점이 있음을 뜻한다. 물론 이 관점들은 공존하며 서로를 보완하는 역할을 한다.

첫 번째 관점: 전례

　인간은 다른 사람들에게 배운 언어로 자신의 생각을 표현한다. 인간의 감정은 다른 사람들에 대한 반응으로 일어난다. 그러므로 기도는 자연스럽게 공적인 행위가 된다. 기도를 통해 우리는 다양한 상황에서 하느님께 말을 걸고 반응하는 법을 익히고 발전시킨다. 그리스도교인들이 수 세대에 걸쳐 기도의 기술을 함께 갈고 닦아왔음을 염두에 둔다면, 홀로 하느님께 말을 건네는 적절한 방식을 찾으려 하는 것은 그리 현명한 일이 아니다. 수많은 그리스도교 공동체가 매일 공적 기도와 예배를 규칙적으로 행함으로써 하느님과 관계를 맺으며 살아가려 노력했다. 이에 따라 만들어진 전통을 우리는 교회의 공적 기도Public prayer, 혹은 전례liturgy라고 부른다. 전례를 통해 그리스도교인은 하느님을 찬미하며 그리스도의 몸인 교회는 자신의 머리, 지지자, 목적인 그리스도와 관계를 맺는다.

　수도원에서는 "하루에도 일곱 번씩 주님을 찬양"(시편 119:164)한다는 성서 구절을 따라 매일 '성무일도'Officium Divinum, 즉 일곱 번의 기도를 드린다. 이 기도들은 시편을 포함한 성서 구절을 낭송하는 것으로 이루어져 있다. 수도사들은 정기적으로 시편 전체를 낭송하는데, 보통 예배당 한쪽에서 시편 구절을 노래하면 반대편에서 다음 구절을 노래하는 방식으로 진행된다(이것이 교송Antiphonal Singing의 기원이다). 수도회의 하루에서 가장 중요한 순간은 정형화된 방식으로 드리는 성찬이다. 이 의례는 신·구약 낭독, 죄의 고백, 중보기도, 감사기도, 찬미 등으로 이루어져 있다. 하느님의 말씀을 선포하고 나면 그리스도교 기도의 네 가지 주요 요소(찬미praise, 감사thanksgiving, 고백confession, 중보intercession)를 차례로 행한다. 성찬의 핵심은 축성한 빵과 포도주를 나눔으로써 그리스도의 희생을 재현하고 기억하는 것이다. 그리스도의 몸과 피를 나누어 먹고 마심으로써 성찬에 참여하는 이들은 부활한 그리스도의 생명을 받는다. 또한, 성찬을 드리며, 혹은 미사를 드리며 공동체는 예수가 죽기 전 제자들과 함께 한 '최후의 만찬'을 기억한다. 그때 예수는 제자들에게 빵을 축복하고 깨트린 후 말했다.

> 받아먹어라. 이것은 내 몸이다. (마르 17:22)

마찬가지로 그는 제자들에게 포도주를 축복한 다음 제자들에게 말했다.

> 이것은 많은 사람을 위하여 흘리는 나의 피, 곧 언약의 피다. (마르 17:24)

예수의 이 말들이 정확히 무엇을 의미하는지에 관해서는 수많은 해석이 있지만 모든 그리스도교인은 예수를 기억하며 빵과 포도주를 먹고 마시는 것을 공적 기도의 핵심으로 여긴다.

어떤 그리스도교인은 예수의 저 말들을 문자 그대로 받아들여 성찬을 할 때 예수의 몸과 피가 제대에 있게 된다고 주장한다. 이러한 생각을 가장 잘 보여주는 교리가 로마 가톨릭의 화체설transubstantiation

이다. 이 교리에 따르면 성찬 시 **빵과 포도주**는 우유성偶有性, accidents 혹은 눈에 보이는 특성은 유지하지만 그 둘의 '실체'substance는 예수의 몸과 피로 변화한다. 동방 정교회, 성공회, 루터교는 예수가 제대 위에 실제로 임한다고 믿으나 어떠한 방식으로 임하는지 자세히 규정하지는 않는다. 다만 위 교단들에 속한 신자들은 예배를 드릴 때 부활한 예수가 빵과 포도주를 수단으로 삼아 자신들과 함께한다고 믿는다. 예수가 그렇게 하겠다고 약속했기 때문이다. 좀 더 개신교 성향이 강한 그리스도교인들은 예수 그리스도의 이름으로 모이는 곳이면 어디든 예수가 그곳에 함께 한다는 이야기를 받아들이지만, 그 임재를 철저하게 영적인 것으로 이해한다. 하지만 개신교인들도 엄숙한 분위기 아래 성찬을 한다. 예수가 명령했다고 믿기 때문이다.

가톨릭 신자들에게 성찬은 다른 무엇보다 희생 제사다. 성찬은 아버지의 뜻을 이루기 위해 자신의 생명을 바친 예수의 희생을 재현한다. 예수의 희생은 세상을 위해 하느님의 영원한 말씀이 자신을 내어 준 것이기도 하다. 온 세상에 있는 제대는 이를 드러내고 재현한다. 하지만 일부 개신교 신자들은 성찬이 희생 제사라는 생각에 거부감을 보인다. 예수가 하느님의 활동을 온전히 성취하지 않은 것 같은, 희생 제사를 집전하는 사제들이 무언가 새롭게 하느님에게 영향을 미칠 수 있을 것 같은 인상을 받기 때문이다. 그렇기에 그들은 성찬을 단 한 번뿐인 예수의 십자가 희생을 '기념'하는 의례로 본다. 그러나 중요한 사실은 모든 그리스도교인이 성찬은 예수가 명령한 의례며 이를 통해 인류를 위한 영원한 말씀의 희생, 즉 예수의 희생을 더욱 생생하게 체감함을 인정한다는 것이다.

성찬은 예수를 기억하기 위해 예배에 참여한 이들이 **빵과 포도주**를 먹고 마시는 영성체로 마무리된다. 개신교인들은 성찬에서 이 부분을 가장 중시하고 그리스도의 영적 생명을 자신의 삶에 받아들이는 상징으로, 심지어는 하느님이 정한 수단으로 이해한다. 로마 가톨릭과 동방 정교회도 영성체를 성찬 의례에서 매우 중요한 부분으로 보지만 여기에 참여하는 것이 성찬 의례의 핵심은 아니라고 본다. 가톨릭 신자, 정교회 신자는 자신들을 구원하기 위해 생명을 내어주는 그리스도가 그들 앞에 나타났다는 사실이 더 중요하며 그 그리스도를 흠숭하는 것으로 충분하다고 여긴다.

그리스도교 역사에서는 성찬을 두고 격렬한 논쟁이 일어나곤 했으며 일부 논쟁은 여전히 진행 중이다. 그러나 대다수 그리스도교인은 예수의 명령을 따라 성찬을 거행하는 것이 다른 무엇보다 중요하며 그 의미를 두고 일어나는 논쟁은 미결로 놔두어도 된다고 여긴다. 오늘날에도 로마 가톨릭 교회는 개신교인들에게 영성체를 허락하지 않는다. 성찬에 예수가 현존하는 방식과 성찬의 본질에 관한 두 공동체의 해석이 너무나도 다르기에 가시적인 일치가 불가능하다고 여기기 때문이다. 분명 두 교단에서 성찬을 하는 방식에는 차이가 있다. 로마 가톨릭 교회에서는 매일 성찬을 하며 때로는 화려한 방식으로 한다. 이와 달리 개신교회에서는 성찬을 소박한 의식으로 치르며 매일이 아닌 한 달에 한 번, 어떤 교회는 특정 절기에만 한다. 그러나 어떤 교단이든 성찬을 통해 드러내고자 하는 현실은 예수의 십자가 사건, 자기희생을 통해 드러난 영원한 말씀의 자기희생이다. 로마 가톨릭 교회의 방식이든, 개신교회에서 하는 방식이든 성찬을 할 때마다 저 영원한 말씀은 현현한다.

이처럼 성찬은 그리스도교 기도의 특징을 보여준다. 성찬을 통해 우리는 하느님을 찾기 전에 하느님이 먼저 우리를 찾아오심을, 하느님이 자신을 내어주는 사랑의 활동으로 우리를 당신과 연합시킴을 깨닫게 된다. 그러므로 공적 기도는 우리가 주도하는 행위가 아니다. 오히려 공적 기도는 하느님이 우리 안에서, 우리를 통해서 하시는 활동이다. 이 때문에 전례에서는 표준화된 양식을 따라 정형화된 어휘들을 사용한다. 그리스도교인들은 전례를 통해 모든 피조물이 모든 아름다움과 지혜의 원천인 창조주를 향해 드리는 예배에 참여한다.

교회는 '그리스도의 몸', 즉 그리스도의 생명을 체현한 것이므로 교회의 공적 예배는 그리스도의 삶을 현실로 구현하는 것이라 할 수 있다. 그리스도의 생명은 사람들을 영원한 하느님의 형상으로 변화시킨다. 이를 돕고자 교회는 매년 예수의 다양한 측면을 기념하기 위해 금식과 축제 기간을 설정한다. 교회력을 따르며 그리스도교 공동체는 그리스도의 삶을 반복한다. 교회력은 하느님의 약속을 이루기 위해 그리스도가 오기를 고대하는 11월, 대림절Advent로 시작된다. 그리고 북반구에서 1년 중 가장 어두운 날인 동지가 되면 예수 탄생을 기념하는 성탄절 축제가 열린다. 이 축제를 통해 신자들은 어둠의 세계에 들어온 빛, 인간의 마음에서 태어난 그리스도를 찬미한다. 그다음에는 사순절Lent이 있고 사순절 6주 동안 금식을 마치고 나면 성주간과 성금요일이 이어진다. 이 기간 그리스도교인들은 금식하며 그리스도의 고난과 자기를 내어주는 사랑을 묵상한다. 그리고 예수를 따라 이웃을 섬기며 자기 삶을 내어주라는 부름을 되새긴다. 성주간 직후에는 부활절이 있다. 이 축제의 시간 신자들은 모든 죽음 및 파괴의 세력보다 강력한 생명의 승리를 기념한다. 부활절은 보통 온 세상이 어둡고 혹독한 겨울에서 벗어나 생기 넘치는 봄으로 도약하는 시기와 일치한다. 부활 후 6주 뒤 오순절Pentecost이 되면 실질적으로 교회가 태어난 사건인 성령의 도래를 회상하고 재연한다. 그리고 기나긴 여름이 오면 신자들은 모든 그리스도교인의 삶이 지향해야 할 본이 되는 예수의 삶을 기록한 복음서를 묵상하며 예수가 보여준 용서, 치유, 돌봄, 인내로 가득 찬 연민을 기억한다. 이렇게 교회는 예수를 통해 드러난 사랑의 흐름, 성령의 활동을 통해 형성된 사랑의 흐름을 따라 삶을 빚어나간다. 교회는 '그리스도의 몸'이라는 공동체로 모든 이를 초대하며 예수가 갈릴래아에서 그랬듯 죄에 빠진 사람들을 용서하고 치유하며 하느님에게로 인도한다. 많은 개신교인은 의례화된 기도, 정형화된 기도가 별다른 도움을 준다고 생각하지 않는다. 대신 그들은 격식에 얽매이지 않은 즉흥적인 기도를 선호하며 공적 예배를 드릴 때 자발성을 강조한다. 때때로 그들은 빈말을 되풀이하는 쓸모없는 예식이라고 전례를 비난하기도 한다. 하지만 아무리 개신교인들이 개인의 창의성과 자발성을 강조하는 접근법을 선호한다 할지라도, 규칙적으로 성서를 묵상하고 예수의 삶을 형식을 갖춰 기억하는 행위가 우리에게 도움을 준다는 사실을 완전히 부정하지는 않을 것이다.

두 번째 관점: 개인 기도

가톨릭과 개신교 전통에는 모두 개인 기도 전통이 있다. 비록 최근 유럽 역사에서는 개신교의 특징으로 더 부각되기는 하지만 말이다. 실제로 종교개혁이 일어난 이유는 많은 이가 성직자나 교회 제도라는 권위의 중재 없이 그리스도를 향해 헌신하기를 열망했기 때문이다. 공적 전례는 형식적이며 감정표현을 자제하는 경향이 있다. 상대적으로 전례를 강조하는 교회는 신자들이 겸손한 마음으로 엄숙한 분위기의 예배를 올바른 방식으로 드리는 것을 좀 더 중시한다. 이러한 교회에서 신자 개인의 신앙생활은 성서를 매일 규칙적으로 묵상하고 기도하는 방식으로 이루어진다. 어떠한 전통이든 개인 기도는 주로 예수 그리스도가 개인에게 미친 영향에 대한 반응으로 이루어진다. 그러므로 개인 기도는 사랑을 받은 이가 사랑을 준 이에 대해 보이는 반응이라 할 수 있다. 예수 그리스도는 자신의 생명을 주었을 뿐 아니라 자신의 영을 인간의 마음에 불어넣어 줌으로써 기쁨과 희망을 불러일으킨다.

신약성서는 초기 교회가 예배를 드릴 때 형식에서 자유로웠음을 보여준다. 사람들은 자유롭게 일어나 예언을 하거나 찬송을 하거나 기도를 드렸다. 어떤 사람은 성령으로 충만해 방언을 하기도 했고 어떤 사람은 회중을 위해 이를 통역했다(1고린 14:26~33).* 성령으로 충만해 방언을 하는 현상은 오늘날 오순절 교회나 은사주의 교회들의 특징이다. 이 교회들에서는 신자들이 활기차고 감정적인 집회에 참여해 규칙적으로 성령 체험을 하고 이를 바탕으로 새롭고 낯선 형태의 말을 하곤 한다. 예루살렘에서 오순절 기간 제자들이 겪은 일(사도 2:1~4)도 이와 유사한 체험으로 보인다.** 사도들이 방언으로 말할 때 모인 사람들은 "각각 자기네 지방 말로" 그 내용을 이해할 수 있었다. 누군가 내뱉은 말을 그곳에 모인 다른 사람들이 다른 언어로 번역할 수 있다는 점에서 이 체험은 고린토인들에게 보낸 편지에 나오는 방언 체험과 상당히 유사하다.

성서에서는 이러한 탈자적 기도ecstatic prayer가 성령의 활동 덕분에 일어난 것으로 본다. 다만 사도 바울은 성령의 활동의 핵심이 기쁨, 평화, 인내, 사랑과 같은 열매들을 삶에서 맺는 것임을 강조한다. 탈

---

* "그러면 형제자매 여러분, 어떻게 해야 하겠습니까? 여러분이 함께 모이는 자리에는, 찬송하는 사람도 있고, 가르치는 사람도 있고, 하느님의 계시를 말하는 사람도 있고, 방언으로 말하는 사람도 있고, 통역하는 사람도 있습니다. 모든 일을 남에게 덕이 되게 하십시오. 누가 방언으로 말할 때에는, 둘 또는 많아야 셋이서 말하되, 차례로 말하고, 한 사람은 통역을 하십시오. 통역할 사람이 없거든, 교회에서는 침묵하고, 자기에게와 하느님께 말하십시오. 예언하는 사람은 둘이나 셋이서 말하고, 다른 이들은 그것을 분별하십시오. 그러나 앉아 있는 다른 사람에게 계시가 내리거든, 먼저 말하던 사람은 잠잠하십시오. 여러분은 모두 한 사람씩 한 사람씩 예언을 할 수 있습니다. 그래야 모두가 배우고, 권면을 받게 됩니다. 예언하는 사람의 영은 예언하는 사람에게 통제를 받습니다. 하느님은 무질서의 하느님이 아니라, 평화의 하느님이십니다." (1고린 14:26~33)

** "오순절이 되어서, 그들은 모두 한곳에 모여 있었다. 그 때에 갑자기 하늘에서 세찬 바람이 부는 듯한 소리가 나더니, 그들이 앉아 있는 온 집안을 가득 채웠다. 그리고 불길이 솟아오를 때 혓바닥처럼 갈라지는 것 같은 혀들이 그들에게 나타나더니, 각 사람 위에 내려앉았다. 그들은 모두 성령으로 충만하게 되어서, 성령이 시키시는 대로, 각각 방언으로 말하기 시작하였다." (사도 2:1~4)

자적인 경험을 했다고 해서 영적으로 우월한 위치에 있게 되는 것은 아니다. 이는 다만 개인의 삶에서 하느님의 임재와 능력을 뚜렷하게 감지할 수 있음을 보여줄 뿐이다. 그러한 기도는 일종의 경건 행위다. 이는 거의 전적으로 선하신 하느님에 대한 찬미, 그분의 구원 활동, 인간의 죄에 대한 용서, 예수 안에서, 예수를 통해 새로운 생명을 선물한 것에 대한 감사로 이루어져 있다. 물론 구체적인 무언가를 간구하는 중보 역시 기도다. 누군가와 깊은 관계를 맺고 있는 이가 그에게 도움을 청하는 것은 지극히 자연스러운 일이기 때문이다. 그러나 개인 기도의 핵심은 찬미와 감사다. 개인 기도를 통해 그리스도교인은 만물의 창조주이자 구원자인 분에 대해 묵상하며 일어나는 감사, 사랑, 예배하는 마음을 표현한다.

개인 기도의 중심은 당연히 하느님이다. 그러나 그리스도교인들이 기도를 통해 만나는 하느님은 인격적인 형태의 하느님, 인류 역사에 육신을 입고 나타난 하느님, 즉 예수라는 인격체다. 친밀하고 인격적인 관계를 맺기에 창조주 하느님은 너무나도 지고한 존재이며 두려운 분이라고 생각할 수도 있다. 그러나 예수가 하느님이 어떤 분인지를 우리에게 보여주었기에 우리는 예수의 제자들처럼 그분과 인격적인 방식으로 관계를 맺을 수 있다. 그리고 그리스도교인들은 그렇게 하느님과 관계를 맺는다. 비록 그 하느님은 인간의 형태로 표현된 하느님이며 그 형태는 하느님의 모든 것을 담아낼 수 없다 할지라도 말이다.

이기적인 욕망의 결과에서 인간을 해방하기 위해 인간의 형태를 취한 구원자 예수와 관계 맺을 때 우리는 '아버지'라는 만물의 창조주와도 관계 맺는다. 창조주 하느님은 예수의 '아버지'로서 인격적인 형태를 지닌다. 달리 말하면 성부 하느님은 '영원한 말씀'인 성자 안에서 인간의 형태를 취했기에 인류의 '아버지'가 될 수 있다. 그리고 이는 하느님의 은총이다. 그렇게 하느님은 시공간의 제약을 받는, 유한한 인간을 위해 은총으로 인격적인 형태로 인간과 관계를 맺으신다. 영원의 차원, 영광의 차원에서 하느님의 말씀은 무한하다. 그리고 창조되지 않은 창조주로서 하느님은 우리에게 경외감과 두려움을 불러일으키는 존재다. 그러나 이 말씀이 예수 안에서, 예수를 통해 나타났다. 영광의 차원에서 예수가 어떨지 우리는 상상할 수 없지만, 그럼에도 그는 우리와 관계를 맺고 있다. 그가 부활한 뒤에도 인간의 형태로 제자들과 관계를 유지했던 것처럼 말이다. 그러므로 우리는 기도를 하며 우리를 위해 죽음을 맞이했지만, 지금은 영적인 왕으로서 영광의 차원에서 우리를 통치하는 예수와 친구와 형제에게 말을 건네듯 대화할 수 있다.

그리스도교인들은 예수의 다양한 모습을 묵상한다. 말구유에 누워있는 예수, 엄마 품에 안긴 예수, 아이들을 부르는 예수, 사랑으로 가득한 자신의 심장을 보여주는 예수, 우리를 위해 십자가에 못 박힌 예수, 아버지의 오른편에 앉아 통치하는 예수 등 이 모든 심상을 통해 우리는 하느님의 인간성을 체험한다. 이를 묵상하는 가운데 우리 안에서 기쁨과 사랑이 일어난다.

그리스도교인들의 기도는 단순하며 실질적으로 아무런 효과도 일으키지 않는 것처럼 보인다. 그러나 이 기도를 통해 그리스도교인들은 예수를 하나의 인격체로 만난다. 기도는 우리에게 감사, 헌신, 기쁨과 같은 감정들을 일으킨다. 기도에는 마음을 움직이는 힘이 있다. 실제로 기도는 매우 복잡한 행위다. 기도를 통해 그리스도교인들이 관계를 맺는 예수는 우주적 지혜의 얼굴이다. 이 지혜는 온 우주를 관통해 흐르고 있으며 궁극적으로 이로 인해 우주는 하나가 될 것이다. 인간의 언어를 넘어선 언어로 사랑을 노래하는 성령은 우리 내면에 예수를 향한 사랑을 심었다. 예수를 사랑하는 가운데 우리는 미묘하고도 점진적인 방식으로 만물의 창조되지 않은 근원인 아버지에게 우리가 완전히 의존하고 있음을, 그분 없이 우리가 존재할 수 없음을 더 깊이 깨닫는다.

그러므로 예수가 우리에게 주는 사랑, 그 사랑을 받아 우리가 예수를 향하게 되는 사랑은 어떤 피상적인 감정이 아니다. 이는 인간, 특히 아이처럼 순수한 마음을 지닌 이들이 하느님을 만나도록 열어주신 길이다. 성가들을 통해, 방언을 통해, 조용한 개인 기도를 통해 우리는 하느님의 인격적인 임재를 깨닫는다. 우리의 창조주는 죽음보다 강한 사랑을 지닌 분이며, 당신의 사랑으로 우리를 영원히 안아 줄 것이다.

세 번째 관점: 관상

기도가 의식적으로 우리의 생각과 마음을 하느님과 연결하는 것이라면 기도의 본성은 이 관계를 어떻게 이해하느냐에 따라 달라질 것이다. 어떤 이들은 하느님과 자신의 관계를 통치자와 신하의 관계로 받아들인다. 이는 인격적 창조주에 대한 감각을 지닌 이가 창조주와 관계를 맺기 시작할 때 그 첫 번째 단계라 할 수 있다.

그리스도교인들은 보통 하느님을 아버지로 여기고 하느님과 자신의 관계를 부모와 아이의 관계로 받아들인다. '그리스도 안에서', 그리스도를 통해 살 때 예수가 하느님을 '아바, 아버지'라고 부르며 하느님과 맺었던 바로 그 친밀한 관계에 자신들이 참여한다고 그리스도교인들은 믿는다. 노리치의 줄리안Julian of Norwich*이 그랬듯 누군가는 하느님을 어머니로 여길 수도 있다. 하느님은 우리가 부모에게 전가할 수 있는 선과 사랑의 속성을 구현하기 때문이다.

인간과 하느님이 맺는 관계의 두 번째 단계에서 하느님은 우리가 당신과 좀 더 인격적이고 친밀한 방식으로 관계하실 수 있게 하신다. 그리스도교가 선포하는 복음의 핵심은 '하느님은 사랑'이라는 것이다. 그러므로 인간과 하느님이 맺는 관계의 세 번째 단계는 연인처럼 하느님과 사랑을 주고받는 것이다. 이 단계에서 기도는 둘의 사랑이 최상의 상태에 있을 때 그러하듯 말이 필요 없는 연합으로 들어선다. 이때 인간의 정신은 하느님의 사랑으로 충만하다. 무한한 사랑을 품은 인격적 존재와의 연합을 통해 인간은 자신에게서 벗어나는 기쁨

---

* 노리치의 줄리안(1342~1416)은 가톨릭 수도사이자 신비가다. 생애는 분명하게 파악하기 힘들지만 1373년 환시 체험을 한 뒤 수녀가 되어 세상을 떠날 때까지 노리치 교회에서 수도 생활을 한 것으로 보인다. 두 개의 본문으로 이루어진 『계시』Showings라는 한 권의 저서를 남겼는데 자신의 환시 체험과 이를 해석한 내용을 담고 있다. 최근 영미권에서 남다른 신학적 상상력을 지닌 영성가로 재조명 받고 있다.

을 온전히 누린다.

그리스도교 전통에서 '신비가'mystics라고 불리는 사람들은 대부분 이 세 번째 단계를 체험하고 이 단계에 이르는 길에 대해 기술했다. 12세기 클레르보의 베르나르두스는 아가서에 등장하는 심상들을 활용해 인간의 영혼을 영적인 신랑과 연합하기를 바라는 신부로 묘사했다. 아빌라의 테레사Teresa of Avila*도 인간의 영혼이 황홀경 가운데 하느님과 연합하는 경험을 '신성한 결혼'으로 묘사한다. 이처럼 세 번째 단계의 기도는 영혼이 자신을 넘어서서 하느님과 연합을 이루는 것으로 행복한 결혼생활과 유사하다. 이는 인간이 누릴 수 있는 가장 커다란 행복이다. 이 맥락에서 기도는 하느님과의 연합을 기쁨으로 누리는 것이다.

하지만 십자가의 요한John of the Cross**은 행복이 연합을 위한 기도의

---

* 아빌라의 테레사(1515~1582)는 가톨릭 수도사이자 신비가다. 스페인 출신으로 14세에 아우구스티누스회 수녀원 학교에서 6년간 수학했으며, 19세에 수도자가 되기로 결심하고 아빌라의 예수 강생 가르멜 수녀원에 입회했다. 수도 생활 초기에 병에 걸려 본가에서 요양하던 중 오수나의 프란치스코Francisco de Osuna의 저서 『제3의 영성 입문』Tercer Abecedario Espiritual을 읽으면서 종교적인 탈혼을 경험했고 이후에도 지속해서 신비체험을 했다. 이후 아빌라에 성 요셉 수녀원을 설립하고 맨발의 가르멜회를 시작했으며 다양한 저술 활동을 남겼다. 그리스도교 역사상 가장 탁월한 신비가이자 영성가로 평가받으며 1970년에 여성으로는 최초로 교회학자로 선포되었다. 주요 저서로 『완덕의 길』El Camino de Perfección, 『영혼의 성』El Castillo Interior 등이 있으며 한국에는 『아빌라의 성녀 데레사 자서전』(분도출판사), 『완덕의 길』(바오로딸), 『영혼의 성』(바오로딸)이 소개된 바 있다.

** 십자가의 요한(1542~1591)은 가톨릭 수도사이자 신비가다. 스페인에서 태어나 1563년 가르멜 수도회에 입회한 뒤 살라망카 대학교에서 신학을 공부하고 1567년 사제 서품을 받았다. 당시 수도회의 규율 완화에 다른 수도회로 옮길까 고민을 하던 중 아빌라의 데레사를 만나 수도회 개혁에 뜻을 갖게 되었고 1568년 두루엘로에서 십자가의 요한으로 수도명을 바꾸고 이듬해에 맨발의 가르멜회 수도원을 설립했다. 1577년 규율을 완화한 가르멜회 수도자들에 의해 톨레도 수도원에 9개월 동안 감금되었고 여기서 '어둔 밤'이라고 부른 신비체험을

목적이 아니라고 경고한다. 그에 따르면 기도는 순전히 하느님을, 신성한 존재의 아름다움과 영광을 찬미하는 것이다. 이 과정에서, 이기적인 욕망을 정화하기 위해서는 "영혼의 어두운 밤"dark night of the soul을 통과해야 할지도 모른다. 신성한 아름다움을 보기 위한 여정은 길고 험난할 수 있다. 어떤 그리스도교인들은 개인의 노력, 금식과 고행, 금욕과 주관적인 체험을 지나치게 강조한다는 이유로 이러한 기도 방식에 의구심을 품기도 한다. 그러나 그리스도교 신비가들은 우리가 하느님과 연합할 수 있다면 이는 오직 하느님의 은총 덕분임을 강조한다. 금식과 묵상은 하느님의 은총에 따른 결과일 뿐이다. 이러한 실천들은 우리 마음이 하느님의 임재를 보다 온전히 감지하도록 돕는다. 또한, 이러한 기도는 결코 이기적이지 않다. 이 기도를 통해 우리는 단지 내면의 기쁨을 누리는 것에서 멈추지 않고 하느님의 생명을 다른 이들과 나누기 위해 자선과 긍휼로 나아가기 때문이다.

그리스도교 전통의 어떤 흐름에서는 위에서 언급한 황홀경조차 넘어서는 단계가 있다고도 말한다. (4세기 시리아 수도사로 추정되는) 디오니시우스Dionysius의 주요 작품들과 14세기 익명의 저자가 쓴 『무지의 구름』The Cloud of Unknowing, 13세기 도미니크회 수도사인 마이스터 에크하르트Meister Eckhart*의 저술들이 그 대표적인 예다. 이 단계에서

한 후에 자신의 체험을 담은 시들을 저술했다. 아빌라의 테레사와 더불어 그리스도교 역사상 가장 탁월한 신비가이자 영성가로 평가받으며 그가 남긴 시들은 스페인 문학사에서도 높은 평가를 받는다. 주요 저술로 『어둔 밤』Noche oscura del alma, 『가르멜의 산길』Subida del Monte Carmelo, 『영가』El Cántico espiritual, 『사랑의 산 불꽃』Llama de Amor Viva 등이 있다.

* 마이스터 에크하르트(1260~1327)는 가톨릭 수도사이자 사제다. 독일에서 태어나

영혼은 개인으로서 자아와 관련된 감각을 모두 잃어버리고 (디오니시우스의 표현을 빌리면) "모든 말과 생각을 넘어선, 형언할 수 없는 하느님"에게로 나아간다. 이 무지의 구름에는 "오직 하느님만을 응시하는 어둠"만 있을 뿐이다. 어떤 이는 이 단계가 궁극적인 비이원성non-duality의 상태이며 "삶과 앎을 넘어서는 무언가"와의 연합 가운데 모든 감각과 사유를 내려놓게 된다고, 누구도 이를 체험한다고 해서 제대로 설명할 수는 없으며 매우 희미하게 가리킬 수 있을 뿐이라고 말한다.

그리스도교 전통에서 관상contemplation과 침묵 기도는 세 번째 단계와 네 번째 단계를 추구하는 대표적인 길이다. 이 길을 걷는 그리스도교인들은 그리스도의 생애 중 특정 장면에 대해 이야기하거나 상상하는 것을 멈추고 단순하게 신성한 현존으로 들어가려 한다. 세 번째 단계와 네 번째 단계는 서로 융합될 수 있으며 상호보완적인 성격을 가진다.

이러한 유형의 기도는 형식적인 전례와 감정을 표출하는 것 모두를 초월한다. 이러한 유형의 기도를 하는 가운데 개인은 영혼의 충만함을 느낌과 동시에 자신을 넘어서 하느님의 생명으로 흡수되는 체

도미니크회에 입회한 뒤 파리와 쾰른에서 철학과 신학을 공부했다. 이후 파리 대학교에서 신학을 가르침과 동시에 도미니크 수도회에서 여러 요직을 맡아 활동했다. 동료의 고발로 1326년 쾰른의 추기경이 주관한 종교재판에 회부되었으며 재판이 끝나는 것을 보지 못하고 1328년에 세상을 떠났다. 1329년 교회는 그의 작품들을 단죄했지만, 이후 독일 신비주의, 쿠자누스의 신학과 철학, 셸링과 헤겔을 포함한 독일 관념론 사상 체계 등을 거쳐 현대의 하이데거에 이르기까지 커다란 영향을 끼쳤다.

험을 한다. 그리스도교는 단 한 번도 지금까지 이야기한 어느 한 유형만을 고집하지 않았다. 그리스도교는 모든 기도 유형을 원동력 삼아 신앙을 생생하고 역동적이도록 가꾸어 왔다.

16

영원한 생명

그리스도교 신앙의 핵심은 죽음 이후의 삶이 아니다. 그리스도교 신앙은 지금, 여기서 하느님과 의식적인 사랑의 관계를 맺으며 살아가는 데 관심을 기울인다. 그리스도교에서 이야기하는 '영원한 삶' 역시 기본적으로 끊임없이 연장되는 삶이 아니라 영원과 관계를 맺으며 사는 삶을 뜻한다. 그럼에도 대다수 그리스도교인은 육신이 죽음을 맞이한 다음에도 어떠한 삶의 형태가 있다고 믿는다. 이는 예수가 육체적 죽음을 맞이한 이후 새롭고 영광스러운 모습으로 살아있는 것을 보았다는 사도들의 주장에 어느 정도 근거를 두고 있다. 또한 그리스도교인들은 보편적인 사랑의 하느님이 셀 수 없이 많은 인간이 그분을 알거나, 창조세계가 제공하는 선한 것들을 향유하지 못한 채 고통과 좌절 가운데 삶을 마감하는 현실을 그대로 두지는 않을 것이라고 본다. 그리고 하느님을 어느 정도 체험한 이들도 이생에서 제공하는 것보다 더 심오하고 풍부하게 그분의 사랑을 체험하기를, 그렇게 그분을 알아가기를 바랄 것이라고 그들은 생각한다.

그리스도교인들은 하느님이 창조된 모든 선을 당신의 것으로 삼을 것이며 악을 없애고 만물이 선을 누리게 할 것이라고 믿는다. 그렇다면 하느님이 인간들에게 육체적 죽음 이후에도 특정 삶의 형태를 허락함으로써 창조된 선들을 더욱 충만하게 누리게 하는 것은 매우 긍정적인 일로 보인다. 그러므로 하느님을 믿는 이들이 죽음 이후의 삶을 희망할 이유는 충분하다. 그들은 하느님을 더 온전히 사랑하고, 여러 상황으로 인해 비극적으로 좌절된 삶의 가능성을 실현하기를 바랄 수 있다. 하느님이 당신께서 창조한 우주를 체험하는 장에 적절하게 참여하기를 기대할 수 있다.

하느님이 예수를 죽음에서 일으켜 인류가 당신의 삶에 참여할 수 있게 했다는 기쁜 소식은 그리스도교 신앙에서 매우 커다란 부분을 차지한다. 죽음 이후 삶에 대한 윤곽은 꽤 명확하지만 이에 대한 해석은 매우 다양하다. 이는 주로 성서 언어를 문자 그대로, 은유로, 상징으로 받아들이는지에 따라 달라진다.

첫 번째 관점: 문자적인 해석

첫 번째 관점은 성서 언어를 최대한 문자 그대로 받아들이는 것이다. 현재 하느님 우편에 영광스러운 형태로 있는 예수는 미래 어느 시점에 지상을 배회하는 사탄 및 악의 세력과 전쟁을 벌이기 위해 천사 군단을 데리고 올 것이다. 전투가 잠시 중단되고 그리스도가 천 년 정도 이 땅을 다스릴지도 모른다. 그러나 결국 예수는 사탄을 최 후의 전투에서 이길 것이며 심판의 날이 도래할 것이다. 심판의 날 모든 죽은 이는 무덤에서 나올 것이다. 하느님은 이들을 부활시키고 과거 행실을 두고 심판을 내릴 것이다. 악한 이들은 지옥 불에 던져 져 영원한 고통을 받을 것이다. 선한 이들, 혹은 그리스도를 믿는 이 들은 새롭게 창조된 하늘과 땅의 구성원이 될 것이다. 그곳에는 바다 가 없으며 밤도 없고 낮만 있을 것이다. 새 하늘과 새 땅의 거주민이 된 이들은 영원히 하느님과 함께 살 것이다.

　이는 문자주의 해석을 하는 개신교의 이해다. 로마 가톨릭의 이해 는 다소 다르다. 로마 가톨릭 교회에서는 인간이 죽으면 도덕적 행위 와 지적 이해의 주체인 영혼이 육체가 없이도 계속 존재한다고 믿는 다. 성도의 영혼은 하느님이 계신 천국에 가게 되며 그곳에서 아직 지상에 남아 있는 이들을 위해 기도한다. 로마 가톨릭 교리에 따르면 예수의 어머니 마리아는 육체와 영혼 모두 천국에 가 모든 신자가 궁 극적으로 도달하고자 하는 상태에 있다. 하느님의 어머니인 마리아 는 하느님이 아님에도 불구하고 성자의 은총으로 충만한 존재가 되 었다. 그녀는 덕과 신앙의 표본이며 로마 가톨릭 신자들의 신앙생활 에서 특별한 지위를 갖는다. 로마 가톨릭 신자들은 그녀를 천국의 여 왕이라고 부른다. 즉 그녀는 (삼위일체 하느님처럼) 예배의 대상은 아니 지만 은총으로 하느님과 연합한 성인 중 가장 위대한 이로 존경을 받 는다. 마리아 공경은 로마 가톨릭과 동방 정교회의 특징 중 하나이며 마리아가 이 세상에 그 모습을 드러냈다는 이야기가 전 세계에서 보고된다. 중요한 점은 가톨릭 신자들이 마리아를 존경하는 이유는 그녀가 예수의 어머니이자 하느님의 영원한 아들의 성육신을 위해 선택된 그릇이기 때문이라는 것이다.

악인의 영혼은 지옥에 간다. 이들과는 다른, 하지만 하느님과 함께하기에는 너무 불완전한 신자의 영혼은 일종의 중간 지대인 연옥에 간다. 그곳에서 그들은 죄의 마지막 흔적까지 다 타서 없어질 때까지 정화 과정을 거치고 이로 인해 고통을 겪지만 마지막에는 구원을 받을 수 있다는 확신에 위로를 얻는다. 지상에서 신자들이 드리는 기도는 연옥에서 고통받는 이들에게 도움을 준다. 교회는 신자들의 기도나 참회에 상응해 연옥에 있는 성도들이 받는 형벌을 경감시켜 주는 면벌부를 제공할 수 있다. 이 땅의 역사가 끝나고 연옥에 있는 거룩한 영혼들이 정화 과정을 마치면 그리스도가 지상에 올 것이며 심판의 날이 시작될 것이다. 모든 죽은 이들은 자신의 몸을 돌려받게 되고 부활한 몸 안에서 최후의 심판을 받게 될 것이다. 여기서 하느님과 영원히 함께할 것인지, 아니면 영원히 하느님으로부터 단절되는 고통을 겪을지가 결정될 것이다.

이러한 문자적 해석들의 공통점은 모든 인간이 부활해 지상에서의 자기 행실에 따라 심판을 받게 된다는 것이다. 여기서는 어떠한 인간도 원죄의 허물을 피할 수 없으며 완벽히 선하게 살 수도 없기 때문에 신앙이 없는 삶은 영원한 고통을 형벌로 받을 수밖에 없다. 하지만 그리스도는 신앙 안에서 (아마 그 신앙이 암묵적일지라도) 자신에게 돌아온 모든 사람을 구원하며 그들이 받아야 형벌의 대가를 자신이 치르신다. 그리하여 죽어 형벌을 받아 마땅했던 이들은 그리스도 안에서, 그리스도를 통해 표현된 하느님의 은총으로 영원한 생명을 받게 된다. 지옥의 고통으로부터의 구원과 하느님과 영원히 함께 하는 삶에 대한 확신. 이것이 바로 그리스도교의 신앙이 제공하는 궁극적인 희망이자 확신이라고 이 관점을 지지하는 그리스도교인들은 믿는다. 중세 교회는 교회 벽에 이러한 관념을 그림으로 표현했고 수세기 동안 그리스도교인의 상상력에 영향을 미쳤다.

두 번째 관점: 은유적 해석

중세 그림들은 죽음 이후 삶과 관련해 성서 언어가 어떻게 기능하는지를 보여준다. 성서 언어를 바탕으로 그리스도교인들은 상상력을 발휘해 일련의 심상들을 만들어냈다. 성서 언어가 일종의 은유로 작용한 것이다. 예수는 특별한 도덕적, 영적 통찰을 전달하기 위해 비유를 들어 이야기를 전했으며 사람들이 가르침을 기억하기 쉽게 과장법을 써서 인상적인 경구(이를테면 부자가 하느님 나라에 들어가는 것보다 낙타가 바늘귀로 지나가는 것이 더 쉽다는 말)를 남겼다. 그러므로 성서에서 사탄과의 전투, 영광 속에 있는 그리스도의 귀환, 꺼지지 않는 게헨나(지옥)의 불, 하느님의 보좌를 둘러싸고 노래하는 천사들의 모습은 미래 사건에 대한 있는 그대로의 묘사가 아니라 영적 진리를 표현하는, 인상적인 심상들로 보아야 한다.

이 관점에 따르면 예수의 부활 이야기도 문자 그대로 받아들여서는 안 된다. 복음서의 부활 이야기들은 예수가 죽음을 정복했으며 어떠한 방식으로든 그들과 함께 있다는 사도들의 깨달음을 생생하게 보여준다. 부활은 죽음에 대한 사랑의 승리, 최악의 상황 가운데서도 존재하는 새로운 생명의 가능성, 자기를 희생하면서까지 하느님에게 순종함으로써 인간 삶에 변혁을 일으키는 것에 대해 말한다. 부활은 시체가 다시 살아난다는 것을 뜻하지 않는다. 부활은 예수를 따르기 위해 십자가를 짐으로써, 하느님의 사랑으로부터 멀어지게 만드는 내 안의 모든 것이 죽음으로써 얻는 생명, 하느님과 함께하는 새로운 삶을 뜻한다.

성서가 사탄과의 전투, 예수의 재림에 대해 이야기할 때 이는 미래에 인류 역사에서 실제로 전투가 일어날 것이라는 이야기, 예수가 육신을 입고 구름을 타고 온다는 이야기가 아니다. 이는 인류 역사를 특징 짓는 사랑과 증오의 전쟁, 선과 이기적 욕망의 내적 전투, 인류 역사의 목적(종말)인 참된 인류 공동체, 구성원들이 평화와 정의를 누리고 악과 고통을 극복하며 물리적 우주에서 그리스도의 임재를 드러내는, 그리스도의 '몸'의 출현에 대해 말하고 있는 것이다.

성서 언어를 이렇게 은유로 해석한다면, 심판의 날에 대한 이야기는 실제 미래를 가리키는 이야기가 아니다. 이 이야기는 인간이 언제나 하느님을 마주하고 있으며 이기적인 욕망을 버리고 사랑으로 방향을 돌이키라는 하느님의 도전에 대한 응답 여부에 따라 매 순간 심판받고 있음을 알려준다. 창조가 시간 속에서 일어난 최초의 사건이 아니듯 최후의 심판 역시 시간 속에서 일어날 마지막 사건이 아니다.

오히려 최후의 심판은 시간 속에서 인간이 하느님과 매 순간 관계하고 있음(신앙이든 불신앙이든, 순종이든 거부이든)을 보여준다.

하느님을 거부한다는 것은 곧 타인들을 돌볼 의무를 거부하는 것이다. 그렇게 함으로써 인간은 자아에 갇히게 되며, 외롭고 사랑이 없는 존재가 된다. 달리 말하면 스스로를 사랑의 영역에서 분리된 "바깥 어두운 데"로 내쫓는 것이다. 자신의 욕망이 만들어낸 욕망의 불꽃에 파괴되었다고도 말할 수 있다. 지옥의 타오르는 불길(성서는 지옥에 대해 말하지 않지만 하느님 없는 인간의 삶을 묘사하기 위해 다양한 심상을 활용한다)은 이기적인 욕망의 자기파괴적 불길이다. 궁극적으로 모든 생명을 지탱하는 하느님 없이는 어떠한 생명도, 삶도 존재할 수 없기에 하느님을 거부하는 것은 곧 죽음의 길을 택하는 것이다. 달리 말하면, 하느님을 받아들일 때, 자신의 죄와 실패를 고백하고 오직 인자하신 사랑의 하느님에게 의지할 때, 인간은 자기보다 더 큰 사랑의 힘에 자신을 개방하게 된다. 그러므로 자기 자신을 하느님께 드리는 행위는 영원한 삶, 하느님이라는 영원한 실재와 연합함으로써 변혁되는 삶으로 들어가는 것이다. 낙원, 바깥 어두운 데, 타오르는 불길과 같은 성서 언어들은 인간이 두 개의 길 앞에 놓여있음을 알려준다. 인간은 매 순간 새롭게 선택해야 한다. 자기파괴적인 죽음과 하느님을 중심에 둔 삶 가운데 어디로 가야 할지를 선택해야 한다.

이처럼 어떤 그리스도교인들은 죽음 이후 삶에 대한 문자적 해석을 완전히 배제하고 다른 방식으로 해석한다. 이러한 관점에서 중요한 점은 인간이 선과 악 사이에서 결정적인 선택을 내려야 한다는 것이다. 이 선택으로 인해 인간은 자기파괴를 하게 될 수도, 자기 초월을 하게 될 수도 있다.

이러한 관점에 있는 이들은 죽음 이후 삶에 대한 문자적 해석이 성서에 나오는 심상들이 진실로 가리키는 바에 주의를 기울이지 못하게 한다고, 우리가 역사적 시간 한가운데서 영적 생명과 죽음 가운데 선택을 내려야 한다는 사실을 망각하게 할 위험이 있다고 지적한다. 물론 그리스도교 신앙은 분명히 지상의 삶을 넘어서는 삶의 형태, 즉 시간을 초월한 삶을 이야기한다. 하지만 시간을 초월한다는 바로 그 이유 때문에 그러한 삶은 오직 이런저런 심상들로 불충분하게 묘사될 수 있을 뿐이다. 한 사람 한 사람의 삶은 죽음을 넘어 하느님의 영원한 무시간성으로 들어간다. 거기서 인간은 이생에서 행한 모든 선악의 실체를 보게 된다. 심판, 천국과 지옥은 바로 이를 가리킨다. 결국 죽음 이후의 삶과 관련해 성서의 심상들이 가리키는 것은 어떤 영원한 상태다. 그 상태에서 개인은 자신이 하느님의 생명이라는 영원한 실재에 받아들였는지, 배제되었는지를 알게 된다.

그리스도교인들이 몸의 부활과 성도들의 교제를 말하는 이유는 하느님의 영원한 생명으로 나아가는 것이 그저 몸이 없는 영혼이 아니라 전체 인격임을 강조하기 위해서다. 그리고 영원한 생명, 영원한 삶은 고독한 삶이 아니다. 이는 교제를 나누는 삶이며 하느님, 타인과 함께하는 영원한 우애의 삶이다. 영원한 생명은 어떠한 방식으로든 우리가 역사적 시간을 살아가며 경험한 단편적이고 덧없던 모든 순간을 충만케 할 것이다.

영원한 삶이 진정 영원하다면(무시간적이라면) 시간 속에서 살아가는 동안 우리는 이를 제대로 이해하지 못할 것이다. 그럼에도 불구하고 그리스도교인들은 여전히 영원한 삶을 소망한다. 삶의 모든 순간이 부패와 망각이라는 시간의 약점을 넘어서서 시간의 제약을 받지 않으며 하느님과 관계하고 그 관계가 계속 보존되기를 바라기 때문이다.

이러한 관점에서 보면 연옥, 성인들의 중보기도, 죽은 이들을 위한 기도나 미사에 관한 로마 가톨릭의 논의들은 받아들이기 어려울 수도 있다. 그러나 칼 라너와 같은 일부 로마 가톨릭 신학자들은 해당 논의들을 죽은 이들을 기억하려는 노력, 하느님 안에서 산 자와 죽은 자 사이에서 이루어지는 영원한 교제와 연결한다. 여기서 연옥이라는 심상은 시간의 제약을 받지 않는 정화와 연관이 된다. 즉 각 사람은 독특한 방식으로 자신이 지닌 신앙의 정도에 따라 하느님과 영원히 관계를 맺는다.

세 번째 관점: 비문자적인 현실주의 관점

하느님을 유비와 은유로만 말할 수 있는 영원한 존재로 본다면 지상에서의 삶과 영원한 하느님의 관계 또한 유비와 은유로만 적절하게 해석할 수 있을 것이다. 앞에서 소개한, 죽음 이후 삶에 대한 성서 이야기를 은유로 해석하는 관점이 이를 지지하며 이 관점을 지지하는 그리스도교인들은 영원한 생명, 영원한 삶에 관한 모든 논의를 궁극적으로 무시간적 의미로 받아들여야 한다고 이야기한다. 그러나 많은 그리스도교인은 죽음 이후 삶에 관한 이야기가 전부 은유일 수는 없다고, 어떤 지점에서는 있는 그대로 해석해야 하는 부분이 있다고 본다. 바로 이 지점에서 죽음 이후 삶에 관한 그리스도교의 세 번째 해석이 등장한다. 이에 따르면 성서 언어는 대부분 은유지만 어느 정도까지는 은유로부터 분리된 사실에 기반을 두고 있다. 그러한 기반은 분명 미래에 대한 기대와 육체적 죽음 이후에도 이어지는 삶을 담고 있다.

이러한 해석의 중요한 출발점은 예수의 부활에 관한 신약성서의 기록들이다. 분명 사도들은 예수가 죽음을 맞이한 이후에도 예수를 보았다고 주장했다. 그리고 그가 사도들에게 나타난 방식은 신비롭기 그지없다. 마태오 복음서에 따르면 예수는 무덤이 바위로 막혀 있었음에도 불구하고 그곳을 나왔다. 그리고 사람들은 종종 그의 정체를 알아보지 못했다. 이를테면 몇몇 제자들은 엠마오를 향하여 상당히 긴 거리를 예수와 동행했으면서도 예수의 정체를 알아보지 못했다. 또한 예수는 잠긴 문을 통과하여 제자들에게 나타나기도 했다. 그렇게 그는 짧은 기간 제자들에게 모습을 보였다가 갑자기 사라졌고 결국에는 "하늘로 올라갔다". 달리 말하면 그는 물리적 우주에서 완전히 자취를 감추고 아버지에게로 갔다.

사도 바울은 다마스쿠스(다메섹)로 가는 길에서 부활한 주님을 보았다고 주장했지만 그가 경험한 것은 눈부신 빛과 목소리였다. 그러므로 예수가 나타났을 때 그는 통상적인 육체가 아니었다. 부활에 관한 대표적인 구절로 손꼽히는 고린토인들에게 보낸 첫째 편지 15장에서 바울은 부활한 몸이 물질적인 몸과 상당히 다르다는 점을 강조한다. 그는 부활한 몸은 썩지 않으며, "살과 피"라는 형태를 취하지 않고, 단순히 육체를 입은 영혼이 아닌 일종의 "영적인 몸"이라고 말했다.

이는 예수가 육체적으로 죽음을 맞이한 이후에도 계속 존재했지만 육체적인 몸의 형태로는 존재하지 않았음을 암시한다. 그는 물리적인 우주 어디에도 존재하지 않는 다른 영역에 존재했고 때로는 완전히 물질적인 형태로 약 6주간 제자들에게 나타났다. 그 후 그는 이 우주에 모습을 드러내지 않았지만 존재의 다른 차원에서 하느님과 연합을 이루며 존재하고 있다.

그리스도교 초기에 상당수 신자는 예수가 머지않아 이 우주로 돌아와 악과 불의를 종식하고 평화의 나라를 이끌 것이라고 믿었다. 그러나 신약성서에는 이와 사뭇 다른 사상들도 있다. 신약성서에서는 먼저 예수를 통한 영원한 생명, 영원한 삶의 복음을 온 세상에 전해야 한다고 이야기한다. 이를 위해서는 상당히 오랜 시간이 걸릴 것임을 성서 저자는 알고 있었다. 더구나 교회는 그리스도의 몸이 되어 치유와 화해 활동을 이어가는 긍정적인 역할을 하게 되어 있는데 세상이 갑자기 종말을 맞이한다면 이것이 좌절될 수밖에 없다. 그리고 골로사이인들에게 보낸 편지, 에페소인들에게 보낸 편지에서는 중요한 종말론 사상을 제시하는데, 이에 따르면 하늘과 땅에 있는 만물이 그리스도 안에서 연합을 이루어야 한다. 이는 우주가 긴 시간 발전과 영적 성장을 이루어야 함을 암시한다.

이 모든 이야기를 듣고 많은 사람은 언젠가 창조세계에서 악이 사라지고, 인류가 죽음과 멸망에서 해방되며, 예수의 삶을 통해 알려진 우주적인 그리스도가 새롭고 영광스러운 형태로 나타날 것이라는 소망을 갖게 되었다. 하지만 그러한 일이 지금 우리가 사는 우주에서 일어날지, 수십억 년 뒤 이 우주가 끝나고 새로운 우주가 시작될 때 일어날지는 알지 못한다.

신약성서는 종종 역사적 사건들을 상징적인 방식으로 말하는 것처럼 보인다. 그리스도가 세계 곳곳에서 교회로 사람들을 모아 새로운 언약의 공동체를 이룬다는 이야기는 그 대표적인 예다(그리스도가 천사들을 이끌고 구름을 타고 와서 선택된 이들을 모은다는 이야기도 마찬가지다).

또한 신약성서는 역사가 끝날 무렵에 그리스도의 궁극적인 현현을 모든 인간이 경험하며 자신이 어떠한 삶을 살아왔는지에 대해 최후의 심판을 받게 될 것이라고 말하는 것처럼 보인다. 이 두 가지 생각이 시적으로 어우러져 그리스도교는 현재의 삶에서 종말론적인 삶을 살아가라는 그리스도의 도전과 초대를 전한다. 종말론적 삶이란 그리스도 앞에서 모든 것을 심판받게 될 궁극적인 미래의 관점으로 현재를 살아가는 것을 뜻한다. 이 맥락에서 우리는 그리스도가 밤의 도둑처럼 예상치 못한 방식으로 매 순간 오고 있다고 생각해 볼 수 있다. 매 순간에 담긴 진실은 그리스도가 영광 속에서 온전히 임할 때 비로소 알 수 있기 때문이다.

최후의 심판은 영광 속의 그리스도가 온전히 임할 때 이루어질 것이다. 그리고 저 때는 지금까지 존재했던 모든 도덕적, 인격적 행위자들의 부활을 포함할 것이다. 최후의 심판은 인격을 지닌 모든 피조물이 지상의 삶에서 선과 악에 대해 어떠한 선택을 했으며 이를 어떻게 실현했는지를 두고 하느님 앞에서 마지막 진술을 하는 때로 생각해 볼 수 있다. 누군가는 그 앞에서조차 이기적인 욕망을 내려놓지 못해 하느님의 사랑을 거부할 것이다. 그때 그는 영원한 형벌을 받게 될 것이다. 그러나 그 벌이 하느님의 사랑과 양립할 수 없는 끊임없는 고통은 아닐 것이다. 그 형벌은 곧 하느님으로부터 완전히 분리되는 것이 될 것이며 하느님을 알고 사랑하는 이들에게는 이것이야말로 가장 가혹한 처벌로 보일 것이다. 이러한 해석을 하는 그리스도교인들은 이 시점에서 비참한 영혼이 소멸될 것이라고 본다. 하느님을 향해 돌이킬 수 없고, 그분과 관계를 맺음으로써 일어나는 기쁨을 누릴 수 없는 존재는 사실상 존재하기를 중단하는 것과 다를 바 없기 때문이다. 아마도 그들에게는 조화를 이루지 못하고 뒤죽박죽 뒤엉킨 욕망만이 남아 마침내 자신을 스스로 태워버릴 것이다. 그렇게 그들은 "저주받을 일이 하나도 없을"(묵시 22:3) 세상, 부활한 이들의 세상의 구성원이 되지 못할 것이다.

한편 자아를 극복하고 하느님의 사랑을 받아들인 이들은 새로운 창조의 영역으로 들어가게 될 것이다. 그곳에서 그들은 문자 그대로 무한하며 완전한 하느님이 함께함을 온전히 의식하며 끝없는 기쁨을 느낄 것이다. 그 부활의 세계에서 그들은 새로운 가치와 활동을 창조할 가능성을 향유할 것이다.

그리스도교가 전하는 복음은 지상에서 도덕적으로 선한 삶을 살았던 이들만 영원한 삶을 누리지 않음을 분명하게 보여준다. 예수 안에서, 예수를 통해 하느님이 자신을 드러낸 사건의 목적은 돌이키고 참회하며 하느님의 긍휼에 의존해 잘못된 것을 바로잡으려 노력하는 이들이라면 누구든 하느님이 그들의 죄를 용서하신다는 것을 보여주는 데 있다. 구원은 행위가 아닌 믿음으로 이루어진다는 그리스도교의 가르침은 하느님을 향해 진심으로 돌이키는 모든 이가 영원히 하느님과 함께하게 됨을 뜻한다.

그리스도교에서 희망은 우리의 현재 몸과 동일한 육체적인 몸을 가지고 계속 살아가는 것이 아니다. 그리스도교인은 예수처럼 영적인 몸, 우리가 경험한 것과 매우 다른 형태의 몸을 입고 살아가기를 소망한다. 신약성서는 지금과는 전적으로 다른 형태의 삶, 새 하늘과 새 땅의 창조에 대해 말한다. 그곳에서는 악과 파괴가 없을 것이며 자연법칙도 완전히 다른 방식으로 존재할 것이다. 현대 물리학은 지구가 언젠가 소멸할 것이라고, 태양이 지구를 삼킬 것이라고 말한다. 열역학 제2 법칙을 따라 만물이 가진 에너지는 고갈될 것이며 온 우주는 종말에 이르게 될 것이다. 하지만 그리스도교 신앙에서는 이 우주는 분명 종말을 맞이하지만 인간의 삶은 그렇지 않다고 믿는다. 인간의 삶은 새롭게 창조되어 계속될 것이다. 그리스도의 구원을 받은 모든 이는 하느님과 함께하는 가운데 더 영광스럽고 복된 방식으로 영원히 살아갈 것이다.

성서에 기록된 부활 관련 심상들은 우리가 문자 그대로는 상상할 수 없는 미래를 은유적으로 보여준다고 할 수 있다. 이러한 종류의 해석에 따르면 성서 기록에는 은유를 넘어선 문자 그대로의 진리가 담겨 있다. 이는 바로 우리가 새로운 형태의 몸을 지니고 존재하게 된다는 것과 그러한 몸이 우리의 행위, 타인과 관계하는 방식을 완전히 새롭게 만들어 준다는 것이다. '몸의 부활'은 창조적이면서도 공동체적인 방식으로 살아가게 될 인간의 존재 양식이다. 이를 통해 우리는 하느님과 함께함을 온전히 의식하는 가운데 훨씬 더 풍요롭고 경이로운 삶을 향유하게 될 것이다.

그러나 우리 대부분은 그토록 완벽한 삶을 살 준비가 되어 있지 않다. 심지어 현재까지의 삶에 대한 최후의 심판을 마주할 준비도 되어 있지 않다. 어떤 이들은 하느님이 약속한 구원의 사랑에 대해 들어본 적이 없을지도 모른다. 우리는 탐욕과 증오의 심각성, 파괴성을 충분히 깨닫지 못했는지도 모른다. 죄의 문제와 그 결과에서 자유로울 수 없을지도 모른다. 육체적인 죽음 이후에도 우리는 우리 삶에 대한 최종적인 심판에 대비할 필요가 있다.

이 맥락에서 성서에는 죄에 대한 벌이 이루어짐과 동시에 사랑으로 충만한, 통합된 인격이 되기 위하여 성장할 기회를 받는 중간 단계에 대한 심상이 있다. 스올이라는 히브리 관념은 그림자 세계, 보이지 않는 세계에서 자신이 한 일이 일으킨 해악을 깨닫고 남에게 준 고통을 스스로 겪는 영역으로 발전했다. 또한 신약성서는 시원한 물, 아름다운 나무와 목초지가 있는 낙원의 심상을 그린다. 그곳에 간 인간들은 족장 및 예언자와 함께 기뻐하며 하느님과 그분의 목적에 대해 배운다.

어느 누구도 이러한 중간 단계(예수가 죽고 나서 이런 영역으로 내려간 적이 있다고 이야기하지만)를 세세히 알 수는 없다. 그러나 이 관념에 담긴 기본적인 생각은 신실하고 도덕적인 삶을 산 이들은 지상에서 누리지 못했을 수도 있는 행복을 누린다는 것이다. 이러한 그리스도교적 신념이 맞다면 이 땅에서 그리스도를 알지 못했던 이들은 그리스도 안에서 하느님의 참된 본성과 그리스도의 구원 활동이 무엇인지를 배우게 될 것이다.

이 중간 단계는 완전하고 평화로운 세계가 아니기 때문에 부활의 세계라고 부를 수는 없다. 아마도 그곳에서는 죽은 이들이 지상에서 품고 있던 욕망 및 야망이 어떠한 결과를 낳는지 체험할 것이다. 결국 모든 인격체는 악에서 돌이킬 충분한 기회, 하느님의 사랑을 직접 온전히 받고 그분을 알아갈 기회를 얻게 될 것이다. 그때에만 그들은 최후의 심판을 받을 준비가 될 것이다. 그렇다면 최후의 심판 때, 모든 회심의 기회를 받은 후에도 과거 하느님의 사랑을 받아들인 이들과 하느님의 사랑을 거부해 저주를 받은 이들 사이에 커다란 차이가 있을까? 알 수 없다. 우리는 다만 "주님께서는 아무도 멸망하지 않고 모두 회개하는 데에 이르기를 바라"(2베드 3:9)신다는 것을 확신할 뿐이다. 하느님은 모든 이가 구원받기를 바란다. 실제로 신약성서에는 모든 이가 구원을 받아 하느님을 알고 사랑을 나누며 살아가게 될 것임을 암시하는 구절들이 있다. 고린토인들에게 보낸 첫째 편지에서 바울은 말한다.

아담 안에서 모든 사람이 죽는 것과 같이, 그리스도 안에서 모든 사람이 살아나게 될 것입니다. (1고린 15:22)

그리고 로마인들에게 보낸 편지에도 다음과 같은 표현이 있다.

하느님께서는 모든 사람을 불순종에 사로잡힌 자가 되게 하셨습니다. 그러나 결국은 그 모두에게 자비를 베푸셨습니다. (로마 11:32)

신중하게 말하면 그리스도 안에서, 그리스도를 통해 자신을 드러낸 하느님은 모든 인간이 구원받기를 원하시기 때문에 모두에게 구원의 가능성을 열어놓으셨다고 말하는 것이 적절할 것이다. 하지만 사랑이 가득한 하느님은 누구도 영원히 고통당하는 것을 허락하지 않을 분이라는 것을 받아들인다면, 영원한 지옥이라는 관념은 죄의 심각성과 파괴적인 성격을 이야기하는 복음을 잘못 해석한 데서 온 결과로 볼 수 있다. 하느님을 끝까지 거부하는 이들이 이르게 되는 곳은 영원한 지옥이 아니라 자신의 완전한 소멸이다.

하느님과 영원히 함께하는 삶이라는 전망은 모든 이와 선에 대한 앎을 나누기를 바라는 하느님, 무한자로서 그 어떠한 제약도 없이 선한 것들을 나누어주시는 하느님이라는 관념과 깊은 일치를 보여준다. 그러므로 우리는 영원한 삶이 지상에서의 삶과 연속성을 지닌다고 볼 수 있다. 우리는 지상에서의 삶을 마감하고 영원한 삶을 살며 언제나 새로운 것들을 배우고 즐길 것이다. 그 삶에 지루한 반복은 없다. 그곳에서 하느님의 사랑은 우리의 존재 전체를 변화시킬 것이다. 그렇기에 하느님을 더 분명하게 알고 싶어 하는 이들, 더 사랑하려는 이들이 모두 이 영원한 삶에 대한 희망을 품고 있는 것은 지극히 당연한 일이다. 조금 바꾸어 말하면 영원한 삶을 희망하는 것은 지금, 여기서 하느님이 사랑을 베풀어주심을 깨달았기 때문이다.

죽음 이후 삶에 대한 세 가지 해석은 서로 꽤 다르지만 그럼에도 공통된 생각이 있다. 우리가 지상에서 행하는 선과 악은 영원한 의미를 갖는다. 신앙을 갖고 하느님께 나아가는 모든 이에게 그분은 영원한 생명, 영원한 삶을 주신다. 또한 우주와 우주에 있는 모든 생명체가 종말을 맞이할지라도 하느님과 함께하는 영원한 삶에 대한 희망은 결코 사라지지 않는다. 그 영원한 생명, 영원한 삶은 이 땅에서의 삶의 양식을 초월하기 때문이다. 창조주 하느님의 목적은 예수 그리스도 안에서, 예수 그리스도를 통해 드러났다. 그분은 성령을 통해 당신의 사랑, 아무런 대가 없이 주는 사랑을 기꺼이 받아들이는 이들에게 영원한 생명을 준다. 이로써 그분은 우리의 삶을 영원한 삶과 영원히 연합시킨다.

지금까지 논의한 그리스도교 신앙에 대한 다양한 이해는 결국 저 기본적인 복음이 무엇을 의미하는지를 알기 위한 방식들이다. 하지만 그러한 차이를 떠나 모든 그리스도교인은 복음이 다른 무엇보다 하느님이 예수의 삶과 죽음을 통해 자신을 드러내신 것, 그리고 제자들이 친교를 나누는 가운데 부활한 예수가 자신들과 함께함을 체험한 것에 기반을 둔다고 말할 것이다. 그리스도교 신앙은 다양한 해석과 다양한 삶의 방식을 허용한다. 복잡하고 논쟁적으로 보이는 그리스도교 교리를 파고 들어가다 보면 거기에는 근본적인 단순성이 자리 잡고 있다. 그리스도교 신앙의 뿌리는 예수를 중심으로 일어난 사건들 가운데 자신의 본성이 사랑임을 보여준, 하느님의 자기계시다. 그리고 그리스도교 신앙의 목적은 인간의 삶이 하느님의 삶과 연합을 이루는 것이다. 그러한 목적을 이룰 방법은 이 지상의 유한한 삶을 영원한 삶의 형상이자 그릇으로 빚어 가는 성령의 활동에 동참시키는 것이다. 어떤 그리스도교인들은 이외에도 근본적인 중요성을 지닌 요소가 있다고 말할지 모른다. 하지만 그들도 위에서 제시한 세 가지 요소가 그리스도교의 핵심을 이룬다는 점에 그리 반대하지 않을 것이다. 그리스도교 사상가들은 오랜 기간에 걸쳐 저 핵심 논의를 좀 더 정교하게 기술하려고 노력했고, 이 책에서는 이를 일부나마 분명하게 보여주려 했다. 해석은 결코 끝나지 않았으며, 앞으로도 그리스도교 신앙은 새로운 통찰과 상황에 반응해 성장하고 변화할 것이다. 하지만 그렇다 할지라도 그리스도교는 인류를 위한 하느님의 본성, 그분이 자신의 목적을 알려주시기 위해 자신을 드러낸 방식과 관련된 주요 증언을 결코 포기하지 않을 것이다. 그리스도교인은 하느님이 우리 삶에 근본적인 도전을 던진 이, 잊을 수 없는 인간이었던 나자렛 예수를 통해 당신이 어떤 분인지를, 우리를 향해 어떠한 목적을 갖고 계신지를 보여주었다고 믿는다.

그리스도교와 만나다
- 그리스도교 신앙의 주요 흐름들

초판 발행 │ 2021년 4월 30일

지은이 │ 키스 워드
옮긴이 │ 차건

발행처 │ 비아
발행인 │ 이길호
편집인 │ 김경문
편 집 │ 민경찬 · 손승우
검 토 │ 김준철 · 양지우 · 황윤하
제 작 │ 김진식 · 김진현 · 이난영
재 무 │ 이남구
마케팅 │ 양지우
디자인 │ 손승우

출판등록 │ 2020년 7월 14일 제2020-000187호
주 소 │ 서울시 강남구 봉은사로 442 75th Avenue 빌딩 7층
주문전화 │ 010-7585-1274
팩 스 │ 02-395-0251
이메일 │ innuender@gmail.com

ISBN │ 979-11-91239-15-7 03230
한국어판 저작권 ⓒ 2021 ㈜타임교육C&P